KB203996

복 있는 사람

오직 여호와의 율법을 즐거워하여 그 율법을 주야로 묵상하는 자로다.
저는 시냇가에 심은 나무가 시절을 좇아 과실을 맺으며 그 잎사귀가 마르지 아니함 같으니
그 행사가 다 형통하리로다. (시편 1:2-3)

이 책은 세 가지 이유에서 성도와 목회자들이 꼭 읽어야 할 책이다. 첫째, 신약의 천덕꾸러기로 여겨지는 야고보서의 소중함에 대해 부채 의식을 가진 바울 신학자가 썼기 때문이다. 야고보서는 결코 지푸라기 서신이 아닌 하나님 나라의 기둥과 같은 책이다. 둘째, 이 책이 단순히 도서관과 책상에서 나온 글이 아니라 목회 현장에서 나왔기 때문이다. 정성국 교수는 학자이면서 작은 공동체를 이끌고 있는 목자이기에 신학적 사유의 단단함은 물론 그의 목양적 깊이가 이 책 속에 짙게 배어 있다. 셋째, 이 책이 야고보서에 녹아 있는 신약의 중요한 주제, 곧 공동체, 지혜, 온전함을 오늘날 교회와 신자의 삶 안에서 적실하게 읽어 내고 있기 때문이다. 공동체는 사라져 조직만 남고, 지식을 넘어서는 지혜는 희귀해지며, 자기 만족과 긍정이 온전함에 대한 갈망을 대체해 버린 시대 상황 속에서 이 책은 야고보서의 위대함과 적실성을 독자들에게 제공한다. 야고보서 강해서를 언젠가 써야겠다는 나의 의지를 꺾어 버린 이 책을 모든 그리스도인들에게 강력 추천한다.

김형국 | 하나복 DNA네트워크 대표목사

저자는 하나님의 선교 이야기 관점을 통해 야고보서의 숨겨진 광맥을 발견한다. 저자의 안내를 따라 야고보서에 귀를 기울인다면, 1세기 디아스포라 공동체에게 들려주셨던 하나님의 이야기가 세상으로 보냄 받은 오늘날의 우리를 위한 이야기라는 사실을 분명히 깨닫게 될 것이다. 그 어느 때보다 세상의 이야기들이 압도적으로 느껴지는 지금, 온 세상의 주권자이신 하나님의 이야기에 다시 사로잡히길 갈망하는 모든 이에게 이 책을 권한다.

송태근 | 삼일교회 담임목사

로마서와 비교했을 때 야고보서에 관한 해설서는 턱없이 적다. 교회가 편식한다는 뜻이다. 이런 점에서, 바울서신을 전공한 정성국 교수가 야고보서를 그 나름의 장점을 살려 해설한 것은 크게 환영할 만한 일이다. 저자는 '온전함과 성숙함'의 주제가 야고보서를 관통한다고 보고, 하나님의 선교, 삶을 온전케 하는 지혜, 예수님의 가르침에 대한 야고보서의 해석을 면밀하게 살피고 친절하게 전달한다. "어떻게 하면 단순히 기독교 신자가 되는 것을 넘어, 온전한 믿음을 지니고 온전한 삶을 살아갈 수 있을까?" 저자와 함께 이런 질문을 하는 공동체라면, 이 책에서 귀한 도움을 얻게 될 것이다. 야고보서에 대한 이해를 더욱 풍성하게 하는 이 책을 기쁜 마음으로 추천한다.

채영삼 | 백석대학교 신학대학원 신약학 교수

야고보의
편지

야고보의
편지

2024년 2월 21일 초판 1쇄 인쇄
2024년 2월 28일 초판 1쇄 발행

지은이 정성국
펴낸이 박종현

㈜ 복 있는 사람
주소 서울특별시 마포구 연남동 246-21(성미산로23길 26-6)
전화 02-723-7183(편집), 7734(영업·마케팅)
팩스 02-723-7184
이메일 hismessage@naver.com
등록 1998년 1월 19일 제1-2280호

ISBN 979-11-7083-120-4 03230

ⓒ 정성국 2024

이 책의 저작권은 저자와 ㈜복 있는 사람이 소유합니다.
신저작권법에 의하여 한국 내에서 보호를 받는 저작물이므로 무단전재와 복제를 금합니다.

야고보의 편지

온전한 공동체를 꿈꾸는
흩어진 교회들에게

정성국

새물결플러스

선교하시는 하나님의 보내심을 받아
함께 신학 공동체, 신앙 공동체, 해석 공동체를 이루어 가는
아신대학교(ACTS)의 동료 교수님들에게
이 책을 바칩니다.

일러두기

1 이 책에 사용된 야고보서 본문은 성경 원문의 이해를 돕기 위해 저자가 Nestle-Aland 28판 헬라어
   원문을 사역(私譯)한 것이다. 오늘날 한국인들의 일상적 언어로 번역하되, 되도록이면 헬라어 원문의
   의미와 구조에 충실하려고 노력했다. 그 밖의 성경 구절은 새번역을 사용했다.

2 인용된 성경의 출처를 괄호 속에 밝히는 경우 성경 약어를 사용했고(예: 고후 5:14), 야고보서 인용은
   특별한 경우를 제외하고는 책 제목 없이 장과 절만을 표기했다(예: 4:7).

* 이 책은 아신대학교 학술연구기금의 지원으로 출판된 책입니다.

차례

저자의 말

언젠가는 꼭 야고보서에 관한 책을 쓰고 싶었다. 그것은 바울 신학자로서 야고보서에 대한 일종의 부채 의식 같은 것이기도 하지만, 근본적으로는 자기 가치에 합당한 인정을 받지 못하는 무언가를 볼 때 느끼는 안타까운 마음 때문이었다.

나는 이 책에서 야고보서가 얼마나 풍성한 메시지와 신선한 문제의식을 담고 있는 책인지 드러내고 싶었다. 이 책의 부제가 말해 주듯 야고보서는 온전한 존재와 삶에 이르게 하는 지혜로 우리를 인도한다. 이제 그리스도인 개인과 공동체가 '구원을 얻는 믿음'에 대한 논의를 넘어서서 '온전함에 이르는 지혜'에 대한 논의로 나아가야 할 때가 되었다고 생각한다. 이 책의 독자들이 야고보가 제시하는 온전한 존재와 삶이 어떠한 모습인지, 그것에 이르게 하는 실질적 지혜가 무엇인지에 대해 야고보의 말에 귀 기울이는 심정으로 다가갔으면 좋겠다.

이 책은 야고보서가 말하는 지혜를 강조하는 방식으로 구성되었다. 전체의 서론 격에 해당하는 처음 두 장을 지나면 비교적 야고보서의 본문 순서를 따라 설명하는 방식으로 전개된다. 그러나 일단 해당 단락의 핵심 주제가 선명해지면 그 주제를 야고보서 전체 속에서 대화하고 오늘의 문맥으로 확장시키기 위해 노력했다. 나는 일반 주석서를 의도했다기보다 야고보서에 대한 신학적, 목회적 해설을 쓰고 싶었다. 본문의 주석적, 신학적 쟁점들에 대한 자세한 학문적 논의는 이 책의 목표가 아니었다는 점을 이해해 주길 바란다.

한편, 이 책을 집필하는 과정은 그간 내가 신학을 공부하고 교회를 섬겨 온 시간과 공간들을 돌아보는 자기 성찰적 여정이기도 했다. 야고보의 '마음'과 '욕망' 그리고 '행동의 변화'에 대한 관심은 미국 웨스트민스터 신학교에서 처음 접한 성경적 상담학과 지속적으로 씨름하는 성경적 발판을 마련해 주었다. 야고보가 지닌 온전한 공동체에 대한 관심은 한국과 미국에서 만났던 여러 공동체를 돌아보고 교회에 대한 나의 경험과 이해를 정리하는 계기가 되었다. 박사학위 논문을 쓰면서 접하게 된 선교적 성경 읽기 관점이 야고보서 읽기에도 여전히 유효하다는 점을 확인했다. 하나님의 선교 이야기는 야고보서 서사의 뼈대를 제공한다. 동방 신학과의 대화를 통해 새삼 깨닫게 된 존재의 인격성과 관계성에 대한 강조는 야고보가 제시하는 온전함에 대한 나의 이해를 더 넓혀 주었다. 나는 야고보서의 풍성한 메시지를 널리 알리는 것과 더불어 나의 신학 여정들을 기록으로 남겨 두고 싶었다. 나에게 야고보서는 이러한 풍성한 이야기들을 담아 낼 수 있는 큰 그릇이었다.

책을 출판하면서 감사할 사람들이 많다. 먼저 연구하고 가르치며 살아갈 환경을 제공해 준 아신대학교와, 나에게 끊임없는 학문적 통찰과 영감을 제공해 주고 있는 동료 교수들에게 감사를 전한다. 나의 부족한 야고보서 강의를 경청해 준 아신대학교 학생들, 특히 2023년 2학기 신학대학원 일반서신 수업 시간에 이 책의 초고를 읽고 서평을 작성해 준

학생들에게도 감사를 전한다. 그중에서도 고영진, 류영욱, 서준성, 정남원, 조치영 원우는 독자 입장에서 초고의 아쉬운 부분들을 잘 지적해 주었다.

다음으로 함께 그리스도의 몸을 이루고 있는 나들목양평교회 가족들에게 깊은 감사를 전하고 싶다. 이 공동체가 없었다면 나는 결코 온전함을 꿈꾸지 못했을 것이다. 2023년 가을, 우리 가족은 '양평숲가정교회'라는 작은 공동체를 시작하며 새로운 신앙의 여정에 들어섰다. 양평에서 그리스도를 따르는 사람들이 이루어 가는 숲을 꿈꾸며, 함께 이 여정을 시작한 가정교회의 가족들에게 감사와 격려를 보낸다. 부족한 원고를 귀한 종이책에 담아 준 '복 있는 사람'의 박종현 대표님과 문준호 팀장, 그리고 제자 병인에게도 고마운 마음을 전한다. 끝으로 항상 곁에서 힘과 위로와 기쁨이 되는 아내 성기원과 세 딸 은혜, 은비, 은율에게 사랑과 감사의 마음을 전한다. 초등학교 4학년 막내딸에게 이제 아빠가 야고보로부터 해방되었다고 말해 줄 수 있어서 기쁘다. 모든 것이 하나님의 은혜다.

주후 2024년 2월
양평 아신대학교 캠퍼스 연구실에서

야고보서 해석의
세 가지 열쇠

성경 안에 야고보서만큼 홀대를 받은 책이 또 있을까? 오랫동안 야고보서는 자신의 얼굴 그대로 읽히기보다 더 중요하다고 여겨지는 다른 책과의 비교를 통해 읽히고 평가되기 일쑤였다. 흔히들 야고보서 하면 먼저 믿음과 행함에 대한 신학적 논쟁을 떠올리지만 사실 야고보는 편지 서두에서 편지를 쓴 동기를 이렇게 밝힌다. "인내를 온전히 이루십시오. 이것은 여러분을 무엇에도 부족함이 없도록 온전하고 성숙하게 하려는 것입니다"(1:4). 이것은 야고보가 교리적 논쟁보다는 존재의 변화와 삶의 형성에 더 관심을 두고 있다는 점을 보여준다. 혹시 우리는 야고보서 사용법을 오해한 것이 아닐까? 그래서 야고보서를 놓고 논쟁을 일삼는 동안, 그 속에 담긴 단순하고 실제적이면서도 풍성한 메시지와 함께 그것이 일으킬 변화의 가능성마저 놓쳐 버린 것은 아닐까?

저자의 말대로 야고보서는 '온전함'에 관한 책이다. 소유할 만큼 소유하고 성취할 만큼 성취해도 사람들은 여전히 무언가 부족함을 느낀다. 그리스도인이라고 다를까? 믿음도 있고 교회 생활에도 열심이지만 이것이 삶의 전부가 아닐 것이라는 아쉬움을 느끼기는 마찬가지다. 우리가 무언가를 놓치고 있다고 느낄 때, 그때 만나는 단어가 온전함이다. 우리는 온전함을 갈망한다. 온전한 믿음, 온전한 인격, 온전한 관계, 온전한 삶을 꿈꾼다. 그리고 온전한 세상을 꿈꾼다. 온전함은 무엇이고, 그곳에 이르는 길은 무엇일까? 이것이 야고보서의 핵심 질문이다. 그 온전함에 이르도록 야고보가 독자들에게 제시하는 길잡이가 있는데 그 것이 바로 '지혜'다. 야고보는 현재를 가리켜 믿음뿐만 아니라 지혜가 간절히 요구되는 시대라고 외치면서 세상 속에서 살아가는 성도들에게 필요한 지혜를 제시하는 한편, 지혜의 근원이 되는 '어떤 이야기'를 소개한다. 온전함, 지혜, 그리고 한 이야기. 이것이 이 책 야고보서의 문을 여는 세 가지 열쇠다.

야고보서의 시작과 끝, 야고보서의 이야기 세계로 들어가는 문[1]

편지의 시작: 그들이 디아스포라로 흩어진 이유

하나님과 주 예수 그리스도의 종 야고보는 디아스포라 열두 지파에게 문안합니다 (1:1).

---

[1] 야고보서의 시작과 끝이 지니는 해석학적 중요성을 지적한 학자는 조엘 그린이다. 조엘 그린, "선교적으로 야고보서 읽기," 마이클 고힌 엮음, 『선교적 성경 해석학: 하나님의 선교를 위한 성경 읽기』, 백지윤 옮김 (서울: IVP, 2023), 301.

이야기를 떠나 존재하는 인물과 사건은 없다. 그의 편지 첫 구절에서 야고보는 자신을 하나님과 예수의 이야기 속에 부름 받은 한 사람으로 소개한다. 예수를 하나님과 나란히 언급하며 그분을 '주'와 '그리스도'로 부르는 야고보의 이야기 방식은 쉽게 지나칠 수 없다. 이는 그가 여타 유대인들과는 다른 하나님의 이야기 속에 살고 있음을 말해 줄 뿐만 아니라, 그가 예수를 통해 드러난 하나님의 이야기 세계로 독자들을 초대하고 있기 때문이다. 이어지는 '디아스포라'와 '열두 지파'라는 단어는 독자들을 오래된 성경의 이야기 세계로 인도하다가, 어느 순간 그들의 정체성과 현재 삶을 해석하는 렌즈가 된다. 그리고 마침내 시험 중에 있는 독자들로 하여금 미래에 완성될 어느 이야기를 바라보게 한다. 예수를 통해 자신을 드러내시고 디아스포라 열두 지파를 자신의 이야기로 부르시는 하나님은 어떤 분인가? 하나님은 왜 그들을 디아스포라로 보내셨는가? 아니, 야고보의 이야기를 통해 우리는 먼저 디아스포라로 가신 하나님을 발견한다. 하나님은 디아스포라에서 무얼 하고 계실까? 그분은 왜 그리로 가셨는가? 이렇듯 편지의 첫 문장은 어느 특별한 이야기 세계로 우리를 초대한다.

성경의 세계에 익숙한 이들에게 '야고보'라는 이름은 많은 상상력을 자극한다. 그는 자신을 "하나님과 주 예수 그리스도의 종 야고보"(1:1)라고 소개한다. 우리는 이 야고보가 신약성경에 등장하는 여러 야고보 중 예수님의 동생 야고보라고 생각한다. 예수님의 공생애 기간 중 그분에 대한 적지 않은 오해를 지니고 있었지만(막 3:21; 요 7:5), 주의 형제 야고보는 종종 예수님의 사역에 동행했고(요 2:12), 부활하신 주님의 방문을 경험했으며(고전 15:7), 주님의 승천 후 제자들과 함께 마가의 다락방에서 기도에 힘썼다(행 1:14). 결정적으로 그는 예루살렘 공의회 때 초대교회의 수장 역할을 감당했고(행 15:13), 예루살렘 교회의 수장으로서 초대교회 전체의 선교 운동을 감독했다(갈 2:9). 이런 점에서 야고보는 바울의 회심이 아니라 베드로의 회심과 같은 과정을 거쳤다고 볼 수 있다. 편지 어디에도 이러한 과거의 사건들에 대한 언급이 없지만 야고보는 독자들이 이 이야기들을 전제하고 편지를 읽어 주기를 기대하고 있다.

수신자들에 대한 호칭 뒤에는 특별한 이야기가 놓여 있다. 야고보는 수신자를 디아스포라 열두 지파라고 부른다. '디아스포라'는 팔레스타인 밖에 흩어져 있는 유대인들을 지칭하는 용어였다. 유대인들은 여러 이유로 디아스포라 처지에 놓였다. 앗수르와 바벨론의 침입으로 인해 시작된 포로 생활은 디아스포라를 유발한 대표적 예다. 한편 시간이 흐르면서 사회, 경제적 이유로 자발적 디아스포라가 된 유대인들도 많았다. 헬라화, 도시화, 상업화가 진행되면서 팔레스타인을 떠나 여타 큰 도시로 이주하여 삶의 새로운 기회를 찾아 떠난 유대인이 그러한 예다.

위의 배경에서 디아스포라를 이해할 때, 우리는 이 편지의 청중이 흩어져 있는 유대계 그리스도인 공동체들이었다고 추측할 수 있다.[2] 한편 베드로가 그의 편지 첫인사에서 명백하게 이방인 그리스도인들을 지칭하기 위해 "흩어진 나그네"(벧전 1:1)라는 표현을 사용한 것은 이 표현이 이방인 그리스도인들까지 포함할 수 있다는 점을 배제하지 않

---

2 갈라디아, 고린도, 로마 등지에서 유대인과 이방인들이 하나의 그리스도인 공동체를 이루면서 발생한 율법 관련 문제들이 이 편지에는 언급되지 않는다. 사도들이 이방인 성도들에게 반드시 경계했던 이방 종교에 대한 언급이나 이와 관련한 성적 타락에 대한 경계도 전혀 없다. 또한 편지 속에는 유대적 지형이나 기후에 대한 언급이 추가 설명 없이 자연스럽게 등장한다. 이런 점들은 독자들이 주로 유대계 그리스도인들이었다는 견해를 지지한다.

는다. 정황상 유대계 그리스도인들이 주요 수신자들이었겠지만 말이다.

어느 학자들은 야고보의 청중을 사도행전 8:2에서 예루살렘 교회 핍박 이후에 흩어진 초대교회의 초기 그리스도인들로 이해한다. 특히 피터 데이비스Peter H. Davids는 야고보서에 등장하는 '부자들'을 예루살렘 교회 사도들을 흩어지게 한 대제사장들과 연결시킨다.[3] 이러한 배경 속에서 그는 편지 전체에서 중요하게 취급되는 '시험'이라는 주제가 초대교회 유대계 그리스도인들에게 닥친 핍박과 고난이었다고 주장한다. 하지만 이 구체적인 역사의 재구성을 뒷받침할 야고보서 자체의 내적 증거는 사뭇 빈약하다. 오히려 야고보서는 디아스포라로 흩어져 살아가던 유대계 그리스도인 공동체들이 일상에서 당면했을 법한 보편적 문제들을 다루고 있는 것으로 보인다. 야고보가 "여러 종류의 시험"(1:2)이라고 말하는 것을 보라. 디아스포라의 상황은 그리스도인들의 정체성과 삶의 방식을 지배하려는 주류 문화의 이야기가 있었고, 그 이야기와 충돌하는 또 다른 이야기 사이에서 그들이 살아가고 있었음을 보여준다.

디아스포라에 이어 등장하는 열두 지파는 이스라엘의 또 다른 이름이다. 히브리인들은 하나님의 은혜로 출애굽하여 광야에서 40년간 훈련을 받은 뒤 가나안 땅에 들어가 그 땅에서 열두 지파로 자리 잡았다. 원래 그들의 조상 야곱에게 주어졌고 민족 전체를 지칭했던 이름 이스라엘은 가나안 정복 후 야곱의 아들들에 의해 형성된 열두 지파라는 이름으로도 불리게 되었다. 유대인이라는 명칭이 그들의 인종적 정체성을 표현한다면, 이스라엘과 열두 지파는 그들의 영적 정체성과 소명을

---

3   피터 H. 데이비스, 『NIGTC 야고보서』, 오광만 옮김 (서울: 새물결플러스, 2019), 60.

표현한다. 이스라엘과 열두 지파라는 이름 뒤에는 열방을 위해 히브리 민족을 선택하여 보내신 하나님의 이야기가 숨어 있다. 그것은 그들이 디아스포라로 흩어질 때도 마찬가지다. 그들이 흩어진 것은 우연이 아니다.

서신의 첫 문장에서 야고보는 이스라엘 열두 지파가 이제 예수 그리스도를 통해 새로운 정체성의 국면을 맞이하게 되었음을 주장한다. 야고보는 그의 청중이 과거 출애굽한 이스라엘 선조들처럼 하나님의 특별한 목적을 위해서 디아스포라로 보냄 받은 열두 지파임을 암시한다. 그들이 흩어진 것이 우연이 아니라는 것이다. 야고보서에 대한 선교적 읽기는 바로 이 지점에서 시작된다. 다음 장에서 선교적 읽기에 관해 조금 더 자세히 언급할 것이다.

또한 여기서 야고보가 청중을 '지파'라는 공동체 단위로 부르는 것을 보라. 열두 지파라는 표현은 그들이 흩어져 있지만 더 큰 하나의 공동체에 대한 소속감을 공유하고 있음을 내포한다. 이것은 오늘날의 독자들에게 야고보가 염두에 두고 있는 청중의 기본 단위가 공동체라는 사실을 심각하게 받아들일 것을 요구한다. 곧, 야고보서를 개인의 차원에서뿐만 아니라 공동체의 관점에서도 읽을 것을 요구한다. 이것은 하나님의 이야기 속에서 하나님의 백성 공동체가 지니는 자리를 새삼 깨닫게 한다. 하나님은 디아스포라 도시들을 회복하기 위해 공동체를 보내셨다. 나는 이것이 야고보서를 읽는 첫 단추가 되어야 한다고 생각한다.

초대교회의 수장이었던 야고보의 지위와 '디아스포라 편지'라는 야고보서의 장르 또한 야고보서에 대한 공동체적 읽기를 지지한다. 유대인 공동체의 지도자였던 대제사장은 매년 디아스포라 유대인들에게 편지를 보냈다.[4] 편지의 중요한 목적 중 하나는 그들이 이스라엘 공동체의 종교적, 문화적 정체성을 유지하도록 격려하는 것이었다. 디아스포라의 삶은 그들이 이스라엘 백성으로서의 정체성과 삶의 방식을 타협하도록 끊임없이 유혹했기 때문이다.

초대교회의 수장이었던 야고보가 이 편지를 쓴 목적도 디아스포라 그리스도인들의 정체성과 삶의 방식을 점검하는 데 있었을 것이다. 야고보서는 안타깝게도 디아스포라로 흩어진 개인과 공동체들이 무너져 가는 모습을 보여준다. 그들을 잠식해 가는 지배 문화의 이야기를 들려준다. 이를 통해 야고보는 그리스도인 개인과 공동체를 다시 세우고, 그들이 디아스포라로 흩어져 있는 것이 우연이 아니라 하나님의 선교적 목적을 위해 보냄 받은 것임을 새롭게 인식시키고자 했다. 야고보서가 증인 공동체의 정체성과 삶의 방식에 대한 선교적 편지로 읽힐 때, 이 편지의 취지가 가장 잘 드러날 것이라고 생각한다.

편지의 끝: 죄인을 돌이키게 하는 공동체적 소명

야고보가 이 편지를 마무리하는 방식은 특별하다. 야고보는 서신의 관례를 따라 끝인사로 서신을 마무리하는 대신 디아스포라 열두 지파의 소명을 상기시키는 방식으로 편지를 마무리한다. 그럴 만한 특별한 이유가 있었을 것이다.

19 나의 형제자매들이여, 만일 여러분 중에 어떤 사람이 미혹되어 진리에서 떠났는데 그를 돌아서게 하는 사람이 있다면, **20** 그에게 이것을

---

4   Richard Bauckham, *James* (London: Routledge, 1999), 25-28.

명심하게 하십시오. 죄인을 그 잘못된 길로부터 돌아서게 하는 자는 그의 영혼을 죽음에서 구원하고 허다한 죄를 덮게 될 것입니다(5:19-20).

데이비스는 이 구절들에 어떠한 선교적 의미도 포함되어 있지 않다고 주장한다.[5] 야고보가 공동체 밖에 있는 사람들이 아니라 "여러분 중에 어떤 사람", 곧 공동체 내부에 있는 사람을 돌이키는 일에 관심을 기울이고 있다는 것이 그 이유다. 이는 야고보의 의도라기보다는 데이비스가 지닌 선교의 개념과 방식이 투영되어 있는 해석이다. 선교는 공동체 내부의 사람들을 겨냥할 수 없는 것인가? 공동체 내부의 사람들을 돌이키는 것은 공동체 밖의 사람들을 향하여 선교하는 방식이 될 수 없는가? 나는 선교에 대한 이해가 교회를 포함하는 세상 모든 곳에서 하나님이 주도하셔서 일으키시는 회복과 구원의 활동으로 확장되어야 한다고 생각한다. 그리고 이 책에서 그러한 개념으로 '선교'라는 단어를 사용할 것이다. 신앙 공동체 밖에 있는 이들에게 복음을 증언하는 가장 근본적 출발점은 신앙 공동체 자체가 복음으로 변화되는 것이다. 편지의 마지막 부분에서 야고보가 말하고자 하는 것이 바로 이 증인 공동체의 형성이다.

이러한 이유로 나는 야고보서의 시작과 끝이 야고보서에 대한 선교적 읽기를 위한 해석학적 틀을 제공한다고 생각한다.[6] 야고보는 서신의 처음과 끝에서 그의 청중에게 선언한다. "여러분은 사람들을 돌이키시려는 하나님의 목적을 위해 디아스포라로 보냄 받았습니다." 세상을 회

---

5   데이비스, 『NIGTC 야고보서』, 335.
6   야고보서에 대한 선교적 읽기를 시도한 예는 많지 않다. 필자는 야고보서에 대한 그린의 선교적 읽기에서 여러 통찰을 얻었다. 그린, 『선교적 성경 해석학』, 285-312.

복하시는 하나님의 이야기로 그들이 부름 받았다는 사실을 기억하라는 것이다. 이것이 야고보서 해석을 위해 우리가 기억해야 할 첫 번째 해석의 열쇠다.

야고보서, 세상을 이기는 지혜의 말씀

혹 여러분 중에 지혜가 부족한 사람이 있으면 모든 사람에게 주저함 없이 주시고 꾸짖지 아니하시는 하나님께 구하십시오. 그리하면 하나님께서 지혜를 주실 것입니다(1:5).

15 그러한 지혜는 위로부터 온 지혜가 아닙니다. 그것은 땅에 속한 지혜이며, 육신적인 것이며, 귀신으로부터 온 것입니다. 17 그러나 위로부터 온 지혜는 우선 성결합니다. 그래서 화평하고 관대하고 양순합니다. 또한 그것은 자비와 선한 열매가 가득하고 편견과 위선이 없습니다(3:15, 17).

야고보서를 '신약의 지혜서'라고 부를 수 있는지에 대해서는 이견이 있지만, 야고보서 전체가 지혜로운 삶을 추구하고 있다는 점에 대해서는 아무런 이견이 없다. '지혜'라는 단어를 직접 언급하고 그 성격을 묘사해 주는 1:5과 3:15, 17 이외에도 야고보서는 다양한 삶의 정황 속에 필요한 지혜를 독자들에게 제시한다. 야고보서에서 지혜는 확실히 하나의 주요한 주제 그 이상의 의미를 지닌다. 제국의 주류 문화 속으로 물들어 가는 이들에게 야고보가 제시하는 지혜로운 삶이란 무엇일까? 이것이 내가 제시하고 싶은 야고보서 읽기의 두 번째 해석학적 열쇠다.

구약 지혜 전통을 계승하는 야고보서

그렇다면 지혜란 무엇인가? 우리는 어떠한 사람을 지혜로운 사람이라고 여기는가? 지혜는 종종 '지식'과 비교된다. 인간과 세상에 관해 해박한 지식을 가지고 있다고 지혜로운 사람이 되는 것은 아니다. 지혜는 지식이 실제로 기능할 수 있도록 돕는 통찰이나 분별력을 일컫는다. 지혜는 무언가의 본질 속으로 우리를 인도하여 그 실체를 만나게 하는 역할을 한다. 이러한 특성으로 인해 지혜는 이론 자체보다는 이론이 실제로 구현되는 방식과 그 효과에 관련한다. 하나님을 대하는 방식도 마찬가지다. 우리는 하나님에 대한 풍성한 교리적 지식을 소유할 수 있다. 그러나 지혜를 소유한 자는 그 교리적 지식을 통해 하나님과 살아 있는 관계로 들어가서 그분을 예배한다.

모든 문화와 종교가 삶에 대한 나름의 지혜를 전수해 왔듯이 유대인들도 지혜문학을 중심으로 지혜 전통을 발전시켜 왔다. 유대인들에게 지혜문학은 본래 인간, 인간의 삶, 그리고 자연환경과 같은 창조 질서에 반영되어 있는 삶의 일반 원리들을 찾는 도구였다. 그 다양한 영역이 하나님에 의해 창조된 피조 세계이기 때문에 당연히 지혜는 하나님을 경외하는 데서부터 출발하는 것이어야 했다. 이렇게 창조 신앙과 짝하여 출발한 유대인들의 지혜 개념은 포로기를 포함한 역사적 굴곡을 거치면서 고난이라는 주제를 끌어안게 되었고, 자연히 고난 끝에 올 구원과 종말에 관한 주제까지도 아우르게 되었다.

구약 지혜문학의 권위자인 트렘퍼 롱맨은 잠언에 나타난 지혜를 크게 세 가지 측면(실천, 윤리, 신학)으로 구분했다.[7] 이 구분은 구약의 지혜문학뿐만 아니라 야고보서 속에 담긴 지혜 개념을 이해하는 데도 유효하다.

지혜의 '실천적 측면'은 한마디로 일반적 삶의 기술과 관련한다. 여기서 지혜롭다는 것은 언어를 절제하거나 타인과 평화로운 관계를 유지하거나, 시간이나 물질을 효과적으로 사용하는 등에 관한 삶의 기술을 지니고 있다는 뜻이다. 이러한 실천적 지혜는 다른 문화나 종교로부터도 배울 수 있는 성격의 지혜다. 그리고 지혜의 '윤리적 측면'은 공동체 속에서 살아가는 개인의 훌륭한 인격과 바른 행동과 관련한다. 여기서 지혜롭다는 것은 특정 상황에 적합한 성품과 행동을 유지하고 있다는 뜻이다. 이를 위해서는 공동체적 삶을 위해 개인이 어떠한 덕목과 성품을 갖추어야 하는지, 그것을 어떻게 형성할 수 있는지를 알아야 한다. 지혜의 '신학적 측면'은 유대인들의 지혜 전통에서 가장 중요한 요소이며 타문화권의 지혜와 근본적으로 구별되는 요소라고 할 수 있다. 잠언은 서두에서 말한다. "여호와를 경외하는 것이 지식의 근본이거늘"(잠 1:7). 여기서 지식, 곧 앎은 정보적 차원의 지식을 포함한 관계적 지식을 뜻한다. 적어도 유대인들의 하나님 신앙 안에서는 지식과 지혜가 나뉘지 않았다. 이렇게 잠언은 지혜로운 삶이 결국 하나님과의 관계에 뿌리내려 있다고 말한다. 그래서 지혜란 하나님을 두려워하고 그분에게 순종하는 삶을 가리킨다. 이러한 지혜의 세 가지 측면은 구분되면서도 서로 깊이 연관해 있다. 하나님을 경외하지 않는 사람이 지닌 삶

---

7 Tremper Longman III, *The Fear of the Lord Is Wisdom: A Theological Introduction to Wisdom in Israel* (Grand Rapids, MI: Baker Academics, 2017), 5-25. (『지혜신학 개론』 CLC)

의 기술, 인격, 행동은 그것이 아무리 뛰어나 보여도 성경이 말하는 지혜가 아니며 결국에는 삶의 한계에 부딪히기 마련이다.

유대인 야고보는 조상들의 지혜 전통을 계승한다. 위에서 언급한 지혜의 실천적, 윤리적, 신학적 측면이 야고보서에도 조화롭게 등장한다. 구약의 지혜문학에서보다 야고보서는 지혜의 신학적 측면을 더 직접적으로 제시한다. 야고보서 해석의 첫 번째 열쇠에 관한 설명에서 보았듯이, 야고보는 편지 서두에서부터 하나님과의 관계와 소명을 강조하고 이후에 지혜로운 삶의 방식을 풀어낸다. 그리고 그는 편지 곳곳에서 창조(1:17; 3:9)와 구원(1:21), 종말(1:12; 5:7)과 새 창조(1:18)에 관한 이야기를 들려주면서, 개인과 공동체가 하나님의 선교 이야기와 궤를 같이하는 삶을 형성해 나가는 것이 지혜의 본질임을 선명하게 제시한다.

한편 야고보가 창조부터 창조의 완성에 이르는 이야기 속에서 오히려 집중적으로 다루는 주제는 개인의 내면과 윤리, 공동체의 일상적 삶이라는 점은 아무리 강조해도 지나치지 않다. 편지의 본론인 2장에 들어서자마자 야고보는 공동체 속의 차별 이야기와 가난한 자들에 대한 무관심을 책망한다. 야고보에게 지혜는 하나님의 이야기와 개인의 일상적 삶을 맞추는 것이라고 할 수 있다. 주류 문화의 세속적 이야기와 견주어 보았을 때, 이 하나님의 이야기와 그 속에서 흘러나오는 지혜는 금방 대안적이고 대항적인 삶의 자세를 일상 속에서 요구한다는 점을 쉽게 발견할 수 있다.

여기에 더하여 야고보서는 구약의 지혜서보다 더욱이 목회적이다. 야고보는 디아스포라 공동체의 개인이 직면한 실제적, 실존적 문제를 중점적으로 다룬다. 그리스도인 공동체 내부에서의 사람 차별(2:1-6), 가난한 자들에 대한 무관심(2:15-16), 성도 간의 다툼과 세속적 욕망으로 인한 공동체의 분열(3장, 4:1-3), 인생의 계획과 재물의 사용(4:13-17), 부자의 횡포로 인해 억울한 약자와 이를 방관하는 사람들(5:1-6), 고난에 대처하는 자세(5:7-11), 병자를 위한 기도(5:14-16) 등, 야고보에게 지혜는 유혹을 불러일으키는 시험의 상황들을 극복하게 하는 실제적인 가르침과 통찰이다.

예수의 지혜 말씀에 대한 기억과 재해석으로서의 야고보서

지혜에 관한 말씀으로 야고보서를 읽으면서 기억해야 할 또 하나의 중요한 요소가 있다. 야고보가 유대인들의 지혜 전통을 계승하는 한편 예수를 통해 그것을 새롭게 해석하고 발전시킨다는 점이다. 흥미로운 것은 야고보서 안에 예수께서 공생애 동안 전하신 지혜 말씀의 흔적이 적지 않게 발견된다는 점이다. 야고보가 예수님의 말씀들을 기억하고 있다가 디아스포라 그리스도인 공동체가 처한 상황에 알맞게 재해석하여 전달하고 있는 셈이다. 이는 야고보서에 담긴 지혜가 근본적으로 그리스도의 지혜에 기인한다는 점을 보여준다.

학자들은 야고보가 특별히 예수님의 산상수훈에 담긴 지혜 말씀을 많이 사용하고 있다고 말한다.[8] 1장만 보더라도 시험을 만날 때 기뻐

---

8   필자의 은사였던 댄 맥카트니는 그의 야고보서 주석에서 산상수훈에 대한 야고보의 암시적 사용을 정리했다. Dan G. McCartney, *James*, (Grand Rapids, MI: Baker Academics, 2009), 50-51. (『BECNT 야고보서』 부흥과개혁사) 이 책의 본론 단락에서 하나씩 다루겠지만, 야고보서 1장 이외에 나타나는 예수님의 산상수훈에 담긴 지혜 말씀과의 연결점은 다음의 경우들이다. 가난한 자를 택하심(2:5; 마 5:3, 5), 율법 전체를 행함(2:10; 마 5:18-19), 살인과 간음(2:11; 마 5:21-30), 긍휼이 이김(2:13; 마 5:7), 열매로 나무를 앎(3:12; 마 7:16-18), 화평하게 하는 자(3:18; 마 5:9), 두 주인을 섬김(1:8; 4:4; 마 6:24), 마음의 성결(4:8; 마 5:8), 하나님이 겸손한 자를 높이심(4:10; 마 5:5), 판단하지 말 것(4:11; 5:9; 마 7:1-2), 내일 일을 걱정하지 말 것(4:13-15; 마 6:34), 녹슨 재물(5:2-3; 마 6:19-21), 선지

하라(1:2; 마 5:11-12), 온전함에 이르라(1:4; 마 5:48), 믿음으로 구하라
(1:5-6; 마 7:7), 재물은 풀의 꽃과 같다(1:10; 마 6:30), 아버지께 구하면
좋은 것을 주신다(1:17; 마 7:11), 듣지만 말고 행하라(1:22-23; 마 7:24-
26) 등의 산상수훈과 중복되는 주제들이 등장한다. '나뉜 마음'(1:8)에
대한 야고보의 경고는 마음의 보물과 두 주인을 섬기는 행위에 관한 예
수님의 말씀(마 6:19-24)을 상기시킨다. 이러한 예들에 더하여 맹세에
관한 야고보서 5:12 말씀은 산상수훈에 담긴 예수님의 말씀(마 5:34-
37)을 직접 인용이라도 하듯 동일한 단어와 표현을 되풀이하고 있다.

누가복음에 나타난 예수님의 말씀을 떠올리게 하는 야고보서의 구
절들도 있다. 마지막 날에 웃음과 애통이 뒤바뀔 것을 내다보고 지금
미리 준비하라(4:9)는 야고보의 지혜는 누가복음 6:25의 예수님의 지
혜 말씀과 중복된다. 장사를 통해 이익을 남길 꿈에 부풀어 있는 어느
그리스도인에 대한 야고보의 책망(4:13-17)은 누가복음 12:16-21에 등
장하는 '어리석은 부자'를 향한 예수님의 책망을 떠올리게 한다. 디아
스포라 그리스도인들의 상황에 맞게 어리석은 농부에서 헛된 꿈을 꾸
는 상인으로 등장인물이 바뀌었을 뿐이다.

이 책의 본론 단락에서 우리는 야고보가 어떻게 산상수훈을 비롯한
예수님의 지혜 말씀을 사용하고 있는지 더 자세히 살펴볼 것이다. 다만
여기서 나는 독자들에게 과거의 지혜 말씀을 대하는 야고보의 자세를
상기하고 싶다. 야고보는 구약성경을 비롯한 유대인들의 지혜 전통과
예수님의 지혜 말씀을 디아스포라 공동체의 현재 상황에 적합하게 상

자의 본(5:10; 마 5:11-12), 맹세하지 말 것(5:12; 마 5:34-37). 산상수훈 이외의 예수님의
지혜 말씀 사용의 경우는 의심하지 않는 믿음(1:6; 마 21:21)에 관한 말씀 등이다.

황화한다. 이는 야고보서를 읽는 오늘날의 독자들에게 하나의 해석학적 원리를 제공한다. 야고보서를 통해 야고보의 지혜를 발견해야 하기도 하지만, 그 지혜가 기능하도록 하기 위해서는 오늘날의 상황과 사람들의 삶에 대한 통찰이 필수적이다. 과거로부터 전해 오는 보편의 지혜들을 배워서 지식의 저장고에 차곡차곡 쌓을 수는 있다. 그러나 그 많은 지혜 가운데 지금 여기에 필요한 지혜가 무엇인지 분별해 내는 것 또한 지혜의 일부다.

야고보가 전하는 지혜의 내용이 그리스도의 말씀에 깊이 뿌리내린 것이라면, 야고보가 이해하는 지혜의 작동 방식은 성령의 역할과 유사하다. 지혜는 성도들의 곁에서 그들을 위로하고 권면하면서 신앙의 결단을 돕는 역할을 한다. 이러한 지혜의 역할 때문에 유대인들의 지혜 전통에서 지혜는 종종 인격화되어 표현되었다.[9] 잠언 8장에서 길거리의 사람들에게 자신의 목소리를 청종하라고 외치는 인격화된 지혜 이미지가 이를 잘 보여준다. 또한 잠언 9장은 사람들을 어리석은 길로 인도하는 세속적인 지혜를 '미련한 여인the Woman Folly'으로 인격화하여 소개한다. 또한 하나님에게서 기인한 "위로부터 온 지혜"가 "땅에 속한 지혜"(3:15)와 대조되고 있다. 위로부터 온 지혜는, 땅에 속한 지혜와 대립하면서, 성도들이 하나님의 뜻을 청종하고 순종하도록 돕는 하나님의 대리인과 같은 존재로 등장한다.

9 　유대 지혜문학 전통에 나타난 두 가지 주목할 만한 발전을 살펴볼 필요가 있다. 첫째, 율법 (토라)과 지혜의 동일시. 둘째, 지혜의 인격화. 유대인들에게 하나님과 그분의 창조 세계에 대한 최선의 설명에 해당하는 것이 모세를 통해 주신 율법이라는 점을 기억하면 율법과 지혜 사이의 동일시는 자연스러운 발전이다. 율법이 성문화된 하나님의 말씀이라고 한다면 지혜는 피조 세계에 남아 있는 하나님의 흔적과도 같은 것으로 취급되기 시작했다.

이러한 맥락에서 야고보가 지혜를 묘사하는 방식이 신약의 다른 본문들이 성령을 묘사하는 방식과 유사한 것은 주목할 만하다. 3:17에서 지혜의 열매로 야고보가 언급하는 '성결, 화평, 관용, 온유함, 자비, 양선, 조화됨, 거짓 없음'은 바울이 갈라디아서 5장에서 언급하는 성령의 아홉 가지 열매와 매우 유사하다. 야고보서 안에서 "위로부터 온 지혜"(3:15)는 위로부터 오는 "온갖 좋은 은사와 온전한 선물"(1:17)로 표현된다. 지혜를 구하면 하나님이 주신다(1:5)고 야고보는 약속하는데, 이는 마태복음 7:11과 누가복음 11:13에서 예수께서 하신 말씀과 유사하다. 예수님은 아버지께 구하면 좋은 것을 주시는데(마 7:11), 누가는 그 좋은 것이 바로 성령이라고 말한다(눅 11:13). 예수님과 바울이 성령을 구하라고 말했다면 야고보는 지혜를 구하라고 말하는 셈이다. 성령을 지혜와 함께 언급하는 신약의 다른 본문들도 그 연관성을 지지한다(고전 2:12-13; 12:8; 엡 1:17).

이러한 정황들에 근거해서 데이비스는 야고보의 지혜 이해를 '지혜 성령론'이라고 부른다.[10] 신약의 다른 문서들에서 나타난 성령의 역할을 야고보서에서는 지혜가 담당하고 있다는 것이다. 야고보서 안에서 지혜는 마치 성령처럼 성도들 곁에 머물면서 그들을 권면하여 하나님의 뜻에 순종하도록 이끈다. 그리고 성도들을 하나님을 닮는 성숙함과 온전함에 이르게 한다(1:4-5). 한편 이러한 지혜가 모두에게 주어지는 것이 아니라는 사실은 지혜를 특별한 선물로 만든다. 유대인들에게 지혜는 숨겨져 있어 하나님이 주셔야만 받을 수 있는 선물과도 같다. 야고보가 하나님에게 지혜를 구하라(1:5)고 말하는 이유도 여기에 있다.

---

10   데이비스, 『NIGTC 야고보서』, 120.

생각해 보면, 자연 만물과 일상에서 하나님의 흔적을 발견하고 그분의 말씀을 통해 그분의 뜻을 분별하는 것은 누구에게나 주어지는 것이 아니다. 그렇기 때문에 지혜는 위로부터 오는 선물이다. 우리의 일상에서 하나님의 뜻을 분별하고 살면서 그것을 선물로 인정하는 자세야말로 지혜가 형성하려는 올바른 영성의 모습이다.

온전함, 야고보서를 관통하는 주제

온전함에 대한 갈망

인내를 온전히 이루십시오. 이것은 여러분을 무엇에도 부족함이 없도록 온전하고 성숙하게 하려는 것입니다(1:4).

친절하게도 야고보는 서두에서 편지의 목적을 직접 밝힌다. 편지 전체를 관통하는 저자의 의도를 기억하는 일은 중요하다. 야고보는 디아스포라 그리스도인들을 온전함과 성숙함에 이르게 하는 것이 서신의 목적임을 밝힌다. 야고보가 말하는 온전함이라는 주제를 기억하면서 야고보서의 흐름을 따라가는 것이 야고보서 해석의 세 번째 열쇠다. 온전한 믿음, 온전한 삶이란 무엇일까? 어떻게 하면 단순히 기독교 신자가 되는 것을 넘어 온전한 믿음을 지니고 온전한 삶을 살아갈 수 있을까? 오랫동안 우리는 '오직 믿음'을 외쳐 왔고, 개인이 지니는 '구원의 확신'을 강조해 왔다. 그러나 기독교 신앙이 제시하는 온전함에 대해서는 제대로 된 질문을 던지지 못했다. 믿음을 지니고 있으면서도 많은 사람들은 그들의 삶이 여전히 온전하지 못하다는 점을 절실히 느끼고 있다. 무엇이 문제일까? 온전함을 위해서는 무엇이 필요한가?

온전함의 주제는 앞에서 언급한 다른 두 가지 해석의 열쇠와도 관련이 있다. 지혜가 절실히 필요한 이유는 무엇인가? 바로 지혜가 성도들을 온전함에 이르게 하기 때문이다. 온전함에 이르기 위해 지녀야 할, 삶을 바라보는 기본적인 해석의 틀은 무엇인가? 그것은 우리의 삶이 하나님의 이야기 안에 놓인 일부라는 사실을 기억하고 우리 일상을 이해하는 것이다. 그렇다면 '온전하다'는 말의 의미는 무엇인가? 우리말 '온전함'에 해당하는 야고보의 헬라어 단어는 형용사 '텔레이오스'(1:4, 17, 25; 3:2)와 동사 '텔레이오우'(2:22)다. 야고보는 길지 않은 편지 속에서 이 두 단어를 총 6회 사용한다. 편지의 서두에서 '온전함'이 성도들의 삶의 목표가 되어야 함을 제시하고, 편지의 중반부인 3:2에서도 혀의 사용에 관해 다루면서 말의 실수가 없는 사람이라야 '온전한 사람'임을 다시 상기시킨다. 2:22에서는 믿음이 온전해지기 위해서는 행함과 짝을 이루어야 한다고 말한다.

동사 '텔레이오우'는 출발점에서 시작한 무언가가 어떤 과정을 거쳐 목적이나 끝에 이르다는 의미를 지닌다. 이 기본 개념은 온전함에 대한 다양한 파생적 이미지를 만들어 낸다. 출발했으나 중간에 멈추었다면 온전하지 않은 것이다. 거쳐야 할 과정을 지나가지 않거나 갖추어야 할 요소를 생략했다면 온전하지 못한 것이다. 처음부터 끝까지 하나로만 채워져야 할 것에 다른 무언가가 섞여 있다면 온전하지 못한 것이다. 이런 점에서 온전함은 완전함과 다르다. 거쳐야 할 과정을 거쳐 목적지까지 이르렀다 해도 완전하지 않을 수 있다. 야고보는 온전한 사람이 되라고 권면하면서, 이를 무언가에 부족함이 없는 상태로 묘사한다 (1:4). 곧, 갖추어야 할 것들을 균형 있게 갖추고 정해진 과정을 끝까지 따라가는 것이 온전함의 중요한 모습이다.

온전한 믿음과 삶, 야고보의 목회적 비전

안타깝게도 야고보가 드러내는 디아스포라 그리스도인들의 삶은 온전하지 못하다. 그들의 삶은 갈라져 있고, 다른 것과 섞여 있고, 마땅히 도달해야 할 곳까지 충분히 깊어지지 않았고, 중요한 무언가를 상실했다. 첫째로, 야고보는 가장 먼저 그들의 마음이 "두 마음"으로 나뉘어져 있다(1:8)는 사실을 들추어낸다. 이는 하나님을 향한 순전한 마음의 상태와 반대되는 것으로, 우리 마음이 다른 무엇과 섞여 있는 상태를 뜻한다. 또한 하나님을 구하면서도 다른 무언가를 겸하여 간절히 욕망하는 태도를 일컫는다. 모든 문제가 여기서 발생한다.

둘째로, 야고보는 성도들이 반드시 함께 갖추어야 할 것들을 놓쳐서 그들의 삶이 기울어졌다고 질책한다. 짝을 이루어야 할 것들이 홀로 존재하고 있다는 것이다. 우선, 1장과 2장에서는 말씀을 듣는 것과 실천하는 것, 믿음과 행함의 짝을 말한다. 1:22-25에서 말하듯이, 말씀을 듣는 것은 말씀을 행하는 것과 짝을 이루어야 한다. 2:14-26에서도 말하듯이, 믿음과 함께 행함을 갖추어야 그 믿음이 온전하게 된다. 두 가지 가운데 하나가 빠진다면 온전할 수 없다.

온전함은 균형을 상실하고 한쪽 방향으로 치우치는 사람들이 회복해야 할 그리스도인의 모습이다. 특별히 야고보는 여러 관계의 온전함을 강조한다. 하나님과의 관계는 중요하게 여기지만 이웃들과의 관계는 소홀히 여기는 이들에 대해서 야고보는 질책한다. 그들은 하나님을 찬양하지만 같은 공동체 속의 하나님 형상대로 지음 받은 사람들은 저주한다(3:9). 종교적 일들은 중요하게 여기면서도 정작 일상에서는 경건하게 살아가지 못하는 신앙(1:26-27)에 대해서 야고보는 한마디로 '헛된 경건'이라고 일축해 버린다. 개인의 경건을 자랑하지만 이웃과 공동체를 돌아보지 않는 삶에 대해서도 마찬가지다(2:15-16). 자신의 외적 모습에 몰두하지만, 자신의 내면에서는 무슨 일이 일어나고 있는지 전혀 성찰하지 못하는 이들도 마찬가지다(1:14-15; 4:3). 사실, 우리 주변의 잘못된 신앙 행태에 빠진 이들의 이야기를 들어 보면 그들이 전부 틀린 이야기를 하는 것은 아니다. 대개 옳은 것 중 유독 한 가지에 집착하는 경우가 허다하다. 균형을 상실해 버린 것이다. 공동체와 이웃이 없이도 하나님을 사랑할 수 있고, 또 온전함에 이를 수 있는지 야고보는 편지 내내 우리 자신을 성찰하게 한다.

셋째로, 야고보는 마땅히 도달해야 할 깊이에 충분히 도달하지 못한 성도들을 보며 안타까워한다. 하나님을 알지만 자주 분노하여 그분의 의로움에 이르지 못하는 사람(1:20), 하나님을 알고 이웃 사랑의 계명도 알지만 가난한 자들을 향한 긍휼의 마음을 품지 못하고 오히려 차별하고 있는 사람(2:1-13), 입으로 하나님을 찬양하지만 위로부터 오는 지혜의 열매들을 풍성히 맺지 못하는 사람(3:1-18), 재물을 소유했지만 선을 행할 줄 모르는 사람(4:17), 악한 부자의 불의와 폭력을 보면서도 그 앞에서 품꾼을 변호하거나 함께 저항하지 못하는 사람(5:1-6). 이들은 모두 충분한 깊이에 도달하지 못한 부족한 사람들이다.

위의 예들은 온전함이 인격적 성숙과 연관된다는 점을 말해 준다. 야고보가 1:4에서 '온전함'과 '성숙함'을 함께 언급하는 것을 보라. 누군가를 성숙하다고 말할 때, 우리는 그 사람의 인격과 성품, 나아가서 삶의 방식이 지니는 '깊이'를 평가한다. 헬라어 '텔레이오'의 의미가 출발점에서 시작하여 목적지나 끝에 이른다는 의미임을 다시 기억하자. 앞으로 우리가 함께 야고보서를 읽으면서 관찰하겠지만, 야고보는 인간의 마음, 생각, 욕구, 감정, 언어, 행동, 나아가서 삶의 방식 전체가 그 목적지와 끝에 이르도록, 곧 더 깊어지도록 돕는 지혜를 우리에게 들려준다. 그는 디아스포라 그리스도인들이 하나님의 형상으로서 마땅히 그분의 성품에 이르기까지 자라 갈 것을 기대한다.

한마디로 '온전함과 성숙함'에 이르도록 성도들을 돕는 것이 야고보의 목회적 비전이다. 이 온전함은 무엇보다 삶의 모든 관계 속에서 선명하게 나타날 것이다. 그리고 개인과 공동체의 인격과 존재 방식을 통해 드러날 것이다. 두 마음을 품은 사람들은 다시 하나님을 향한 단심을 품음으로써, 내면과 외면의 심각한 부조화를 보이는 이들은 믿는 것을 행함으로써, 자신의 경건을 자랑하지만 이웃과 올바른 관계를 누리지 못하는 이들은 교회를 세상으로 보내신 하나님의 마음을 다시 품음으로써, 온전함에 이르러야 한다. 이것이 바로 목회자 야고보의 비전이다.

끝으로 야고보가 온전함과 성숙함이라는 삶의 비전을 제시하면서, 여기에 이르게 하는 덕목을 무엇이라고 말하는지 보라. 야고보는 인내를 온전히 이루라고 말한다(1:4). 인내를 지닌 사람만이 목적지에 이를 때까지 견뎌 내기 때문이다. '인내하라'는 권면으로 편지를 시작한 야고보가 편지의 마지막 부분에 이르러 다시 '오래 참음'과 '인내'의 주제로 돌아오는 것을 보라(5:7-11). 그리스도인의 외적 모습은 지녔지만, 그리스도인이 마땅히 지녀야 할 깊이와 품격에 이르지 못한 우리 시대의 그리스도인들이 인내하면서 야고보의 지혜에 귀를 기울여야 하는 이유가 여기에 있다.

나눔 질문

1   나에게 온전함이란 무엇인가? 온전하지 못하다고 느껴지는 내 삶의 영역은 어디인가?

2   지혜의 세 가지 측면은 무엇인가? 지혜가 부족하다고 느꼈던 때를 돌아보며 나눠 보자.
    한편, 오늘 우리에게 공통적으로 요구되는 지혜가 있다면 그것은 무엇일까?

3   신앙 공동체는 '온전함'과 '지혜'라는 주제와 어떤 관련이 있을까? 앞으로의 내용을 기
    대하며 각자의 생각을 미리 나누어 보자.

1

야고보서와
두 이야기 세계

여는 말: 야고보서와 하나님의 선교 이야기

이야기를 떠나 존재하는 인간과 사건이 없다는 것을 깨달으면 곧이어 발견하는 또 하나의 사실이 있다. 이야기는 홀로 존재하지 않으며, 경쟁하고 충돌하는 다른 이야기들과 함께 존재한다는 것이다. 야고보서의 텍스트 뒤에 존재하면서 경쟁하고 충돌하는 이야기는 어떤 이야기들인가? 야고보서를 읽는 오늘날의 독자들은 이 편지가 로마 제국 속에서 위태롭게 신앙의 여정을 이어 가는 소수 종교 집단에게 보내졌다는 사실을 심각하게 고려하지 않는다. 이 편지의 텍스트 안에 로마 제국에 대한 직접적 언급이 없다는 것은 야고보가 제국의 상황에 무관심했거나 무감각했다는 것을 보여주는 증거일까? 사실 명백하게 중요한 무언가는 말할 필요가 없다. 신약의 다른 문서들이 종종 그러한 것처럼, 나는 야고보서가 제국의 이야기 속에서 읽힐 때 그 메시지의 독특함이 더 잘 설명될 수 있다고 생각한다. 이 편지가 들려주는 욕망과 다툼, 차별과 억압의 이야기는 정확히 제국의 얼굴을 닮았기 때문이다.

사실 이러한 독법은 야고보서를 오늘날 우리에게로 더욱 가까이 데려와 준다. 우리 또한 로마와 유사한 얼굴을 지닌 또 다른 제국 속에 살고 있기 때문이다.

한편 우리는 야고보서 뒤에 제국의 이야기를 거슬러 유유히 흐르는 또 하나의 거대한 이야기가 있음을 감지한다. 그것은 세상을 창조하신 하나님이 그것의 완성을 위하여 쉬지 않고 일하신다는 이야기다. 우리는 이 이야기를 '하나님의 선교'라고 부른다.[11] 여기서 '선교'란 삼위 하나님이 당신의 '목적'을 이루시기 위해 세상 가운데서 친히 행하시는 모든 활동을 일컫는 포괄적 언어다. 특별히 하나님의 선교는 아버지 하나님이 아들 하나님을 세상으로 보내시고 또 성령을 세상에 보내셔서, 세상을 회복하시고 창조의 완성에 이르기까지 새 창조하시는 삼위 하나님의 활동을 가리킨다. 하나님은 선교하시는 하나님이고, 선교는 우리의 것이기 이전에 하나님의 것이다. 이 이야기 속에서 교회는 하나님의 선교를 위해 보냄 받은 사람들이다. 교회의 존재와 활동은 바로 이 이야기 속에서 해석되어야 한다.

나는 이러한 선교적 관점에서 야고보서를 읽고자 한다. 서문에서 밝힌 세 가지 해석의 열쇠 중 첫 번째에서 이를 예고했다. 선교적 읽기의 중요한 흐름 중 하나는 성경 각 권을 하나님의 선교 도구로 이해하

---

11 '하나님의 선교'는 20세기 초 에큐메니컬 진영에서 먼저 사용된 용어지만, 지난 30여 년 동안 영미의 성서학자와 선교학자들을 중심으로 일어난 선교적 해석학 운동은 기존의 하나님의 선교 용어에 범-복음주의적 의제들을 담아낼 수 있다는 점을 충분히 보여주었다. 하나님의 선교가 복음주의자들의 용어가 된 것이다. 하나님의 선교 개념과 선교적 해석학에 대한 안내를 위해 아래의 책을 참고하라. 마이클 고힌 역음, 『선교적 성경 해석학: 하나님의 선교를 위한 성경 읽기』, 백지윤 옮김 (서울: IVP, 2023).

는 관점이다.[12] 이는 하나님의 선교를 위해 보냄 받은 신앙 공동체가 그들의 선교적 정체성을 상실했을 때, 그들을 다시 증인 공동체로 재형성하기 위해 기록된 것이 성경이라는 이해 속에서 성경을 해석하는 것이다.[13] 이를 위해 두 단계의 질문이 필요하다. 첫째, 증인 공동체의 선교적 정체성을 잠식해 버린 주류 문화의 이야기는 무엇인가? 둘째, 청중의 선교적 정체성을 회복하기 위해 저자가 들려주는 대안적 이야기는 무엇이며, 그 속에서 저자가 청중의 재형성을 위해 사용하는 구체적 전략은 무엇인가? 물론 이 책 전체가 이 질문들에 대답하는 여정이겠지만, 이번 단락에서는 야고보의 언어로 두 이야기 세계의 윤곽을 그리고자 한다.

---

12 선교적 해석학은 단일 현상이 아니다. 조지 훈스버거는 선교적 해석학의 흐름을 크게 네 가지로 구분했다. 첫째, 성경 이야기 속의 선교적 방향성 찾기. 둘째, 성경 기록의 선교적 목적 찾기. 셋째, 특정 문화 속에서 성경적 전통을 따르는 방식 찾기. 넷째, 우리 시대 독자들이 보냄 받은 선교적 자리 읽어 내기. 조지 훈스버거, "선교적 해석학 대화의 지도 그리기," 『선교적 성경 해석학』, 77-108.

13 이러한 선교적 읽기를 구사하는 대표 학자로 대럴 구더, 딘 플레밍 등을 들 수 있다. 대럴 L. 구더, 『증인으로의 부르심: 총체적 구원을 위한 선교적 교회론』, 허성식 옮김 (서울: 새물결플러스, 2016). 특히 6장 "성경의 선교적 권위"와 7장 "선교적 공동체의 성경적 형성"을 참고하라. Dean Flemming, *Why Mission?* (Nashville: Abingdon Press, 2015). (『신약을 선교적으로 어떻게 읽을 것인가』 대서)

디아스포라 열두 지파를 둘러싼 제국의 이야기

제국의 이야기, 그 속의 시험과 욕망

디아스포라의 환경은 '시험'을 초래하기 마련이다. 고향을 떠나 있는 그들은 문화적, 인종적으로 소수 집단에 불과하다. 1세기 그리스도인들은 지역에 관계없이 항상 소수 종교 집단이었다. 그들은 주류 문화로부터 주변화되어 배척과 불이익, 소외와 모욕에 노출되곤 했다. 주류 문화는 강력한 매력과 유혹을 지니고 있었다. 이것이 야고보가 시험에 관한 주제로 이 편지를 시작하는 이유다. "나의 형제자매들이여, 여러 시험을 당할 때에"(1:2). 그들의 일상은 지속되는 시험 속에서 그리스도인의 정체성과 삶의 방식을 타협하고 싶은 긴장과 불편함의 연속이었을 것이다.

가만히 살펴보면 사람들은 모두 특정한 이야기에 붙잡혀 산다. 디아스포라 그리스도인들이 흩어져 살던 1세기 도시에도 사람들을 움직이는 이야기들이 존재했을 것이다.[14] 오늘날 돈, 학벌, 외모를 핵심 소재로 하는 이야기들이 한국 사람들의 마음과 삶을 붙잡고 있듯이 말이다. 1세기 제국 전역의 크고 작은 이야기들은 로마 제국의 이야기라는 하나의 거대한 이야기 아래로 통합되었다. 모든 것이 종교와 맞닿아 있었던 1세기, 로마 제국은 세상의 평화와 번영을 약속하는 구원자임을 자처했다. 그들이 그 평화와 번영을 달성하는 방식은 무력에 의한 군사적

---

14 고린도의 경우를 떠올려 보자. 고린도의 그리스도인들은 세상적 지혜, 외적 화려함, 육체의 쾌락, 자기 자랑과 명예를 좇는 고린도의 이야기에 함몰되어 있었다. 복음 전도자들도, 성령의 은사도 그들에게는 경쟁과 자기 자랑의 대상이었다. 연설의 기술이 부족하고 외모가 인상적이지 않았던 바울은 그들의 눈에 연약한 사람일 뿐이었다.

정복과 노예 노동을 통한 착취였다. 자연히 제국의 이야기들은 힘과 권력의 가치를 전파하고, 그 아류에 해당하는 다양한 디아스포라를 파생시켰다.

야고보는 그 제국의 이야기 몇 편을 들려준다. 편지의 본론이 시작되는 2장에서 야고보는 부자와 가난한 자를 차별하는 어느 회당에 모인 사람들의 이야기(2:2-3)를 들려준다. 부와 권력을 소유한 사람은 우대하고 약자는 무시하는 이 공동체의 이야기는 전형적인 제국의 가치를 반영한다. 제국의 가치를 따라 살다가 깨어진 공동체들의 이야기는 5장에서 어느 악한 부자의 이야기(5:1-6)에서 절정에 이른다. 이 이야기 속 어느 악한 부자는 일일 노동자들을 착취하고, 필요하다면 목숨이라도 빼앗아 자신의 부를 축적하고 쾌락을 즐긴다. 이 폭력과 불의의 이야기는 제국의 민낯을 여과 없이 드러낸다.

이야기는 가치를 실어 나르고 욕망을 부추긴다. 그렇기에 모든 집단은 자기 집단의 가치를 전수하기 위해 이야기를 사용한다. 이야기를 들을 때 사람들은 집단이 귀하게 여기는 그 가치를 자신의 것으로 만들려는 욕망을 품는다. 욕망을 실현해 나가는 과정이 그들의 삶의 방식이 된다. 사람들은 반드시 그 욕망을 실현하는 자신의 이야기를 만들어 낸다. 신약성경 가운데 야고보서는 유독 '욕망'의 문제를 깊이 파헤친다. 욕망은 그들의 마음을 "두 마음"(1:8)으로 가르고, "죄를 낳고…사망을 낳는다"(1:15). 회당에 모여 부자와 가난한 자를 차별하는 이 신앙 공동체가 만들어 내는 이야기(2:2-3)를 보라. 이 속에 있는 그들의 가치와 욕망 체계를 상상해 보라. 제국의 이야기에 붙잡히면 그 이야기 밖의 세계를 상상하지도, 그 이야기 밖의 욕구를 맛보지도 못한 채 그 이야기에 지배당한다.

제국의 이야기에 흔들리는 그리스도인 공동체

야고보가 편지에서 묘사하는 신앙 공동체는 주류 문화의 이야기가 선전하는 어떤 욕망에 붙잡힌 사람들이다. 무슨 이유에서인지 그들은 계속해서 분노하고 있다(1:19; 4:1-3). 욕망은 일차적으로 감정을 통해 표출된다. 욕구가 충족되지 않을 때 사람들은 분노한다. 또한 욕구는 행동 방식을 결정한다. 그들은 신앙 공동체에서 말씀을 들어도 그에 합당한 삶을 살지 못한다(1:22-25). 욕망을 절제하지 못하니 관계의 파괴와 공동체의 분열이 뒤따른다(4:1-4). 그들은 계속해서 다투고 싸운다(3:13-4:2). 마치 "바람에 이리저리 밀려다니는 바다 물결"(1:6)과 같다. 이러한 이야기를 살아가는 이들을 향해 야고보가 "형제자매들이여"라고 부르는 것을 주목하라. 그는 지금 비그리스도인들이 아니라 그리스도인들에게 편지하며 그들의 모습을 묘사하고 있다. 그렇다면 결국 교회는 깨어진 세상의 일부일 뿐이며, 욕망하는 이들의 또 다른 모임일 뿐인가?

제국의 이야기는 그리스도인 공동체로도 은닉해 들어오기 마련이다. 야고보는 그 교묘함을 "두 마음"(1:8), "간음한 여인"(4:4)과 같은 표현들을 통해서 폭로한다. 은닉해 들어오는 제국의 이야기 속에 빠져 있는 사람들은 그 이야기의 정체와 그것이 빚어내는 열매들을 쉽게 분별하지 못한다. 잠언에서 지혜가 길거리에서 어리석은 자들에게 외치듯이, 야고보가 지혜의 말씀을 그들에게 쏟아 내는 이유가 여기에 있다. 말하기는 더디 하고 하나님의 지혜 "듣기는 속히" 해야 하는(1:19) 이유가 여기에 있다.

야고보는 제국의 이야기 속에 일관되게 나타나는 악의 방향성이 있다고 말한다. 그는 하나님 없는 사람들이 만들어 가는 이야기 세계를

"세상"(코즈모스, 1:27; 2:6; 4:4)이라고 부른다. 그래서 "세상(세속)에 물들지 않게"(1:27) 주의하고, "세상의 친구 된 것이 하나님과는 원수 된것"(4:4)이라고 경고한다. 가난한 자들을 업신여기고 차별하는 자세를 "세상의 눈"(2:5)이라고 소개한다. 야고보는 그 '세상'을 움직이는 세력들이 있다는 사실을 상기시킨다. 하나님을 대적하는 그들을 야고보는 "마귀"(4:7)와 "귀신"(2:19)이라고 부른다. 우리가 살아가는 이야기와 가치, 욕구와 삶의 방식이 영적 전쟁의 현장이라는 사실을 직시하라는 뜻이다.

앞으로 본문의 순서를 따라 더 자세히 살펴보겠지만, 야고보는 편지 전체를 통해 제국의 욕망이 만들어 내는 증상과 결과들을 추적한다. 제국의 이야기는 개인과 공동체의 삶을 무너뜨린다. 이들은 욕망 때문에 분노하고 시기하며, 다투고 차별하며, 불의와 폭력을 행한다. 그 속에서 이들은 돈, 권력, 인정의 노예로 전락한다. 야고보는 말한다. "각 사람이 시험을 당하는 것은 자신의 욕심에 이끌려 유혹에 빠지기 때문입니다. 욕심이 잉태하여 죄를 낳고, 죄가 자라서 사망을 낳는 것입니다"(1:14-15). 무엇보다 안타까운 것은 이러한 과정을 통해 하나님이 당신의 형상으로 지으신 인간에게 의도하신 삶을 그들이 살지 못한다는 데 있다. 이는 또한 하나님이 그들에게 주신 소명을 이루지 못한다는 말이기도 하다. 야고보는 그들로 하여금 주류 문화의 이야기와 욕망을 따라 살다가 세상의 친구, 곧 하나님의 원수가 되지 않았는지를 스스로 성찰하도록 한다.

세상을 창조하시고 완성해 가시는 하나님의 이야기

디아스포라의 삶을 해석하는 또 다른 이야기

야고보의 전략은 청중의 가치, 욕망, 삶의 방식을 변화시켜 줄 대안적 이야기를 들려주는 것이다. 그 이야기가 지닌 힘을 상기시키는 것이다. 야고보서를 지혜 말씀들의 단순 모음집으로 여기면 곤란하다. 시험 속에서, 이전에 보지 못했던 새로운 가치를 분별해 내고 변화된 욕구를 형성해 나가는 새로운 이야기가 야고보서 속에 펼쳐진다.

그런 점에서 이 편지의 시작은 아무리 강조해도 지나치지 않다. 청중의 정체성을 규정해 주는 표현인 "디아스포라 열두 지파"(1:1)는 하나의 긴 이야기를 전제한다. 서문에서 설명했듯이 열두 지파는 하나님의 선택을 받은 이스라엘을 지칭하는 단어다. 그리고 하나님의 선택은 그 뒤에 언제나 하나님의 목적이 있음을 짐작하도록 만든다. 하나님의 목적을 위해 선택을 받은 이들은 디아스포라로 보냄을 받고 흩어졌다. 하나님은 흩어 보낸 이들을 언젠가 다시 모을 것이다. 무엇보다 위의 이야기는 망가진 세상을 회복하기 위해 하나님이 일하고 계신다는 점을 전제한다. 그리고 이것이 이 이야기의 출발점이자 핵심 뼈대다.

세상을 회복하시고 새롭게 창조하시는 하나님 이야기

야고보가 조각조각 언급하는 하나님의 선교 이야기를 재구성해 보자.[15] 야고보는 서신의 여러 부분에서 하나님이 피조 세계를 창조하셨다고

---

15 야고보서에 대한 선교적 읽기를 앞서 시도한 조엘 그린은 야고보서에 나타난 하나님의 선교 이야기를 "창조, 주 예수 그리스도의 오심, 현재의 유배 생활, 새 창조"의 구도로 그려 낸다. 그린, "선교적으로 야고보서 읽기," 『선교적 성경 해석학』, 285-312.

이야기한다. 그분은 하늘에 있는 모든 "빛들의 아버지"(1:17)다. 인간을 지칭할 때 야고보는 의도적으로 "하나님의 형상대로 지음 받은"(3:9)이라고 표현함으로써 하나님의 창조 이야기를 불러들인다. 야고보에 의하면 하나님은 당신이 지으신 피조 세계를 향하여 처음 창조의 영광과 아름다움보다 더 뛰어난 새 창조의 영광과 아름다움을 계획하셨다. 야고보는 1:18에서 하나님의 새 창조를 강하게 암시한다. 하나님이 지으신 피조물 가운데 새 창조의 첫 열매가 된 이들이 나타났으니, 그들이 바로 진리의 말씀으로 형성된 디아스포라 그리스도인 공동체다.

또한 야고보는 이미 새 창조의 완전한 영광과 아름다움으로 들어가신 분이 있다고 선언한다. 바로 예수 그리스도다. 첫 번째 피조물의 모습으로 우리 가운데 오신 그리스도는 우리를 대표하여 새 창조가 약속하는 영광에 이미 이르렀다(2:1). 이러한 점에서 야고보는 하나님의 처음 창조에서부터 새 창조에 이르는 성경 전체의 이야기를 독자들 앞에 펼쳐 놓는다.

이 하나님의 이야기는 갈등과 긴장도 내포한다. 배은망덕한 인간의 자기중심적 욕망으로 인해 이 이야기는 불가피하게 회복과 구원의 과정을 포함하게 된 것이다. 야고보는 하나님과 분리되어 가는 인간의 상태를 이렇게 분석한다. "욕심이 잉태하여 죄를 낳고, 죄가 자라서 사망을 낳는 것입니다"(1:15). 세상의 친구가 된 우리는 하나님의 원수가 되고 말았다.

한 사람의 이야기는 그 사람의 성품과 사상을 보여주기 마련이다. 선하게 지음 받은 피조물이 더 나은 영광과 아름다움에 이르도록, 새 창조를 계획하신 하나님의 선교 이야기는 그분의 존재를 우리에게 드러내 준다. 야고보가 편지에서 가장 먼저 보여주는 하나님의 성품은 그

분이 구하는 자에게 "주저함 없이 주시고 꾸짖지 아니하시는"(1:5) 분이
라는 것이다. 그분은 "온갖 좋은 은사와 온전한 선물"(1:17)을 위로부터
부어 주시는 분이다. 결국 진리의 말씀, 곧 예수 그리스도의 복음을 통
해 우리가 새 창조의 첫 열매가 되도록 하나님은 해산의 고통을 감당하
셨다(1:18). 하나님은 만물을 창조하시고, 지탱하시고, 구원하여 회복하
시고, 창조하신 것이 완성에 이르도록 새롭게 창조하신다. 그분은 끊임
없이 당신의 피조물 가운데 찾아오셔서 일하시는 분이다.

욕심과 죄로 인해 사망에 이르렀다(1:15)는 야고보의 표현은, 인간이
하나님과 그분의 모든 선물로부터 소외되어 있음을 말해 준다. 성경의
다른 저자들과 함께, 야고보는 하나님이 인간을 찾아오셔서 그들 속에
서 친히 일하신다고 증언한다. 죄로 인해 깨어진 세상을 회복하시기 위
해 하나님은 스스로 일해 오셨고, 결정적으로 당신의 아들을 세상에 보
내셨다. 또한 아버지는 그분의 성령(야고보의 언어로 하자면, 지혜)을 세
상에 보내셔서 세상을 회복해 나가신다.

그러므로 지금도 우리 일상 가운데 진행 중인 하나님의 일하심을 분
별해야만 한다. 이는 온전한 삶에 이르기 위한 출발점이다. 그것을 분
별하게 되면 우리는 그분의 회복과 새 창조에 '참여'하게 된다. 이것이
자연스러운 순서다. 성경의 뼈대 사이사이를 관찰하면서 우리는 성경
이 처음부터 '하나님이 당신의 목적을 위해 당신의 사람들을 보내는 이
야기'였다는 사실에 이르게 된다.

디아스포라 열두 지파, 보냄 받은 사람들

우리는 다시 "디아스포라 열두 지파"(1:1)로 돌아왔다. 이들이 디아스포
라로 흩어진 것은 우연이 아니었다. 그들은 세상을 회복하시는 하나님

의 목적을 위해 보냄 받았다. 학자들은 1세기 당시 팔레스타인에 거주하는 유대인들보다 전 세계에 흩어져 있는 디아스포라 유대인들의 수가 더 많았다고 추정한다. 그렇기 때문에 디아스포라 유대인들은 당연히 자신들의 정체성을 잘 설명해야만 했다.

유대인들이 바벨론에 포로로 잡혀가 처음 디아스포라의 삶을 직면했을 때, 선지자 예레미야를 통해서 하나님이 주신 말씀은 유대인들의 디아스포라 정체성 확립에 대한 중요한 전기를 마련한다. 하나님은 포로로 잡혀간 그들에게 바벨론에서 집과 과수원을 짓고 정착할 것을 명한다(렘 29:5). 그곳에서 시집가고 장가들어 자녀들을 낳고, 자녀들 또한 시집, 장가보내어 번성하라고 명한다(렘 29:6). 뿐만 아니라 잡혀간 그 성읍의 평안을 위해서 기도하라고 명한다(29:7). 하루라도 빨리 예루살렘으로 귀환하기를 바라는 유대인들에게 하나님은 그들이 바벨론에서도 번성하고 복을 누릴 것이고, 또한 바로 그들로 인해 바벨론 사람들도 복을 누릴 것이라고 말씀하신다.

이것은 정확히 아브라함 언약의 패턴과 일치한다. 하나님은 아브라함에게 약속하셨다. "너에게 복을 주어서… 땅에 사는 모든 민족이 너로 말미암아 복을 받을 것이다"(창 12:2-3). 그리고 이를 위해 무엇보다 "가거라"라고 명령하셨다(창 12:1). 비록 포로로 잡혀갔으나, 그들이 예루살렘을 떠나 바벨론에 흩어진 데는 아브라함 언약을 성취함으로써 이스라엘과 바벨론 사람 모두를 복 주시려는 하나님의 놀라운 목적이 있었다. 출애굽한 이스라엘 백성에게 시내산에서 하신 말씀도 이와 다르지 않다. 하나님은 그들이 하나님의 소유인 동시에 "제사장 나라"(출 19:6)라고 말씀해 주셨다. 곧, 이스라엘 공동체 전체가 하나님의 자녀들로서 복을 누리는 동시에 하나님과 열방을 이어 주고 하늘과 땅을 이어 주는 소명을 부여받았음을 재확인해 주는 것이다. 이 일을 위해 그들은 애굽을 떠나 가나안으로 들어가라는 명령을 받았다.

하나님의 목적을 위해 어디론가 '가는' 것은 하나님 자녀들의 일상이다. 그들은 늘 '보냄 받았다'는 의식 아래 살아간다. 그것은 성경 전체 이야기의 절정에서 예수께서 고백하신 내용과도 일치한다. 부활하신 예수님은 제자들에게 "아버지께서 나를 보내신 것같이, 나도 너희를 보낸다"(요 20:21)고 말씀하셨다. 이 과정에서 우리는 하나님의 보내심이 지니는 한 패턴을 발견한다. 하나님은 한 사람을 부르셔서 공동체를 형성하시고, 그 공동체를 세상으로 보내신다. 아브라함을 통해 이스라엘을 형성하셔서 가나안으로 보내시고, 예수를 통해 제자 공동체를 형성하셔서 세상으로 보내셨다.

유대계 그리스도인 야고보의 표현 디아스포라 열두 지파는 바로 이하나님의 선교 이야기 속에서 이해되어야 한다. 야고보는 자신 또한 보냄 받았다고 말한다. 그는 자신을 "하나님과 주 예수 그리스도의 종, 야고보"(1:1)라고 소개한다. 이 편지 속에서 야고보가 언급하는 인물들 또한 마찬가지다. 야고보는 아브라함을 "하나님의 친구"(2:23)라고 칭하는 유대인의 관습을 따른다. 친구에 대한 당시의 이해를 따라, 아브라함은 하나님과 우정을 나누며 그분의 목적과 뜻을 자신의 것으로 삼은 믿음과 행함의 모델이다. 그의 편지가 인내에 관한 말씀으로 시작하듯이, 디아스포라 열두 지파의 삶은 순탄하지 않다. 야고보는 편지 후반부에서 먼저 보냄 받아 고난을 받았던, "주의 이름으로 말한 선지자들"(5:10)의 인내를 본받으라고 권면한다. 사실, 야고보는 인간이라는 존재 자체가 처음부터 하나님의 목적을 이 땅 위에 드러내기 위해 지음 받았다고 이해한다. "하나님의 형상대로 지음 받은"(3:9)이라는 표현이 이를 뒷받침한다. 결정적으로, 당신의 소명을 마치고 영광을 받으신 그리스도(2:1)는 하나님이 당신의 목적을 위해 세상으로 보내신 모든 이의 모델이 된다.

아브라함과 이스라엘, 그리고 그리스도와 야고보에 이르기까지 이들은 각각 자신들만의 이야기를 지녔지만, 그 이야기들은 모두 하나님의 선교 이야기 안에 자리한다. 야고보가 1세기 디아스포라 그리스도인들에게 주려는 것도 동일한 통찰이다. 그들이 흩어진 이유는 제국 안에서 자기 욕심을 채우며 살기 위함이 아니다. 제국의 위력 앞에서 움츠러들어 겨우 자기 신앙이나 챙기면서 살기 위함도 아니다.

야고보가 어떻게 이 편지를 마무리하는지(5:19-20) 다시 보라. 나는 야고보의 시작과 끝을 주목할 필요가 있다고 서문에서 밝혔다. 그 시작과 끝이 보냄 받은 디아스포라 공동체의 정체성과 소명을 상기시키고 있다고 주장했다. 야고보는 디아스포라 공동체들에게 특별한 소명이 있음을 상기시키기 위하여 이러한 구조를 의도한 듯 보인다. 모든 이야기가 그렇듯, 이야기는 세계관과 가치관을 전수하고 욕구를 형성한다. 급기야 이야기는 사람의 행동 방식을 결정한다. 그렇다면 야고보가 이들의 믿음뿐만 아니라 인격, 성품, 삶의 방식을 강조하는 것은 당연하지 않겠는가?

디아스포라로 보냄 받은 증인 공동체의 이야기

야고보는 바울과 비교 아래 행함에 관심이 많다고 여겨져 왔다. 그러나 사실 야고보는 '행함' 그 이상을 바라보고 있다. 그가 스스로 말하듯이, 야고보의 관심은 사람들을 "무엇에도 부족함이 없도록 온전하고 성숙하게"(1:4) 하는 데 있다. 이를 위해 야고보가 독자들의 어떤 부분이 다듬어지고, 온전함에 이르기를 기대하는지 눈여겨보라.

야고보는 신약의 어떤 저자들보다 내면세계에 관심이 많다. 성도들이 시험 앞에서 바다 물결처럼 밀려다니는 근본 원인을 야고보는 "두 마음"(1:8; 4:8)에서 찾는다. 두 마음에서 세상적 욕망이 형성되고, 두 마음에서부터 그 욕망을 실현하려는 각종 그릇된 말과 행실들이 나온다. 결국 두 마음이 개인의 삶을 망칠 뿐만 아니라 공동체를 파괴하고 삶의 전 과정(3:6)을 불살라 버린다. 야고보는 신약의 다른 어떤 저자들보다 깊이 있게 인간의 마음과 욕망, 감정과 의지, 말과 행동이 형성하는 인간의 전존재를 균형 있게 다루고 있다.

이 과정에서 야고보는 진리의 말씀이 인간 전체를 새롭게 형성할 수 있다는 확신을 피력한다. 그 진리의 말씀을 우리가 겸손하게 받을 때, 그 말씀이 능히 우리 영혼을 구원할 수 있다고 선언한다(1:21). 진리의 말씀은 우리 영혼을 어디로부터 구원하는가? 두 마음으로부터(1:8), 그릇된 욕망으로부터(1:14), 죄와 사망으로부터(1:15), 분노와 시기로부터(1:20-21; 3:14-16), 재물에 대한 탐욕으로부터(1:9-11; 4:13-17), 사람을 차별하고 억압하는 삶으로부터(2:1-13; 5:1-6). 곧, 진리의 말씀은 인간과 그의 삶 전체를 새롭게 형성한다. 야고보에 의하면 이것이 바로 우리 가운데 일어나는 '새 창조'요, 그 첫 열매가 바로 그리스도인 공동체다.

나는 이 지점에서 야고보서가 지니는 강력한 선교적 의의를 발견한다. 야고보는 진리에서 떠나 미혹된 자들을 돌이키라는 소명을 주면서,

편지 내내 신앙인의 성숙한 인격과 온전한 삶을 강조한다. 왜냐하면 바로 그러한 신앙인들의 존재 자체가 진리의 말씀에 대한 증언이기 때문이다.

특별히 나는 야고보가 2장에서부터 본격적으로 그리스도인 공동체의 집단적 인격과 구별된 삶의 방식 형성에 집중하고 있다는 점을 강조하고 싶다. 2장에서 야고보는 사람을 차별하는 대신, 하나님을 대신하여 누구에게라도 사랑과 환대를 베푸는 공동체를 이루라고 도전한다. 3-4장에 걸쳐서는 시기와 경쟁심에서 험담하고 다투는 대신, 위로부터 오는 지혜를 따라 평화의 공동체를 이루라고 도전한다. 야고보가 계속해서 '나의 형제(자매)들이여'라고 청중을 부르는 점에서도 반영되듯, 그가 공동체 전체를 염두에 두고 공동체 형성에 집중하고 있다는 점은 명백하다.

나는 야고보서에 대한 공동체적 접근이 필요하다고 거듭 주장한다. 제국의 이야기에 붙잡혀 주류 문화의 가치와 욕망에 충성하는 삶은 개인과 공동체의 소멸, 곧 '사망'(1:15)으로 귀결될 것이다. 그 사망의 모습은 이미 주류 문화에 만연해 있을 뿐 아니라, 디아스포라 그리스도인 공동체 속에도 침투해 들어왔다. 야고보는 이 제국의 이야기들을 꽤 생생하게 보도한다. 그렇다면 세상을 회복하시는 하나님은 우리 가운데서 어떻게 일하시는가? 하나님은 그분의 자녀들로 구성된 공동체를 통해 일하신다. 이것이 바로 야고보가 2장에서부터 본격적으로 공동체의 인격과 삶의 방식을 다루는 이유다. 예수님의 지혜 말씀, 특히 산상수훈을 많이 사용하는 야고보는 틀림없이 예수님의 다음 산상수훈 말씀을 마음에 담고 있었을 것이다.

14 너희는 세상의 빛이다. 산 위에 세운 마을은 숨길 수 없다. **16** 이와 같이, 너희 빛을 사람에게 비추어서, 그들이 너희의 착한 행실을 보고, 하늘에 계신 너희 아버지께 영광을 돌리게 하여라(마 5:14, 16).

닫는 말: 디아스포라로 먼저 가신 하나님

하나님의 선교라는 관점에서 읽을 때, 야고보서는 1세기 디아스포라 공동체뿐만 아니라 오늘의 신앙 공동체들에게도 동일한 메시지를 전한다. 우리는 하나님의 목적을 위해 이 도시로 보냄 받은 사람들이다. 한 무리의 그리스도인들이 하나님의 마음과 그분이 주시는 구원을 증언할 수 있을 만큼 성숙하고 온전해질 수 있는 비결은 무엇인가?

야고보는 독자들에게 하나님께 은혜와 지혜를 구하라고 말한다. 야고보서는 하나님의 자비하심과 선하심에 대한 묘사로 시작하고 마무리된다. 지혜를 구하면 "주저함 없이 주시고 꾸짖지 아니하시는" 그 선하신 하나님에게 구하라는 말씀(1:5)으로 시작하는 야고보서는, 다시 고난 중에 그 하나님에게 기도하라는 말씀(5:13-18)으로 마친다. 그들이 하나님의 자비하심 때문에 살아가는 존재임을 기억하라는 말이다.

야고보는 하나님의 신실하심을 거듭 상기시킨다. 그분은 "온갖 좋은 은사와 온전한 선물"을 주시는 아버지며, 창조하신 피조물들을 돌보시고 지탱하시는 하나님이다(1:17). 그는 계속 하나님의 의로우심(1:20)을 상기시킨다. 세상의 불의한 것들을 바로잡으시고, 망가진 세상을 회복시키시고, 피조물에 대한 당신의 약속과 계획을 반드시 지키시는 하나님의 성품이 '의로움'이다. 야고보는 디아스포라 공동체에게 그들이 바로 이러한 하나님의 의로움의 씨앗을 뿌려 거두어들일 사람들임을 확인해 준다(3:18). 그러나 욕망에 휩싸여 성내는 사람에게는 "하나님의 의로움을 이루지" 못할 것(1:20)이라고 경고한다.

그런 점에서 야고보는 무엇보다 디아스포라에서 먼저 일해 오신 분이 하나님이라는 사실을 잊지 말 것을 당부한다. 디아스포라로 먼저 가신 분은 하나님이다. 우리 삶 가운데 일하시는 하나님을 감각하고 분별할 수 있는 이들은 그분을 더 알게 될 것이고, 그분을 알아가는 자들은 그분을 예배하게 될 것이다. 하나님을 예배하는 사람들은 그분을 닮아가게 될 것이다. 그런 점에서 야고보서의 '행함'은 하나님의 성품과 그분이 주시는 은혜에 근거해 있다. 그리고 이것이 그들이 디아스포라에서 보냄 받은 증인 공동체로서 소명을 감당할 수 있는 이유다.

나눔 질문

1 '제국의 이야기'에 붙잡힌다는 것은 무엇을 의미하는가? 그 이야기들이 나와 내 주변
  사람들의 삶 속에서 맺는 열매들은 무엇인지 정직하게 돌아보고 나누어 보자.

2 이 책이 말하는 '선교'란 무엇이며, 그것은 누구의 것인가? 우리 공동체 또한 하나님의
  선교를 위해 보냄 받은 사람들임을 인정한다면, 우리에게 어떠한 변화가 일어날까?

3 우리의 일상 속에서 제국의 이야기와 하나님의 선교 이야기가 충돌하는 실제의 상황들
  을 예로 들어보자. 하나님의 이야기를 선택한다는 것은 어떠한 모습으로 드러나는가?

두 마음을 이기는 지혜

여는 말: 무엇이 바뀌어야 사람이 바뀔까?

기독교 신앙은 변화를 추구한다. 사람은 어떻게 변화되는가? 그 사람의 무엇이 바뀌어야 우리는 그 사람이 변화되었다고 말할 수 있을까? 이 질문은 곧 한 사람의 가운데 토막을 형성하는 것이 무엇인가, 하는 질문을 연이어 제기한다. 가운데 토막이 아닌 부차적인 무언가가 바뀐 것을 두고 그 사람이 변했다고 말할 수 없기 때문이다.

　미국 유학 시절, 이제는 소천하신 웨스트민스터 신학교의 데이비드 폴리슨David Powlison 교수가 가르쳤던 상담학개론 시간의 일화다. 한 학기 동안, 성경적 상담학의 원리를 적용하여 자기 상담 프로젝트를 진행해 나가는 수업이었다. 교수님은 학생들에게 자기 삶에서 되풀이되어 부딪히는 힘든 문제 하나를 정하여 자기 상담 주제로 제출하라고 하셨다. 몇 주 뒤에 폴리슨 교수님이 흥미로운 발표를 하셨다. 한국 학생의 3분의 2가 유사한 주제를 적어 냈다는 것이다. 교수님의 표현대로 하자면 그것은 바로 'Fear of man', 곧 사람의 눈을 의식하고 두려워하는 문제였다. 더욱 놀라운 것은 이것이 매 학기마다 되풀이되는 한국 학생들의 특징이라는 것이다. 당시 유사한 주제를 적어 냈던 나는 학우들과 대화하면서 사람에 대한 두려움이라는 하나의 원인이 얼마나 다양한 형태의 일상적 문제들을 만들어 내는지를 보고 놀랐다. 더 나아가 한 문화적 집단이 개인을 형성하는 힘에 대해서도 다시금 깨달았다. 아울러 서양 문화와는 달리, 한국 문화가 얼마나 집단주의적, 관계중심적 문화인지에 대해서도 새삼 인식하게 되었다. 무엇보다 한 문화권 전체가 붙잡혀 있는 어떤 마음의 우상이 있을 수 있다는 점에 대해서도 인식하게 되었다.

그 이후, 야고보서를 읽으면서 나는 야고보가 유독 인간의 마음과 욕망의 문제, 그리고 그 욕망이 형성하는 삶의 방식에 대해서 많은 통찰을 쏟아 내고 있다는 점을 주목하게 되었다. 주류 문화의 이야기에 마음을 빼앗겨 다른 욕구 체계로 형성된 디아스포라 그리스도인들을 새롭게 형성하기 위한 야고보의 목회 전략은 무엇일까? 야고보는 그들의 무엇이 바뀌어야 한다고 말하는가? 이번 장과 다음 장에서는 야고보서 1장의 내용을 전체적으로 살펴볼 것이다. 그 과정에서 우리는 "두 마음"(1:8)을 고치는 지혜의 역할과 "욕심"(1:14, 15)에서 자유케 하는 '진리의 말씀'의 능력에 초점을 맞출 것이다.

시험 속에 주어진 지혜의 약속

시험 중에도 기뻐하며 인내하는 사람들

2 나의 형제자매들이여, 여러 시험을 당할 때에 온전히 기쁘게 여기십시오. 3 여러분도 알다시피 믿음의 시련이 인내를 낳기 때문입니다. 4 인내를 온전히 이루십시오. 이것은 여러분을 무엇에도 부족함이 없도록 온전하고 성숙하게 하려는 것입니다(1:2-4).

첫인사 후에 야고보가 이 편지를 어떻게 시작하는지를 보라. 1:2-4 단락은 편지의 전체 분위기와 목표를 설정해 준다는 점에서 중요한 본문이다. 야고보는 이 편지를 시험에 관한 이야기로 시작한다. 야고보의 청중이 당하고 있었던 시험은 어떤 것이었을까? 야고보서는 외부로부터 심각한 핍박의 정황보다는 제국의 주류 사회를 닮아 가고 있는 디아스포라 그리스도인 공동체 내부에서 일어나는 문제들에 초점을 맞춘다. 2장에서부터 본격적으로 폭로하듯이, 그 시험들은 가난한 자와 사회적 약자들에 대한 자세, 언어를 사용한 서로 간의 공격, 공동체 속에서의 관계, 재물의 사용, 육신의 질병과 같이 매우 실제적이고 일상적인 것들이다.

시험을 당한 디아스포라 성도들에게 야고보는 '기뻐하라'고 말한다. 시험 중에도 기뻐할 수 있는 이유는 시험이 오히려 순전한 믿음을 낳기 때문이다. 3절에서 야고보는 '믿음의 시련'이라는 표현을 사용한다. 우리말 '시련'은 어려움 자체만의 의미를 지니지만, 야고보가 사용한 헬라어 '도키모스'는 시련뿐만 아니라 시련을 거쳐서 검증된 결과까지를 포함한다. 시험 속에서 성도들은 믿음의 시련을 겪지만 오히려 믿음의 연단을 거쳐 순전한 믿음에 이른다.

나아가 야고보는 믿음의 시련이 인내를 낳아 그리스도인의 성품과 삶의 방식을 형성한다고 말한다. 인내는 내면의 성품이면서도 외적 행동이기도 하다. 그리스도인들이 형성해 나가야 할 많은 성품과 삶의 방식 가운데, 야고보는 왜 유독 인내를 가장 먼저 언급했을까? 인내의 다양한 얼굴을 이해할 필요가 있다. 인내는 때로 피할 수 없는 상황을 견디는 소극적 형태의 참음이기도 하고, 어떤 목표를 이루기 위해 각종 난관을 극복해 나가는 적극적 노력이기도 하다. 시험 속에서 유혹을 견디는 것은 다양한 차원의 인내를 요한다. 때로 아무런 일도 할 수 없어서 당하면서도 참고 기다려야 하는 경우가 있는가 하면 유혹을 거부하고 적극적으로 하나님의 뜻을 찾아내야 할 때도 있다.

한편 많은 경우의 시험은 성도들이 자기 힘으로 통제할 수 없는 상황을 전제한다. 자신의 상황을 스스로 통제하고 싶은 것은 모든 존재가 지니는 기본 욕구다. 그러나 성도는 시험 속에서 모든 상황을 자신이 아니라 하나님이 통제하신다는 사실을 수용하고, 하나님을 신뢰하는 훈련을 거듭한다. 하나님에게 맡기고 그분이 친히 일하시도록 기다린다. 모든 것을 통제하고자 하는 자기 욕구와 싸운다. 이러한 과정 전체가 인내다.

야고보는 인내 자체를 깊이 신뢰한다. 그는 이어지는 4절에서 "인내를 온전히 이루십시오"라고 말한다. 헬라어 원문은 3인칭 인내에 대한 명령문이다. 직역하면 "인내로 하여금 그 일을 끝까지 이루게 하라"다. 여기에는 "인내가 자신의 일을 끝까지 진행하는 동안, 너는 그 과정을 지켜보라. 인내가 일어나고 있는 동안, 하나님이 어떻게 일하시는지 관찰하고, 또한 네 속에 어떠한 성품의 변화가 일어나는지도 관찰해 보라"는 뉘앙스가 내포해 있다. 인내가 반드시 무언가를 이루고야 만다는 확신이 묻어 있는 표현이다.

야고보서가 기록된 1세기의 상황을 다시 떠올려 보자. 독자들은 거대한 제국 속에 흩어져 있는 소수 종교 집단이다. 제국과 이웃들로부터 당하는 핍박과 주변화는 언제 끝날지 기약이 없다. 그 어떤 것도 자신들의 힘으로 통제할 수 없는 상황이다. 주님의 현재적 개입과 미래적 심판을 기다릴 뿐이다. 인내할 수밖에 없다.

야고보가 인내를 신뢰하는 이유는 그 인내의 과정을 통해 온전하고 성숙한 사람이 빚어지기 때문이다. 야고보는 4절에서 그가 이 편지를 쓴 목적을 밝힌다. 그는 시험 중에 있는 성도들이 오히려 그 시험을 인내하는 과정을 통해 성숙하고 온전한 사람이 될 수 있는 비전을 제시한다. 제국의 주류 문화를 지배하는 '땅의 지혜'를 따라 더 많이 소유하고 더 높이 올라갔지만, 여전히 온전함과는 거리가 먼 삶으로 인해 어떤 공허함을 느끼는 이들에게, 무엇에도 부족함이 없는 온전하고 성숙한 사람이 될 수 있다는 비전을 제시한다. 이것이 편지 전체를 통해 야고보가 밝히는 목회적 비전이다. 이것이 야고보서를 통해 오늘의 독자들이 고민해야 할 가장 포괄적인 주제다.

여기서 인내라는 단어 자체가 훈련의 과정을 요구하고 있음을 주목하자. 성숙과 온전함에 이르는 것이 단시일에 이루어지는 일이 아님을 말해 준다. 오늘날 그리스도인들의 오해가 여기에 있다. 무슨 이유에서인지 오늘날의 그리스도인들은 하나님의 은혜 한 번으로 모든 것이 단번에 이루어진다는 근거 없는 확신을 지니고 있다. 이것이 한 인간의 인격과 성품이 형성되는 실제 방식인가? '오직 믿음'과 '오직 은혜'의 원래 의미를 떠난 기독교의 소비주의적이고 실용주의적인 이해는 오늘날 그리스도인들의 삶에서 훈련의 과정을 생략해 버렸다. 결과적으로 인내의 덕목이 낯선 것이 되고 만 것이다.

야고보가 2절에서 "여러 시험을 당할 때에 온전히 기쁘게 여기십시오"라고 말하는 이유를 다시 생각해 보자. 시험의 상황이라는 현실 자체는 녹록하지 않지만, 그리스도인들은 오히려 그 속에서 남들이 보지 못하는 기쁨의 이유를 발견한다. 무엇보다 하나님이 자신들의 삶 속에서 일하고 계심을 분별하고 그분을 더 깊이 만나게 된다. 자신에 대해서도 더 깊이 이해하게 된다. 이웃과 세상에 대해서도 다른 차원의 눈으로 바라보게 된다. 더 많이 소유하고 누려도 쾌락은 있으나 순전한 기쁨이 없는 시대에 이들은 오히려 시험 중에 기뻐한다. 야고보가 말하는 온전함이란 이런 삶이 아닐까? 온전함은 오히려 시험 중에 경험된다.

진리에서 떠나 미혹된 이들을 돌이킬 소명을 받은 야고보는 디아스포라로 보냄 받은 그리스도인 공동체들에게 가장 먼저 인내, 성숙한 성품, 온전한 삶을 말한다. 그리스도인 개인과 공동체의 변화된 인격과 성품, 그리고 삶의 방식이야말로 복음의 진리를 드러내는 최고의 수단이기 때문이 아닐까?

온전하고 성숙한 삶으로 이끄는 지혜

5 혹 여러분 중에 지혜가 부족한 사람이 있으면 모든 사람에게 주저함 없이 주시고 꾸짖지 아니하시는 하나님께 구하십시오. 그리하면 하나님께서 지혜를 주실 것입니다. 6 믿음으로 구하고 조금도 의심하지 마십시오. 의심하는 자는 바람에 이리저리 밀려다니는 바다 물결과 같습

니다. ⁷ 그러한 사람은 주님으로부터 무언가를 받을 것이라 기대하지 마십시오. ⁸ 그는 두 마음을 품고 있어 행하는 모든 일에 안정이 없는 사람입니다(1:5-8).

그렇다면 성도들이 인내할 수 있는 원동력은 무엇인가? 5절에서 야고보는 성도들이 인내하여 온전함에 이르도록 그들을 돕는 무언가가 있다고 말한다. 그것은 바로 위로부터 주어지는 지혜다. 그래서 야고보는 시험 중에 있는 성도들에게 하나님의 지혜를 구하라고 안내한다. 이 명령속에는 지혜에 관한 몇 가지 선이해가 놓여 있다. 첫째, 지혜는 숨겨져 있다. 모든 사람이 자연환경과 일상 속에 있는 삶의 근원적 지혜를 볼수 있는 것은 아니다. 그것을 볼 수 있는 눈을 지닌 사람은 제한되어 있다. 이것은 유대인들 사이에 지혜가 스스로를 숨기고 있다는 이해를 낳았다. 그렇기 때문에 둘째로 지혜는 하나님이 주셔야 받을 수 있다. 우리의 관점에서 이야기하자면 하나님을 인정하고 그분을 경외해야 비로소 자연환경과 일상 속에 있는 지혜가 보인다는 말이다. 그런 점에서 하나님을 통하지 않는 지혜란 없다. 이것이 지혜가 지니는 신학적 요소다.

우리가 하나님을 인정하고 그분에게 지혜를 구하면 하나님은 "모든 사람에게 주저함 없이 주시고 꾸짖지 아니"하신다(1:5). 구하는 자녀들에게 아버지께서 가장 좋은 것을 주신다는 예수님의 말씀(마 7:11; 눅 1:13)을 상기시키는 이 구절은 아버지께서 무엇보다 그의 자녀들에게 지혜를 주기를 원하신다는 점을 말해 준다. 그는 지혜를 구하는 자들을 기다렸다는 듯이 "주저함 없이" 주신다(이러한 문맥을 염두에 두고 나는 개역개정의 번역인 '후히' 대신에 '주저함 없이'라고 번역했다). 그리고 왜 아직 이렇게 지혜가 부족하냐고 꾸짖지 아니하신다. 하나님은 자녀들이 그분의 새 창조 이야기 안에서 온전하게 살아갈 수 있도록 필요한 지혜를 주시기 원하는 자비로운 아버지시다. 여기에 지혜에 대한 세 번째 이해가 담겨 있다. 곧 지혜는 성도들의 곁에서 하나님의 뜻대로 온전한 삶을 살도록 돕는 안내자가 된다는 사실이다.

6절에서 야고보는 하나님에게 지혜를 구하되 "믿음으로 구하고 조금도 의심하지 마십시오"라고 말한다. 무엇을 의심하지 말라는 것일까? 일차적으로, 하나님이 지혜를 구하는 자에게 반드시 지혜를 주시는 자비하신 분임을 의심하지 말라는 의미일 것이다. 한편 의심의 대상을 하나님이 주시는 지혜의 효력이라고 읽을 수도 있다. 성도들은 이미 하나님으로부터 지혜를 받았다. 그러나 그들은 그 지혜를 따라 살아야 할지 의심한다. 말씀을 듣고 하나님의 뜻이 무엇인지 알면서도 그것을 행하지 못하는 이유가 바로 여기에 있다(1:23-25). 어쩌면 한두 번 하나님의 지혜를 따라 살았으나 원하는 결과를 보지 못하자 포기했을 수도 있다. 인내하지 못했다는 말이다. 야고보는 의심하는 자를 "바람에 이리저리 밀려다니는 바다 물결"에 비유한다. 하나님의 지혜를 따라가다가 그 효력을 의심하여, 인내하지 못하고 다른 방향의 삶으로 떠밀려 가버렸다는 것이다.

야고보는 8절에서 지혜를 받고도 그 효력을 의심하는 자들의 상태를 '두 마음'이라고 표현한다. 이 사람의 마음은 나뉘고 말았다. 한쪽은 하나님의 지혜를, 다른 한쪽은 제국의 지혜를 따르는 사람이다. 한쪽이라도 하나님을 향하고 있으니 그래도 다행이라고 생각해서는 안 된다. 두 마음을 품은 사람을 야고보는 4:4에서 "간음한 여인들"로 비유한다. 간음은 혼인 관계에서 가장 치명적인 죄다. 처음부터 마음을 주지 않았으면 오히려 더 좋았을 것이다. 야고보는 세상과 하나님 모두에게 한

발씩 들여놓으려는 이들을 두 마음을 지닌 자들로 표현한다.

두 마음의 결과는 무엇인가? 안타깝게도 그들은 주님으로부터 아무 것도 받지 못한다(1:7). 주저함 없이 주시고 꾸짖지 아니하시는 자비하신 하나님을 신뢰하지 않기 때문에 그들은 하나님과 깊이 교제하지 못한다. 그분과 교제하지 못하는 그들은 하나님을 닮아 가지 못한다. 나아가 하나님처럼 이웃과 세상의 회복을 위해 의미 있는 일을 시도하지 못한다. 반면 그들은 시험 앞에서 늘 흔들린다. 그래서 "안정"이 없다 (1:8). 야고보는 그들이 주님으로부터 사실상 아무것도 받을 수 없다고 말한다. 하나님이 주셔도 그 효력을 신뢰하지 않기 때문에, 받지 않은 것과 같다. 하나님은 모든 "좋은 은사와 온전한 선물"(1:17)을 주시는 분이지만, 무엇보다 하나님 자신을 우리에게 주시는 분이시다. 두 마음을 지닌 이들은 이미 영적인 간음 상태이므로 그분을 받을 수 없다.

재물에 대한 자세: 시험 중에 주어진 지혜의 예

그렇다면 지혜의 인도함을 받는 사람은 구체적으로 어떤 삶의 자세를 보일까? 1:9-11에서 야고보는 자연스럽게 어떤 시험의 상황을 예시하고 그 속에서 지혜가 주는 통찰을 들려준다. 재물에 대한 시험이다. 동서고금을 막론하고 우리가 빠지는 시험의 대표적인 것이 물질과 관련한다는 점을 기억하면 야고보가 이 예를 첫 번째로 든 것이 이해된다. 더군다나 디아스포라로 흩어져 살고 있는 그리스도인들이 제국과 동족들로부터 당한 사회적 소외와 그에 따른 경제적 불이익은 충분히 상상할 수 있는 시험이다.

야고보서에서 재물에 관한 주제는 중요하다. 공동체 내 사회적 약자를 대하는 문제(2장), 부와 인생의 경영 문제(4장), 일꾼에 대한 부당한 대우(5장) 등의 문제를 다룰 때, 부에 대한 자세는 직간접적으로 연결되어 있다. 여기서는 1:9-11의 요점만 짚고 넘어갈 것이다.

야고보는 가난한 자에게는 자신의 높음을, 부유한 자에게는 자신의 낮음을 자랑하라고 권면한다. 여기서 가난한 자와 부유한 자 모두가 회중 속 성도들이라면 높음과 낮음에 대한 자랑은 현재의 고백들로 읽힌다. 가난한 자들은 자신의 미천한 사회적, 경제적 지위로 자신의 가치를 판단하지 말고 하나님의 자녀된 지위를 자랑할 수 있다. 부유한 자들도 마찬가지다. 그들의 사회적, 경제적 지위로 스스로의 가치를 판단하지 말고 하나님 앞에서 한낱 인간일 뿐임을 고백하라는 의미로 읽을 수 있다. 한편 가난한 자와 부유한 자의 자랑을 종말적 문맥에서 이해할 수도 있다. 가난한 자들은 하나님의 심판대에서 높아짐을 자랑하게 될 것이지만, 부유한 자들은 낮아질 일밖에 없다는 것이다. 이 경우, 부한 자들의 자랑은 반어법에 해당한다.

야고보는 부자와 그가 소유한 재물이 모두 영원하지 않음을 상기시킨다. 들풀이 아무리 청초하다 하더라도 시들기 마련이고, 그 꽃이 아름답다 해도 떨어지기 마련이다. 11절에서 야고보는 재물이 한시적이고 허망하다고 말할 뿐 아니라, 그 재물을 소유한 부자 또한 그러하다고 말한다. 재물과 그 재물을 소유한 인간이 모두 한시적이라는 사실을 깨닫는 것이야말로 삶을 단순하고 온전하게 살아가게 하는 지혜 중의 지혜다.

사람은 어떻게 변화되는가?

두 마음에 관한 예수님의 지혜 말씀

야고보는 "두 마음"(1:8)에 대해서 언급한 후에 곧바로 재물을 향한 자세에 대해서 다루었다. 흥미롭게도 이것은 산상수훈에 등장하는 예수님의 말씀과 깊이 공명하는 주제다. 산상수훈에 나타난 예수님의 지혜말씀을 디아스포라 공동체의 상황에 알맞게 재해석해 주려는 야고보의 경향은 여기서도 발견된다.

²¹ 너의 보물이 있는 곳에, 너의 마음도 있을 것이다. ²² 눈은 몸의 등불이다. 그러므로 네 눈이 성하면 네 온 몸이 밝을 것이요, ²³ 네 눈이 성하지 못하면 네 온 몸이 어두울 것이다. 그러므로 네 속에 있는 빛이 어두우면, 그 어둠이 얼마나 심하겠느냐? ²⁴ 아무도 두 주인을 섬기지 못한다. 한쪽을 미워하고 다른 쪽을 사랑하거나, 한쪽을 중히 여기고 다른 쪽을 업신여길 것이다. 너희는 하나님과 재물을 아울러 섬길 수 없다 (마 6:21-24).

예수님의 말씀에서 등장하는 '마음'(칼디아)이라는 단어는 인간의 내면세계를 통칭하는 표현이다. 인간의 생각, 감정, 의지, 욕망이 다 마음에서부터 일어난다. 예수님의 말씀에 의하면 그 마음을 다스리는 무언가가 있다. 마음의 가운데 자리, 곧 마음의 성소를 차지하고 마음을 지배하는 무언가가 있는데, 예수님은 그것을 마음의 보물(마 6:21)이라고 표현한다. 그것을 보물이라고 표현한 것은 말 그대로 우리가 가장 귀하게 여겨 마음을 다하여 얻기를 원하는 것, 얻은 다음에는 잃어버릴까 봐 두려워하는 것이기 때문이다. 그 보물은 우리를 움직이고 다스린다. 그것이 우리의 주인 노릇을 하고, 우리는 그것의 종이 된다. 이 맥락에서 예수님이 전하신 복음의 첫마디가 "하나님의 나라가 가까이 왔다. 회개하여라"(막 1:15)였다는 점을 생각해 보라. 하나님이 다스리신다는 선포는 왜 중요한가? 실제로 인간이 다른 보물, 곧 우상의 다스림을 받고 있기 때문이다. 인간은 자신이 보물로 여기는 무언가에 의해 역설적으로 다스림을 받고 살아가고 있음을 예수님은 지적하셨다.

마음에 관한 야고보의 가르침은 잠언의 말씀, "그 무엇보다도 너는 네 마음을 지켜라. 그 마음이 바로 생명의 근원이기 때문이다"(잠 4:23)를 상기시킨다. 그러나 야고보가 마음의 보물에 관한 예수님의 산상수훈 말씀을 염두에 두고 있다는 추측에 힘을 더하는 것은, 그가 곧이어 1:9-11에서 재물에 관한 가르침을 주고 있다는 점이다. 예수님은 마태복음 6:24에서 마음의 보물의 예로 두 가지를 드셨다. 하나님과 재물이 그것이다. 예수님은 우리가 하나님과 재물을 겸하여 섬길 수 없다고 말씀하셨다.

예수님은 눈이 어두우면 온몸이 어두운 것처럼, 마음이 어두우면 그 사람의 삶 전체가 어둠으로 가득 찬다고 말씀하셨다(마 6:22-23). 마음의 보물이 한 사람의 내면과 외면, 곧 그의 전부를 형성해 나간다는 말이다. 어떤 보물을 가지고 있는가에 따라 그 사람의 가치관과 욕구는 달라진다. 그리고 그 사람의 말과 행동, 그리고 각종 섬세한 정서적 반응들은 그의 욕구 실현 여부에 지대한 영향을 받는다. 다시 말해서 우리의 내적, 외적 삶에 나타나는 다양한 현상은 우리 마음의 보물과 깊이 연결되어 있을 수밖에 없다.

야고보는 마음의 보물과 삶의 모습에 관한 예수님의 지혜 말씀을 통해 디아스포라 그리스도인들의 삶을 해석한다. 야고보는 분노(1:19)하고 다투는(4:1) 사람들을 소개한다. 사람들은 언제 분노하고 다투는가? 마음의 보물을 얻지 못할 때다. 얻었으나 빼앗길 위기에 처할 때다. 내 보물을 타인이 가지고 있을 때, 사람들은 분노하고 시기하고(3:14) 험담한다(3:9). 이것은 야고보서 3-4장의 내용을 이해하는 중요한 관점을 제공한다. 사람들은 자신이 귀히 여기는 마음의 보물을 소유하고 있는지에 따라 타인의 가치를 평가한다. 야고보서 2장의 회당에서 벌어진 차별 사건이 보여주듯이, 그 보물을 가지고 있지 않은 사람은 무시하고 차별한다(2:2-4). 그리고 그 보물을 가질 수만 있다면 불법도 서슴지 않는다. 5:1-5에 등장하는 불의한 부자의 경우가 그러하다.

흥미롭게도 마음의 보물을 둘러싸고 벌어지는 일들이 영적 현상에 해당하며, 나름의 종교 시스템을 갖추고 있다는 점을 발견하게 된다. 그래서 우리는 이 보물을 우상이라고 부를 수 있다. 하나님이 이스라엘 백성을 선지자, 제사장, 왕을 통해 관계하신 것처럼 우상도 마찬가지다. 맘몬의 경우를 생각해 보자. 그의 선지자들이 '돈'이 최고라는 메시지를 다양한 매체를 통해 선포한다. 맘몬의 제사장들은 우리가 돈을 소유할 때 실제로 어느 정도의 만족을 허락해 준다. 그 만족은 우리 몸을 통해 학습되고 욕구의 행태로 몸에 새겨진다. 그래서 맘몬은 돈을 얻기 위해서라면 무슨 짓이든 하라고 우리에게 명령하고 우리를 움직임으로써 우리의 왕이 된다. 맘몬의 소리에 귀 기울이고, 맘몬의 복을 기다리고, 맘몬의 통치 아래 사는 맘몬 나라 백성이 이렇게 형성되는 것이다.

복음이 지닌 변화의 힘을 구현하는 지혜

앞서 미국 유학 시절 상담학 개론 시간에 있었던 일화를 소개했다. 내가 공부했던 당시의 웨스트민스터 신학교는 개혁주의 신학 전통뿐만 아니라 그 학교의 실천신학 교수였던 제이 아담스Jay E. Adams가 주창하고 데이비드 폴리슨이나 에드 웰치Edward T. Welch와 같은 그의 제자들이 발전시킨 성경적 상담학으로도 유명했다. 성경적 상담학은 사람들이 경험하는 내면적, 외면적 문제들의 근원을 예수님의 표현대로 '마음의 보물'에서 찾는다. 그리고 그러한 문제의 해결은 마음의 보물이 바뀌어야 해결될 수 있다는 입장을 취한다. 우상에서 하나님으로 우리 마음의 보물이 바뀔 때 인간 문제에 대한 근본적 해결을 기대할 수 있다는 것이다. 이러한 성경적 상담학의 관점은 내가 마태복음 6:21-24에 담긴 예수님의 말씀이나 야고보서의 '두 마음'과 '욕심', 그리고 '죄'와 '사망'의 연관성(1:14-15)을 이해하는 데 중요한 관점을 제공해 주었다. 야고보도 본론 단락의 절정에서 디아스포라 그리스도인들에게 하나님 앞으로 겸손히 나아와 두 마음을 해결하라고 명령한다(4:7-10).

한편 성경적 상담학 관점에서 사람들의 문제를 해석하고 대안을 제시하면서 내가 애초에 충분히 고려하지 못했던 점들도 그 이후에 발견하게 되었다. 그리고 이것은 그간 우리가 미처 보지 못했을 뿐, 야고보서 안에는 그러한 지혜들이 이미 녹아들어 있다는 것을 새삼 발견하게 되었다. 그것은 한 인간이 온전함에 이르기 위해 지녀야 할 과정과 환경들에 관한 지혜다.

첫째는 사람이 실제로 변화해 가는 과정의 복잡성이다. 우상을 내려놓는 일과 더불어 그것이 맺은 삶의 열매들을 제거하는 과정은, 어떤 윤리적 명령에 대한 한 번의 순종처럼 그리 단순한 일이 아니다. 우리 마음의 성소를 차지하고 있으면서, 우상이 우리를 형성해 온 시간이 길면 길수록 역으로 그 열매들을 제거하고 새로운 열매를 맺는 일 또한 오랜 과정이 필요하다. 그래서 훈련을 통한 오랜 재형성의 과정이 필요하다는 점을 깨닫게 되었다. 야고보가 편지의 시작과 끝에서 인내의 과정을 거듭 강조하는 이유가 여기에 있지 않을까?

둘째는 변화의 과정에서 일어나는 마음과 몸의 상호 작용에 대한 보다 면밀하고 실제적인 관찰의 필요다. 성경적 상담학은 마음의 상태에서 출발한다. 그러나 마음이 몸에 미치는 영향을 강조하는 것만큼, 몸이 마음을 형성해 가는 과정에 대해서도 주목해야 한다. 한 사람을 변화시키고 형성해 가는 실제 원리를 이해하고 그 변화를 이끌어 낼 수 있는 실천적 통찰이야말로 야고보가 말하는 지혜라 할 수 있다. 마음으로 원하고 머리로도 알지만, 변하지 않는 사람들이 많기 때문이다. 야고보가 말씀을 듣는 것에 머물지 말고 들은 것을 몸으로 행하라고 거듭 강조하는 이유가 여기에 있지 않을까? 야고보가 지속해서 실천적 윤리를 강조하는 이유도 여기에 있을 것이다.

셋째는 한 사람의 자아 형성에 미치는 집단과 문화의 힘에 대한 성찰이다. 성경적 상담학이 잘 지적한 대로, 우상은 한 인간을 지배하면서 그 사람의 자아를 그릇되게 형성해 놓는다. 맘몬에게 지배당하는 사람은 맘몬과의 관계를 통해 자아를 이해하도록 형성된다. 맘몬의 소유 여부로 자신의 가치를 가늠한다. 그러나 맘몬을 비롯한 우상들은 매우 집단적이고 문화적이다. 그리고 집단에 대한 소속감에서 자신의 정체성을 찾는 집단주의 문화 속에 사는 개인들은 집단의 가치를 거부하지 못하는 경향이 농후하다. 모든 인격체는 자신의 가치를 증명하고 또 인정받으려는 본능을 가지고 있는데, 관계 문화 속의 사람들은 특히 타자로부터의 인정을 중요하게 여기고, 그 인정 여부에 따라 자신의 가치를 가늠하려 한다. 그 집단 속에서 개인의 가치관과 욕구, 나아가 삶의 방식이 형성된다. 이러한 집단주의 문화일수록 건강한 공동체는 온전한 개인을 형성하기 위한 필수 조건이다. 야고보가 이 편지 전체에서 공동체의 회복을 강조하는 이유가 여기에 있다. 여전히 많은 사람이 개인의 윤리 관점에서만 이 편지를 읽고 있는 것이 현실이지만 말이다.

결론적으로 나는 성경적 상담학이 주는 통찰을 따라 인간의 '마음의 보물'이 그의 삶 전체와 연결되어 있다는 점을 강조하는 동시에, 그 인간이 지니는 몸과 그 몸이 살아가는 공동체적 환경 또한 중요하게 다루어져야 한다는 점을 야고보서를 통해 확인하게 되었다.

근래 들어 '아비투스'라는 단어가 널리 사용되면서, 이제 인간의 몸과 신체성의 중요성에 관해서도 공감대가 형성되고 있다. 아비투스는 프랑스의 사회학자 피에르 부르디외Pierre Bourdieu가 사용한 단어로서 인간이 몸으로 학습하여 그의 몸에 새겨진 지식이나 가치, 욕구나 성향의 체계를 일컫는다.[16] 사람들이 정말 중요하게 여기는 것은 머리로 배우기 이전에 집단 속에서 몸으로 배우게 된다는 것이다. 그리고 시간이 지나면 어김없이 그것이 어떤 확신이나 욕망의 형태로 몸에 새겨진다. 가령, 한국 사회에서 가치 있는 존재로 인정받기 위해 필요한 무엇은 굳이 책을 통해 배우지 않아도 된다.

이렇듯 개인의 아비투스 형성에는 집단의 영향이 지대하다. 우리가 몸담고 있는 사회의 관습과 공동체적 실천을 통해서 아비투스는 길러

---

16 P. Bourdieu, *Outline of a Theory of Practice*, trans. R. Nice (Cambridge: Cambridge University Press, 1977), 72-95. 필자는 부르디외의 '아비투스' 개념을 아래의 두 신학 서적을 통해 진지하게 접했다. 존 M. G. 바클레이, 『바울과 선물: 사도 바울의 은혜 개념 연구』, 송일 옮김 (서울: 새물결플러스, 2019), 840-47; 앨런 크라이더, 『초기 교회와 인내의 발효: 로마 제국 안에 뿌리 내린 초기 기독교의 성장 비밀』, 김광남 옮김 (서울: IVP, 2021), 225-400.

진다. 한국 사회와 같이 관계 문화, 집단주의 문화 속에서는 더욱 그러하다. 특별히 그 집단의 가치를 대변하는 권위자의 모범은 우리로 하여금 부지불식간에 무엇이 중요한지를 학습하게 하고 그것을 욕망하게 만든다. 결정적으로 우리 또한 몸으로 같은 행동을 모방하고 반복하는 동안, 곧 습관을 형성하는 동안, 우리의 확신, 성향, 욕구가 강화되는 것을 볼 수 있다.[17] 그래서였을까? 바울도 로마서에서 "이 시대의 풍조"를 경계하면서, 다름 아닌 "몸을 하나님께서 기뻐하실 거룩한 산 제물로 드리십시오"라고 권면한다(롬 12:1-2). 몸과 몸의 습관을 사수하라는 것이다.

그런 점에서 마음과 몸은 서로에게 영향을 주며, 그 상호 작용 속에서 우리를 형성한다. 한 인간이 무엇으로 형성되어 있는지의 질문은 개인에 관한 것이기도 하고 공동체에 관한 것이기도 하다. 우리는 한 인간의 형성을 위해 서로 유기적으로 연결되어 있는 이 다양하고 중요한 요소들을 분리하지 말고, 하나의 '이야기'에 담아 제시하는 지혜를 반드시 갖추어야만 한다.

한국인들의 몸과 마음은 한국 사회의 이야기에 의해 형성된다. 한국 사람들이 되풀이하는 어떤 이야기를 떠올려 보라. 내가 앞서 언급한 유학 시절 상담학 강의실의 한국 학생들이 제출한 자기 상담 주제를 떠올려 봐도 좋겠다. 그 속에는 한국인들이 가장 중요하게 여기는 가치가

---

17   제임스 스미스는 같은 맥락에서 몸의 습관을 중요하게 여긴다. 당신이 알거나 입으로 고백하는 바가 아니라 당신 몸이 습관적으로 추구하는 성향이나 욕망이 당신이 누구인지 더 잘 말해 준다는 것이다. James K. A. Smith, *Desiring the Kingdom: Worship, Worldview, and Cultural Formation* (Grand Rapids, MI: Baker Academic, 2009), 17-18. (『하나님 나라를 욕망하라』 IVP)

담겨 있다. 이를 우리는 '가치 체계'라고 부른다. 이야기는 그 중요한 가치를 얻고자 하는 욕망을 형성한다. 이는 '욕구 체계'다. 한 사람의 가치 체계와 욕구 체계는 이렇게 서로 연동된다. 그 귀한 것을 욕망하여 마침내 성취했을 때, 자타공인 가치 있는 존재로 인정받는다. 이렇게 하여 소위 '명예와 수치 체계'가 형성된다. 나에게 명예를 안겨 주는 그 가치에 우리는 지속적으로 헌신하게 되는데, 이것이 '충성 체계'를 형성한다.

그 사람이 누구인지를 알고 싶을 때, 그 사람의 무엇을 보면 알 수 있을까? 그 사람이 가장 귀하게 여겨서 틈만 나면 자랑하는 그것이 무엇인지를 보면 그를 알 수 있다. 곧 가치 체계다. 그 사람이 입으로 고백하는 가치가 아니라, 그 사람이 진정으로 얻기를 갈망하는 그 가치를 보면 그를 알 수 있다. 이것이 그의 실제 욕구 체계다. 그 사람이 언제 자신이 인정받았다고 여기는지를 관찰하면 그 사람이 누구인지 알 수 있다. 이것이 그의 명예와 수치 체계다. 그가 무엇에 자신을 헌신하는지 보면 알 수 있다. 곧 충성 체계다. 나는 이러한 체계들이 우리 자아의 심원한 부분을 형성하는 근원적 질문이라는 것을 알게 되었다. 한 마디로 그 사람의 욕구 체계, 가치 체계, 명예와 수치 체계, 충성 체계가 바뀌어야 사람이 바뀌었다고 말할 수 있다.

기독교의 복음은 사람을 변화시키는 힘이다. 지혜는 사람의 변화에 대한 지식일 뿐 아니라 실제 변화를 일으키는 과정과 방법에 대한 통찰이다. 기독교 복음이 기능하도록 하는 것이 야고보가 말하는 지혜다. 변화를 외치고만 있을 뿐, 실제 무엇에 변화가 일어나야 하는지, 변화를 위한 환경과 조건들은 무엇인지, 우리는 앞으로도 계속해서 야고보에게 귀를 기울여야 한다.

닫는 말: 한국형 우상의 해체와 대안 공동체의 형성

명예와 수치 문화, 집단주의 문화, 치열한 경쟁 사회 속에 살면서 한국인들은 다른 사람들에게 인정받는 것을 중요한 가치로 여긴다. 자연스럽게 다른 사람의 눈을 의식하게 되고, 그들의 눈을 만족시키기 위해 노력한다. 타인의 눈을 만족시키지 못했을 때, 혹은 집단의 기준을 만족시키지 못했을 때, 우리는 스스로 거부당하는 느낌에 시달린다. 그래서 항상 자존감이 문제가 된다. 자존감 문제에 사로잡힌 사람은 타인의 부탁을 거절하지 못한다. 자기 목소리를 내지 못한다. 타인에게 인정받는 것을 가장 중요한 가치로 여긴다면 우리는 그들의 눈을 두려워하지 않을 수 없다. 그래서 이 사람에게는 이렇게, 저 사람에게는 저렇게 반응하는 카멜레온과 같은 캐릭터가 된다. 그러면서 나는 왜 자신의 삶을 살지 못하는지 원망한다.

상황과 사람에 따라서 조금씩 다른 감정과 행동의 반응으로 나타나는 이 익숙한 이야기의 원인은 어디에 있을까? 그것은 그 마음의 성소에 '모든 사람으로부터 인정받고 칭찬받는 나'라는 비현실적 우상이 자리하고 있기 때문이다. 한편 이러한 우상은 매우 문화적이고 집단적이다. 이것은 전형적인 한국형 우상이다. 인정받을 때 주어졌던 얄팍한 만족감은 우리 몸에 강렬한 욕구를 새겨 놓았다. 우리가 헌신하는 일들을 바꾸어 놓아 우리 삶의 방식을 결정해 놓았다. 우상은 개인적이면서도 집단적이다.

그렇다면 타인의 눈을 두려워하는 사람을 변화시키기 위해서는 무엇의 변화가 우선되어야 할까? 거절당했을 때의 당혹감을 달래는 것으로 충분한가? 그렇지 않다. 근본적인 변화가 필요하다. 마음의 보물이 바꾸어야 한다. 마음의 보물을 그대로 두고, 삶의 부정적 반응들만 제거할 수는 없다. 보물이 바뀌기 전까지는 그 증상들도 바뀌지 않는다. 마음의 보물과 증상들이 한 덩어리이기 때문이다. 성경적 상담학 시간마다 칠판에 등장한 것이 나무 그림이었다. 나무 뿌리에 문제가 있으면 잎과 열매가 말라 간다. 그때 마른 잎과 열매를 따주는 것만으로는 문제가 해결되지 않는다. 문제는 뿌리에 있다. 뿌리, 줄기, 열매가 하나의 덩어리다. 우리 삶에서 일어나는 파괴적인 현상들은 우리 마음의 보물과 함께 다루어지지 않으면 해결되지 않는다.

흥미롭게도 야고보는 실제로 나무와 그 열매에 관한 비유를 혀의 사용에 관해서 말하는 3:12에서 등장시킨다. 자기 혀를 통제하지 못하는 사람이 있다. 그는 어떻게 자신의 혀를 고칠 수 있는가? 혀를 붙잡아 둘 일인가? 우리는 3장에 가서 야고보의 접근을 자세히 볼 것이다. 그러나 우리는 야고보의 해결책을 짐작할 수 있다. 그것은 단순히 혀의 문제가 아니다. 두 마음의 문제를 해결해야 한다. 그리고 이 문제의 핵심이 우상이라면 이것은 심리학적 문제를 넘어, 하나님 앞에서 해결해야 할 문제다.

사람들은 삶의 문제에서 벗어나고 싶어 한다. 야고보서는 분노, 비방, 다툼, 악한 행동, 차별, 불의 등의 문제에 붙잡힌 사람들의 삶을 다룬다. 마음의 보물을 그대로 두고 삶의 부정적 반응들만 제거할 수는 없다. 인간의 문제는 표면적이지 않다. 앞 장에서도 언급했지만, 제국의 이야기, 가치(우상), 욕구, 삶의 방식은 한 덩어리다. 이야기가 바뀌고 보물이 바뀌기 전까지는 그 증상들도 바뀌지 않는다. 하나님의 선교 이야기 속에서 자비하신 하나님을 인격적으로 만나 그분 곁에서 살아가며 날마다 새 창조되어 갈 때, 우리는 실제적인 문제들의 해결을 경험하게 될 것이다.

나는 이러한 부정적 삶의 문제들을 인식하게 되는 것 또한 놓칠 수 없는 하나님의 은혜라는 점을 독자들에게 일러두고 싶다. 그 삶의 문제들은 역으로 우리의 마음속의 우상을 분별할 수 있는 '창window'이 되기 때문이다. 문제가 되는 감정과 말, 행동이라도 오히려 그것을 창으로 삼아 그간 식별하지 못했던 우상을 들여다보고 자신을 성찰할 수 있는 능력 또한 야고보가 말하는 지혜의 일부다.

마음의 우상을 내려놓는 일과 함께 '인내'와 '공동체'라는 단어를 재차 강조하고 싶다. 온전하고 성숙한 사람이 되기 위해서는 인내해야 한다는 야고보의 지혜를 반드시 기억하자. 우상은 한 번의 회개로 우리 마음의 성소에서 내려오지 않는다. 우상이 우리 몸에 새겨 놓은 욕망은 더욱 그러하다. 한국 사회라는 집단 속에서 오랜 시간 우리가 몸으로 배운 욕구들은 대안적 공동체와 함께 시간을 보내며 다시 몸에 새겨진 욕구들에 의해 서서히 대체될 것이다. 그래서 하나님은 우리에게 교회를 주셨다. 그 속에서 우리는 다른 가치들을 배우고, 그것을 경험할 때 주어지는 기쁨과 평화를 맛보고, 그것이 좋은 것인 줄 알아 더욱 그것을 갈망하게 될 것이다. 결국 우리 공동체만의 구별된 명예와 수치의 체계를 형성해 나갈 것이다. 다른 삶에 헌신하게 될 것이다. 우리는 야고보가 첫 인사에서부터 그들을 '열두 지파'라는 공동체 속에 포함시켜 부르는 점을 주목해야 한다. 한 사람의 형성에 있어서 공동체가 수행하는 역할은 아무리 강조해도 지나치지 않다. 그 공동체 속에 있는 닮고 싶은 한 사람의 선배 그리스도인의 중요성 또한 마찬가지다.

나눔 질문

1 사람이 변하기 위해서는 무엇이 변해야 하는가? 한국인들을 노예 삼고 있는 한국형 우상들은 무엇인가? 저자에 의하면, 그것으로부터 해방되는 과정에서 고려해야 할 요인들은 무엇인가?

2 내 삶의 부정적인 열매를 '창'으로 삼아, 내 '마음의 보물'을 볼 수 있게 된 경험이 있다면 이야기해 보자. 그 속에서 경험한 하나님의 은혜는 무엇인가?

3 야고보는 왜 온전함에 이르기 위해서 인내의 덕목과 공동체라는 도구가 필요하다고 말하는가? 한편, 인내와 공동체라는 단어가 우리 시대의 기독교에서 인기가 없는 이유는 무엇일까?

말씀을 경청하는 지혜

여는 말: 온전한 삶을 위한 경청과 분별

학자들은 야고보서의 구조에 관해서 오랫동안 논의해 왔다. 특히 여러 개의 파편적인 지혜 말씀을 맥락 없이 모아 둔 것처럼 보이는 1장의 구조에 대한 다양한 분석이 제기되었다.[18] 나는 앞 장에서 1:2-11 단락에 논리적 흐름이 있다고 전제하고, 이를 시험 가운데 인내함으로써 온전함에 이름(1:2-4), 온전함에 이르기 위해 주어진 지혜와 이를 방해하는 두 마음(1:5-8), 그리고 시험과 지혜의 실제적 예시로서의 부와 가난의 문제(1:9-11)로 구분했다. 1:2-11 단락은 시험, 인내, 온전함, 지혜, 두 마음과 같은 야고보서의 핵심 개념들을 제시한다는 점에서 편지 전체

---

18 마틴 디벨리우스는 야고보서 1장이 어떠한 논리적 흐름 없이 단어들의 연결 고리를 통해 산발적인 지혜 말씀들로 엮여져 있다는 입장을 대표한다. Martin Dibelius, *James*, trans. Michael A. Williams (Philadelphia: Fortress Press, 1976), 1-11. 디벨리우스 이후의 여러 야고보서 학자는 그의 입장으로부터 서서히 탈피하여 야고보서 1장에 일련의 논리적 흐름이 있다는 의견을 공유하고 있다.

의 서론이라 할 만하다.

다음 단락인 1:12-25은 야고보서의 서론에 해당하는 1:2-11 단락과 유사한 주제와 흐름을 따르면서도 이를 더 확대하여 발전시키고 있다. 그래서 1:12-25 단락을 야고보서의 두 번째 서론이라고 부르기도 한다.[19] 첫 번째 서론처럼 12-16절에서는 시험과 인내의 주제를 다루면서도, 시험 속에서 인내하면 생명의 면류관을 받을 것이라고 말하는 한편 욕심을 따라가면 죄와 사망에 이른다는 경고를 추가해 놓았다. 17-18절은 지혜가 하나님이 주시는 최고의 선물임을 암시하면서, 시험 속에서 성도들을 새롭게 빚어 갈 진리의 말씀을 함께 소개한다. 19-25절도 시험 속에서 진리의 말씀을 따라 인내로 이겨야 할 다양한 시험의 상황을 간단하게 예시한다는 점에서 첫 번째 서론의 마지막 단락과 유사한 형식을 취한다. 야고보서 2장 이하에서 살펴보겠지만, 1:19-25에서 언급된 다양한 시험의 상황들은 편지의 본론에서 구체적으로 다루어진다.

구조적으로 볼 때, 야고보는 두 개의 서론 가운데 부분에 지혜와 진리의 말씀을 놓아 강조하고 있다. 그는 디아스포라 그리스도인들에게 온전함이라는 삶의 이상을 제시하며, 이를 위해 하나님이 주시는 지혜와 진리의 말씀에 귀 기울이라고 말한다. 이미 독자들에게는 땅의 지혜라고 하는 다른 선택지가 있다. 야고보는 땅의 지혜를 따르는 삶이 어떻게 개인과 공동체를 파괴했는지 2장에서부터 본격적으로 다룬다. 이

---

19 야고보서 1장이 위의 구분을 따르는 이중 서론을 담고 있다는 견해는 아래 학자들에 의해서 지지받는다. Mark E. Taylor, "Recent Scholarship on the Structure of James," *Currents in Biblical Research* 3.1 (2004): 86-115; 채영삼, 『지붕 없는 교회: 야고보서의 이해』 (서울: 이레서원, 2012), 45-48.

러한 점에서 야고보에게 온전한 삶은 '경청'에서부터 시작한다. 위로부터 오는 지혜와 진리의 말씀을 들어야만 시험이 닥친 상황에서 분별할수 있고 실천할 수 있다. 경청과 분별, 그리고 분별한 것을 실천함으로써 조금씩 온전함에 다가간다.

시험 중에 욕심에게 속지 말라

12 시험을 견디는 자는 복이 있습니다. 시련을 견뎌 낸 자는 하나님께서 자신을 사랑하는 자들에게 약속하신 생명의 면류관을 받을 것이기 때문입니다. 13 시험을 받을 때, 누구라도 '하나님이 나를 시험하고 있다'라고 말하지 마십시오. 하나님은 악에게 시험을 받지도 않으시고, 친히 아무도 시험하지 않으십니다. 14 각 사람이 시험을 당하는 것은 자신의 욕심에 이끌려 유혹에 빠지기 때문입니다. 15 욕심이 잉태하여 죄를 낳고, 죄가 자라서 사망을 낳는 것입니다. 16 사랑하는 나의 형제자매들이여, 속지 마십시오.

시험에 관한 이야기로 편지를 시작한 야고보는 12절에서 다시 시험에 관한 이야기로 돌아온다. 야고보는 인내, 곧 시험 속에서 참고 견디며 적극적으로 하나님의 뜻을 구하는 자세에 대해서도 재차 언급한다. 그들은 이 땅에서 성숙한 성품과 온전한 삶에 이르러 하나님을 닮아 가는 복을 누림과 동시에 마지막 날에 하나님으로부터 생명의 면류관을 얻을 것이다(12절).

야고보가 1:2-4의 주제인 시험과 인내를 되풀이하면서도 이를 종말적 관점에서 발전시킨 것을 주목하자. 종말적 관점은 야고보가 편지 전체에서 성도들의 현재와 미래의 삶을 해석하는 중요한 안경이다. 제국 안에서 고난을 당하는 성도들에게 하나님이 세상을 바로잡으시고 심판하신다는 사실만큼 소망을 주는 소식이 또 있을까? 최후의 심판에 대한 의식은 이 땅에서 억울하게 당한 모든 불의가 종국에 해소될 것이라는 소망을 가지게 할 뿐만 아니라 자신들의 삶을 절제하게 만들고, 무엇보다 하나님의 새 창조의 영광을 소망하게 만든다. 특히 시험 중에 있는 성도들에게 종말의 심판을 상기시키는 것은 그리스도인들의 역사의식과 가치관을 재점검하게 만든다.

첫 번째 서론과 달리, 야고보는 12-13절에서 시험을 이기지 못하는 이들의 마지막에 관해서도 말한다. 시험이 발생하는 이유는 '욕심' 때문이다. 여기서 욕심은 첫 번째 서론의 중요한 단어였던 '두 마음'의 원인이다. 이어지는 구절에서 야고보가 말하듯이, 모든 죄악된 행동과 파괴된 삶은 욕심으로 인해 갈라져 버린 마음에서 출발한다. 그럼에도 시험 가운데 있는 어떤 사람은 하나님을 탓하려는 경향을 보인다. "하나님이 나를 시험하고 있다"(1:13)는 말 속에는 하나님의 선하심에 대한 의심이 엿보인다. 하나님은 악에게 시험을 받지 않으신다는 야고보의 말은 하나님이 악의 문제로 검증받으실 이유가 없음을 의미한다. 그분은 악에 대해서 책임이 있거나, 악한 자들에게 원망을 들으셔야 할 분이 아니다. 우리를 시험으로 몰아넣은 것은 하나님이 아니라 우리 내면의 욕망들이다.

16절에서 야고보는 청중들에게 속지 말라고 경고한다. 이를 다음 구절인 17절과 연관시켜 "온갖 좋은 은사와 온전한 선물"이 하나님이 아니라 다른 것으로부터도 올 수 있다는 소리에 속지 말라는 의미로 이해할 수 있다. 그러나 이 경고를 앞선 14-15절과 연결시켜 욕심에게 속지 말라고 이해하는 것도 훌륭한 해석이다(연속된 주제이므로 야고보는 두 가지 모두를 의도했던 것 같다). 욕심이 유혹하는 대로 따라가면 원하는 것을 얻을 수 있을 것만 같다. 실제로 땅의 보물들도 우리에게 어떤 만족을 선물한다. 그 보물을 계속해서 소유해야, 그 만족을 얻어야 살 수 있을 것 같다. 야고보는 성도들에게 다가와 그들 곁에서 속삭이는 지혜 가운데는 '땅의 지혜'도 있다고 경고하며 그것을 다른 말로 "육신적인 것"이라고 부른다(3:15). 육체에 속한 욕심을 불러일으키고 그 유사 만족을 빌미로 성도들을 설득하기 때문이다. 이것은 결국 하나님을 대적하는 세력들, 곧 귀신으로부터 온 지혜다. 제국의 이야기와 그 이야기의 정신을 구현하고 있는 주류 문화도 어떤 모양의 지혜를 선전한다. 오히려 육신의 지혜가 선전하는 삶의 통찰과 생존의 기술이야말로 그 시대의 대세를 형성한다.

야고보는 단호하다. 시험 속에서 성도들의 삶이 점점 더 복잡해지는 이유는 무엇인가? 그것은 그들이 자신의 욕심에 이끌려 유혹에 빠지기 때문이다(14절). 그 욕심은 죄를 낳고, 죄는 장성하여 사망을 낳는다(15절). 하나님과 세상 사이에서 갈라진 마음은 욕심을 잉태하고 욕심은 죄를 낳는다. 자기중심성과 자기 경배라는 특성을 가진 죄는 하나님과의 관계를 깨뜨린다. 더 이상 하나님을 높이지 않는다. 스스로 충분하다고 여긴다. 하나님을 높이지 않는 이들은 "하나님의 형상"(3:9)으로 지음 받은 타자들을 존중해야 할 이유도 쉽게 망각한다. 이 깨어진 관계들은 삶을 통해 나타나기 마련이다. 죄는 결국 사망에 이르게 한다. 사망은 하나님으로부터 분리된 상태와 그 결과를 통칭하는 언어다. 생명의 근원이시자 지탱자이신 하나님과의 줄이 끊어져 있으니, 생명을 상실할 수밖에 없다.

그렇다면 욕망은 나쁜 것인가? 돈, 쾌락, 힘은 우리를 넘어지게만 할 뿐인가? 그렇지 않다. 이 모든 것은 하나님이 우리에게 선물로 주신 것이다. 문제는 두 마음과 욕심이다. 마음의 성소를 하나님 이외의 다른 '보물'에게 내준 것이 문제다. 두 마음과 욕심은 하나님이 선물로 주신 것들도 변질시켜 버린다. 다른 보물을 지속적으로 섬기는 사람들의 결국은 무엇인가? 그들은 자괴감과 수치에서 벗어나지 못한다. 인간이 자기와 비슷한 다른 존재를 일방적으로 경배하거나 자기보다 못한 무언가를 하나님처럼 경배할 때, 찾아오는 정서가 바로 자괴감과 수치심이다. 그분이 인격적이신 창조주 하나님이시기 때문에, 그분을 향한 우리의 경배는 그분뿐만 아니라 우리 자신 또한 더 명예롭게 한다. 우리 시대 사람들이 경험하는 자괴감과 자신에 대한 수치심은 어쩌면 야고보가 말하는 '사망'의 가장 대표적인 현상일지 모른다.

야고보는 그렇기 때문에 욕심에 속지 말라고 경고한다. 마음의 보물이 맺는 삶의 열매들을 직면하고 그 보물을 내려놓으라고 말한다. 그렇게 소중한 보물을 어떻게 내려놓을 수 있을까? 나는 여기에 복음의 능력이 있다고 생각한다. 인간은 자기보다 더 큰 가치를 발견하기까지는 자기 욕심을 위해 산다. 자신의 욕망보다 더 큰 무언가를 만나야 한다. 절대적인 진리와 탁월한 선하심과 압도적인 아름다움을 만날 때, 비로소 인간은 자신을 상대화하고 잊어버린다. 야고보는 편지 전체를 통해 그 진리와 선함과 아름다움이 인격적 모습으로 하나님의 존재 안에 담겨 있다고 거듭 제시한다.

하나님이 선물로 주시는 지혜와 진리의 말씀

17 온갖 좋은 은사와 온전한 선물들은 다 위로부터 옵니다. 곧 빛들의 아버지로부터 내려옵니다. 그에게는 변함도 없고 회전하는 그림자도 없습니다. **18** 하나님께서는 그의 뜻을 따라 진리의 말씀으로 우리를 낳으셨습니다. 이로써 우리는 그의 피조물 가운데 첫 열매가 된 것입니다 (1:17-18).

첫 번째 서론과 마찬가지로 두 번째 서론에서도 시험을 이길 영적 자원을 언급한다. 이 단락에서 주목할 것이 몇 가지가 있다.

첫째로 야고보는 하나님의 선물인 지혜를 "진리의 말씀"과 연결시킨다. 야고보가 말하는 위로부터 오는 온갖 좋은 은사와 온전한 선물들은 하나님이 주시는 모든 선물을 지칭하지만 무엇보다 지혜를 지칭하는 것으로 보는 것이 옳다. 앞서 1:5에서도 야고보는 구하는 자에게 하나님이 주저함 없이 지혜의 선물을 주신다고 했고, 3:15에서는 지혜를 "위로부터 온 지혜"라고 표현하는 점이 이를 뒷받침한다. 17절에서 지혜는 하나님의 창조 이야기와 연결된다. 지혜와 진리의 말씀을 주시는 하나님은 빛을 발하는 하늘의 해와 달과 별들을 창조하신 우주의 아버지다.

한편 18절의 "진리의 말씀"은 새 창조와 관련한다. 그리고 이 편지를 받는 그리스도인 공동체가 모든 피조물 가운데서 그 말씀으로 인해 형성된 새 창조의 "첫 열매"로 소개된다. 우리는 이 진리의 말씀을 신약의 다른 저자들이 복음이라고 부르는 그 말씀과 동일시해도 좋을 것이다. 앞 장에서 보았듯이, 야고보의 언어들은 우리를 야고보의 이야기 세계로 인도한다. 그 이야기는 하나님의 창조로부터 새 창조로 흘러간다. 세상을 회복하시고 새롭게 빚어 가시는 하나님의 계획은 마침내 그리스도를 통해 실현되었다. 그리고 모든 피조물 가운데 그 회복과 새 창조를 처음 경험한 것이 교회 공동체라는 점은 아무리 강조해도 지나치지 않다.

마치 신약의 다른 저자들이 성령의 역사와 복음의 능력을 함께 언급하듯이, 야고보는 1:17-18에서 지혜와 진리의 말씀을 함께 언급한다. 마치 성령처럼 하나님의 선물인 지혜는 진리의 말씀을 따라 살도록 우리를 돕는다. 지혜와 마찬가지로 진리의 말씀도 우리에게 하나님의 창조, 그리고 새 창조 이야기와 조화되는 삶을 살라고 소리친다. 그 속에 제국의 지배 문화에서 벗어나 온전한 삶을 살기 위한 다른 삶의 이야기가 있기 때문이다.

둘째로 지혜를 처음 언급하는 1:5에서와 마찬가지로 야고보는 여기서도 하나님의 성품을 드러내는 데 집중한다. 5절에서 야고보는 하나님은 지혜를 구하는 자에게 주저함 없이 주시고 꾸짖지 아니하시는 분이라고 소개했다. 지혜의 가치를 말하면서, 야고보는 하나님의 자비하심과 선하심을 강조했다. 꾸짖지 아니하신다는 표현은 그분의 오래 참으심을 동시에 말해 준다. 빛들의 아버지이신 "그에게는 변함도 없고 회전하는 그림자도 없습니다"(17절)라는 표현은 하나님의 신실하심을 강조한다. 그분은 완전히 순전하신 분이므로 그분에게는 그 어떤 이질적인 성품이 섞여 있을 수 없다. 하나님은 성실하시기에 우리는 그분을 신뢰할 수 있다.

셋째로 진리의 말씀이 일으키는 변화에 주목할 필요가 있다. 야고보는 진리의 말씀을 생명을 품은 씨앗에 비유한다. 그 말씀의 씨앗이 심기면 한 사람 혹은 한 무리의 그리스도인이라는 새로운 생명을 낳는다. 우리는 야고보가 14절에서 욕심-죄-사망의 관계를 설명할 때도 잉태와 출산 그리고 성장의 비유를 사용했다는 점을 기억해야 한다. 진리의 말씀도 생명을 낳는 능력을 지닌다. 이는 자라서 야고보의 청중과 같은 디아스포라 그리스도인 공동체를 형성한다. 앞으로도 하나님은 진리의 말씀으로 태어난 교회를 통해 세상을 회복하시고 새 창조를 이어 가실 것이다. 그런 점에서 교회는 하나님의 은총을 받는 동시에 복음의 능력을 보여주는 살아 있는 본보기다. 교회의 존재 자체에 선교적 소명이 담겨 있는 이유가 여기에 있다.

이렇게 야고보는 시험 가운데 욕심을 따라가려는 성도들을 지혜와 진리의 말씀이 열어 주는 큰 이야기 세계로 연결시킨다.

능히 우리를 구원할 복음 앞에 겸손한 삶

19 나의 사랑하는 형제자매들이여, 이것을 명심하십시오. 누구든지 듣기는 속히 하고 말하기는 더디 하십시오. 성내기도 더디 하십시오. 20 사람의 성내는 것이 하나님의 의로움을 이루지 못합니다. 21 그러므로 모든 더러운 것과 넘치는 악을 벗어버리고, 여러분의 마음에 심어진 말씀을 온유함으로 받으십시오. 그 말씀이 여러분의 영혼을 능히 구원할 수 있습니다. 22 말씀을 행하는 자가 되십시오. 말씀을 듣기만 하여 자신을 속이는 자가 되지 마십시오. 23 어떤 사람이 말씀을 듣기만 하고 행하지 않는다면, 그는 마치 거울 속에 있는 자신의 얼굴 생김새를 쳐

다보는 사람과 같기 때문입니다. [24] 그는 자신의 얼굴을 쳐다보고는, 돌아서자마자 그 모습이 어떠하였는지를 잊어버립니다. [25] 자유케 하는 온전한 율법을 들여다보고 그것을 간직하는 자는 듣고 잊어버리는 자가 아니라 행하는 자입니다. 이런 사람이 그 하는 일에 복을 받을 것입니다(1:19-25).

야고보는 1:19-25에서 다시 구체적인 시험의 상황들을 예시하기 시작한다. 첫 번째 서론의 재물에 대한 시험(9-11절)에 이어서 말의 사용과 분노의 문제(19-20절), 각종 악행을 중단하지 못하는 상황(21절), 그리고 말씀을 듣지만 실천하지 않는 이들의 문제(22-25절)를 간략히 소개한다. 이 주제들에 관해서는 야고보가 이 문제들을 집중적으로 다루는 2장 이후의 설명에서 더 자세하게 언급할 것이다. 다만 여기서는 야고보서 전체를 이해하는 데 필수적인 고유의 요소들 몇 가지만 다룰 것이다.

첫째, 19절과 21절에서 야고보는 말씀을 경청하고 온유하게 받으라고 연이어 권면한다. 19절에서 야고보는 3장에서 본격적으로 다룰 말의 사용이라는 주제를 꺼내는데, 야고보가 말하기의 주제에 우선하여 다루는 것은 '듣는' 지혜다. 여기서 야고보는 구체적으로 성도들이 경청해야 할 것이 무엇인지 언급하지 않는다. 그러나 직전 구절인 18절은 '진리의 말씀'을 언급한다. 그리고 17절과 그 이전 문맥에서는 시험 가운데 하나님이 주시는 지혜의 목소리를 경청할 것에 관해서 이야기한다. 한편 이후 21절에서는 영혼을 능히 구원하는 마음에 심어진 말씀을 언급한다. 이로 보건대, 듣기를 속히 하라는 야고보의 권면은 대인 관계 속에서 남의 말 경청하기를 먼저 하라는 일반적 의미로도 이해할 수 있지만, 우리가 경청해야 할 타자의 말은 무엇보다 하나님의 말씀이라는 사실을 드러낸다고 볼 수 있다.

21절에서 야고보는 "마음에 심어진 말씀을 온유함으로 받으십시오"라고 말한다. 마음에 심어진 말씀이라는 표현은 예레미야 31장, 에스겔 36장에서 하나님이 새 언약을 주실 때 그의 말씀을 우리의 마음에 심어 주시겠다는 약속을 떠올리게 한다. 그런 점에서 "마음에 심어진 말씀"은 앞의 "진리의 말씀"(1:18)과 함께 새 언약이 성취된 복음이라고 이해해도 무방하다. 여기서 중요한 것은 그 말씀을 온유함으로 받으라는 부분이다. 야고보는 3:13에서도 온유함이라는 단어를 사용하는데, 그곳에서는 "지혜의 온유함"이라는 표현을 쓴다. 이 말은 지혜에서 흘러나오는 온유함이라는 뜻으로 이해할 수 있다. 곧, 지혜를 가진 사람의 대표적인 특징이 온유함에 있다는 것이다. 야고보가 온유함을 지혜와도 연결하고(3:13) 복음의 말씀과도 연결하여(1:21) 이해하는 것을 보라.

야고보서 안에서 온유함은 겸손함의 다른 말이다. 비판이나 교정을 당해도 성내지 않고 경청하고 수용하려는 겸손한 자세다. 무엇보다 그것이 하나님의 말씀이라는 사실을 기억할 때, 그리고 그의 아들 그리스도의 죽음과 부활을 통해 주신 복음이라는 사실을 기억할 때, 그 말씀을 겸손하게 받고 순종하는 것이야말로 지혜의 정수다. 결국 온유하게 받으라는 말은 겸손하게 경청하고 들은 것을 그대로 순종하라는 의미를 포함한다.

4장의 문맥에서 재확인하겠지만 야고보서 본론 단락의 절정에 해당하는 4:6-10에서 야고보가 세상의 벗된 성도들에게 요구하는 것이 무엇인지 미리 확인해 보자.

⁶ 그러나 하나님은 더 큰 은혜를 주십니다. 그래서 '하나님은 교만한 자를 물리치시고 겸손한 자에게 은혜를 주신다' 하였습니다. ⁷ 그러므로 여러분 자신을 하나님께 복종시키십시오.··· ¹⁰ 주님 앞에서 여러분 자신을 낮추십시오. 그리하면 그가 여러분을 높이실 것입니다(4:6-10).

잠언이 지식의 근본을 여호와를 경외하는 것이라고 말한다면 야고보는 지혜의 출발을 하나님의 말씀 앞에 겸손한 것이라고 말한다.

둘째, 야고보가 확신을 가지고 하나님의 말씀을 경청하고 겸손히 받으라고 호소하는 이유는 분명하다. 그 말씀이 우리를 구원하기 때문이다(21절). 야고보가 말하는 구원이란 무엇인가? 1:12에서 마지막 심판 때 주어질 생명의 면류관을 언급하고, 2:14에서 행함 없는 믿음이 결국 사람을 구원할 수 없다고 말하는 것을 보아 야고보가 미래적 구원을 염두에 두고 있음을 알 수 있다. 한편 신약의 다른 저자들과 마찬가지로 야고보가 성도들의 삶 속에 이미 구원이 임했다고 생각했어도 전혀 이상할 것은 없다. 이미 그들은 진리의 말씀을 따라 새 창조의 첫 열매가 되었다(1:18).

그렇다면 이 현재적 구원은 무엇으로부터의 건짐 받음인가? 21절은 성도들이 모든 더러운 것과 악행에 둘러싸여 있음을 보여준다. 그들의 영혼은 제국의 이야기와 주류 문화의 지혜가 선전하는 욕심을 따라가고 있다. 이후에 야고보가 말하지만 그들은 이미 세상의 친구(4:4)가 되고 말았다. 21절에서 그 말씀이 성도들의 영혼을 능히 구원할 수 있다고 말한 야고보는, 4:5에서 "하나님은 우리 안에 두신 영을 시기하기까지 사모한다"고 말한다. 주류 문화의 가치와 욕심을 따라간 영혼들을 하나님은 진리의 말씀을 통해 다시 건져 내실 수 있다고 말한다. 그런 점에서 그들은 무엇보다 제국의 삶으로부터 구원받아야 한다.

야고보는 그의 청중이 욕망의 노예가 되었다고 말한다. 그들은 제국의 이야기가 전하는 주류 문화의 세속 가치를 욕망한다. 그 가치가 명예와 수치의 기준이 되고, 헌신의 대상이 된다. 야고보가 2장에서 본격적으로 증언하겠지만, 이는 결국 디아스포라 그리스도인 공동체들이 제국의 주류 문화와 다를 바 없는 삶의 방식을 살도록 만들었다. 이 그릇된 가치 체계, 욕망 체계, 명예와 수치 체계, 충성 체계가 바로 그들이 구원받아야 할 대상들이다.

이런 점에서 구원이란 한 이야기에서 다른 이야기로의 건짐 받음이다. 어떤 가치에서 또 다른 가치로의, 어떤 욕망으로부터 다른 갈망으로의 건짐 받음이다. 복음은 우리에게 하나님이 친히 세상을 회복하시는 이야기를 들려준다. 우리는 그 이야기 속에서 하나님이라는 인격적이고 절대적인 존재를 만난다. 그분을 만나서 교제하면 그분의 완전한 진리와 선하심과 아름다움을 알게 된다. 그리고 그분을 갈망하게 된다. 하나님에 대한 갈망이라는 이 새로운 욕망이야말로 새로운 삶을 형성하는 원인이다. 그래서 구원은 어떤 삶의 방식에서 다른 삶의 방식으로의 건짐 받음으로 나타난다.

이러한 구원을 성경 저자들은 종종 '해방'이라는 단어로 표현한다. 야고보가 1:25에서 "자유케 하는 온전한 율법"이라는 표현을 사용하는 것을 보라. 온전한 율법은 그리스도를 통해 그 완전한 목적과 의미가 드러난 율법이라고 말할 수 있다. 곧, 온전한 율법은 진리의 말씀이나 마음에 심겨진 말씀이 가리키는 그리스도의 복음과 유사한 표현이다. 야고보는 그 온전한 율법의 가장 첫 번째 속성이 누군가를 자유케 하는 것이라고 말한다. 구원이란 그 어떤 구속도 없는 상태를 의미하는 것이 아니다. 땅의 지혜와 욕심에 얽매여 있던 사람이 하나님의 뜻에 새롭게 노예가 된 상태를 일컬어 구원이라고 부른다.

야고보는 22-25절에서 말씀을 듣기만 하지 말고, 들은 말씀을 실천하라고 말한다. 야고보는 앞서 온유함으로 말씀을 받으라고 말하면서 겸손하게 말씀을 듣고 들은 대로 순종할 것을 청중에게 요구했다. 사실 그것이 다름 아닌 하나님의 말씀이기 때문에 그의 말씀을 들음은 곧 순종을 포함할 수밖에 없다. 그분이 하나님이시기 때문이다. 그의 말씀을 듣는 것과 그 말씀에 대해 순종하는 것을 분리할 수 있는 경우는, 그분과의 인격적 관계를 떠나 순전히 이론적으로만 말씀을 논할 때다. 하나님의 하나님 되심과 그분과의 인격적 관계를 떠난 신앙과 실천의 논의는 야고보의 표현을 빌어 말하자면 "자신을 속이는" 것(22절)과 다르지 않다. 나는 22-25절 단락을 2장의 믿음과 행함 논의를 다룰 때 다시 언급할 것이다.

셋째, 이 새로운 갈망과 삶의 방식이 지향하는 목표는 바로 우리가 하나님을 닮아 가는 데 있다. 야고보는 1:20에서 "사람의 성내는 것이 하나님의 의로움을 이루지 못합니다"라고 말한다. 하나님의 의로움은 하나님이 세우신 올바른 도덕적 기준을 의미할 수 있다. 그 기준이 하나님 자신의 성품에서 나온다는 점을 고려하면 의로움은 하나님의 의로운 성품이나 무언가를 바로잡고 회복하시는 그분의 행동을 가리킬 수도 있다. 이 문맥에서 나는 후자의 해석을 선호한다. 이것이 야고보서 뒤에 있는 세상을 바로잡으시는 하나님의 이야기와 더 잘 조화되기 때문이다. 하나님은 의로운 분이다. 그리고 이것은 하나님의 형상대로 지음 받은 우리도 그분의 의로운 성품을 닮아 가고, 세상을 바로잡고 회복하시는 그분의 일에 동참하도록 하나님이 기대하신다는 것을 의미한다.

그러나 19-20절에서 두 번이나 야고보는 성도들이 하나님의 의로움을 닮아 가지 못하고 오히려 성내고 있다고 말한다. 사람들은 언제 분노하는가? 마음으로 간절히 욕망하는 것을 얻지 못할 때, 내가 귀하게 여기는 것을 빼앗겼을 때 분노한다. 야고보는 이 욕망의 출처를 '두 마음'과 '욕심'에서 찾는다.

하나님을 닮는 일은 성경 전체의 중요한 주제다. 야고보는 편지의 시작부터 하나님의 다양한 성품을 묘사했다. 하나님은 선하시며, 자비하시며, 오래 참으시며, 변함없으신 분임을 설명했다. 그분은 순전하고 완전한 분이다. 그러나 우리는 '두 마음'을 품고 있다. 우리의 마음은 순전하지 않다. 두 마음을 품고 있어 종종 스스로를 속이기까지 한다 (1:26).

야고보에게 희망이 있다면 성도들이 하나님을 닮아 갈 수 있다는 사실이다. 하나님은 우리의 아버지가 되셔서 진리의 말씀으로 우리를 낳으셨다(1:18). 그분은 우리의 아버지이시므로, 우리는 지혜의 안내를 따라 그분을 닮아 갈 수 있다. 진리의 말씀이 우리를 능히 구원할 수 있는 이유는 바로 그 말씀이 우리를 하나님과의 인격적 관계 속으로 인도하기 때문이다. 그런 점에서 구원은 일차적으로 하나님과의 관계 회복이다. 그 관계 속에서 우리는 하나님을 닮아 가면서, 우리의 갈라진 마음과 악행과 세속적 삶의 방식으로부터 서서히 건짐 받는다.

닫는 말: 참된 경건이 추구하는 온전한 삶

6 만일 어떤 사람이 스스로 경건하다고 생각하면서도 자기 혀를 제어하지 못한다면 자신의 마음을 속이는 것입니다. 그의 경건은 헛것입니다. 7 하나님 아버지 앞에 순전하고 거짓이 없는 경건은 이것입니다. 곧, 어려운 처지에 놓인 고아와 과부를 돌아보고 자신을 지켜 세상에 물들지 않게 하는 것입니다(1:26-27).

이제 우리는 야고보서 전체의 서론에 해당하는 1장의 마지막 두 구절에 이르렀다. 이 두 구절은 야고보가 지향하는 온전한 삶과 참된 경건의 단면을 보여준다는 점에서 1장의 결론으로 보기에 손색이 없다. 한편 야고보가 참된 경건의 모습으로 제시하는 각각의 내용은 그가 2장부터 시작하는 본론 단락에서 길게 다룰 주제들이다. 이런 점에서 이 두 구절은 서론과 본론을 연결하는 전환 단락이면서 동시에 본론의 미리보기에 해당한다. 야고보가 말하는 참된 경건의 모습은 무엇인가? 그것은 자기 혀를 통제하고, 자기를 속이지 않고, 어려운 처지에 놓인 고아와 과부를 돌아보고, 자신을 지켜 세속에 물들지 않게 하는 것이다.

먼저 우리는 야고보가 참된 경건의 모습을 종교 행위에서 찾지 않고 삶의 실제적 관계 속에서 찾고 있다는 점을 주목해야 한다. 이는 야고보가 기도와 예배, 찬양과 성찬을 소홀히 여겼다는 말이 아니다. 야고보는 이러한 종교 행위들이 무엇을 위해 존재하는지를 묻는 것이다. 우리의 모든 종교 행위들은 하나님을 향한다. 그분이 원하시는 것에 우리 자신을 드리고 참여하겠다는 헌신의 약속이다. 그 하나님이 원하시는 일들은 대부분 우리의 일상 속에서 이루어진다. 하나님의 뜻은 누군가와의 관계 속에서 구현되어야 할 무엇이다.

그러고 보니 야고보가 언급한 참된 경건의 모습들은 삶의 실제적인 관계 영역들을 골고루 포함한다. 자신과의 관계에서 야고보는 자기 마음을 속이지 않는 것을 중요하게 여긴다. 야고보는 1장에서만 "속(이)지 말라"는 당부를 세 번이나 되풀이한다(16, 22, 26절). 또한 타인과의 관계에서 야고보는 혀의 통제를 말한다. 언어는 자기 내면의 반영이라는 점에서 혀의 통제는 인간의 내면과 외면의 모습을 동시에 보여주는 것이기도 하다. 이웃과의 관계에서는 어려운 처지에 놓인 사회적 약자들을 돌보는 것을 참된 경건의 대표적인 모습으로 소개한다. 세상과의 관계에서는 자기를 지켜 물들지 않도록 하라고 주의를 준다. 야고보가 언급한 이 인간의 내면, 그것의 외적 표현인 언어, 공동체 내 약한 이웃들, 그리고 세상이라는 영역 중 하나라도 문제가 생기면 우리 삶은 온전함에서 멀어진다.

흥미롭게도 '경건'이라고 번역한 헬라어 '쓰레스코스'는 '종교'라는 의미로 흔하게 쓰인 단어다. 쓰레스코스는 하나님과 그분의 창조 세계를 대하는 인간의 자세를 일컫는다. 그 자세를 외부자의 관점에서 볼 때는 종교요, 신앙인의 관점에서 볼 때는 경건이다. 나는 경건이라고 번역했으나 이 단어의 원래 의미는 신앙인의 안팎의 모습을 모두 묘사한다. 복음이 인간의 삶 전체를 온전케 하는 능력이라면 그 복음은 반드시 인간 삶의 다양한 영역 모두를 변화시키는 힘일 것이다. 그렇게 변화된 그리스도인들의 삶은 외부인들도 인식할 수 있는 종교의 모습일 것이다. 그렇게 변화된 종교인들이야말로 그 자체가 진리에 대한 증언이자 메시지가 될 것이다.

나눔 질문

1 내가 지닌 '경건'의 이미지는 무엇인가? 그것은 야고보가 말하는 '참된 경건'과 어떠한 점에서 공통점과 차이점을 지니는가?

2 영성은 일상에서 하나님의 뜻을 분별하고 그 뜻에 순종하는 능력이다. 하나님의 뜻을 분별하기 위해 내가 주로 의지하는 수단들은 무엇인가? 야고보는 무엇을 경청하라고 말하는가?

3 야고보가 온유함과 겸손의 덕목을 강조하는 이유는 무엇인가? 온유함과 겸손은 하나님과의 관계, 혹은 사람과의 관계에서 어떠한 차이를 만들어 내는가?

4

서로의 하나님 형상됨을
지켜 주는 지혜

여는 말: 차별받고 모욕당하는 사람들

1991년 한국 남부 지방의 어느 도시, 나는 버스를 타고 등교를 하고 있었다. 그런데 마침 내가 탄 버스의 운전사 아저씨와 검은 승용차를 탄 어느 중년 남성 사이에 시비가 붙었다. 버스 운전사 아저씨는 달리는 버스의 앞문을 열고, 승용차 운전자 역시 자신의 상체를 창문 밖으로 내밀면서 서로를 향해 목소리를 높였다. 고성이 오가던 중, 중형 승용차 운전자가 해서는 안 될 말을 뱉었다. 그 말은 아직 나의 뇌리에 선명히 남아 있다. "네가 그러니까 버스 운전을 하지." 그에게 버스 운전사는 낮은 가치의 사람으로 보였던 것일까? 이 말을 뱉고는 버스 운전사가 뭐라 받아치기도 전에 속도를 내서 사라져 버리는 것이 아닌가? 이 말다툼이 왜 시작되었는지도 정확히 모르는 터라 누구도 그 위험한 언쟁에 끼어들지 못했다. 나는 한 사람의 버스 운전사가 아니라 인간이 모욕당하는 현장에 있으면서 함께 모욕당하는 나를 발견했다.

차별과 모욕은 도처에서 일어난다. 2장 서두에서 야고보는 부자를 환대하지만 가난한 자는 무시하는 어느 신앙 공동체의 차별 행위를 비판한다. 좀 더 드라마틱하게 묘사되었을 뿐 우리는 이와 유사한 이야기들을 시대나 사회와 관계없이 주변에서 발견할 수 있다. 의식적으로 관찰해 보면 우리는 이러한 차별이 자행되는 집단 속의 사람들이 어떻게 형성되어 가는지도 발견할 수 있다. 이 단락에서 우리가 던져야 할 질문은 '그가 누구든지 간에 인간을 인간으로 존중해야 하는 이유는 무엇인가? 과연 우리는 그 이유를 가지고 있는가?'이다. 이에 대한 야고보의 지혜에 귀를 기울여 보자.

야고보서 2장은 줄곧 믿음과 행함의 관계를 다루는 글로 여겨져 (자신이 가지고 있는) 바울의 믿음과 행함 이해를 불러와서 신학적 토론이 벌어지는 본문이다. 그러나 2장은 믿음과 행함이라는 주제뿐 아니라 편지 전체의 중요한 주제들이 서로 대화하고 있는 풍성한 본문이다. 나는 야고보서 2장을 세 장에 걸쳐 다룰 것이다. 이번 장에서는 2장 전반부의 가난한 자에 대한 차별 이야기를 중심으로 하나님의 형상됨에 관해서, 다음 장에서는 사랑과 환대의 공동체에 관해서, 그다음 장에서는 야고보가 말하는 믿음과 행함 이해에 관해 다룰 것이다.

어느 회당에서 일어난 차별

1 사랑하는 형제자매들이여, 여러분은 우리 주 예수 그리스도, 곧 영광의 주님에 대한 믿음을 가졌으니 사람을 차별하지 마십시오. 2 만약 여러분의 회당에 어떤 사람은 금가락지에 좋은 옷을 입고 왔고 또 다른

사람은 가난하여 초라한 옷을 입고 왔다고 합시다. 3 여러분이 좋은 옷을 입은 사람을 눈여겨보고 '여기 좋은 자리에 앉으십시오'라고 말하고, 가난한 사람에게는 '당신은 거기에 서 있든지, 여기 내 발아래 바닥에 앉든지 하시오'라고 말한다면, 4 이것은 여러분 안에서 사람을 차별하는 것이 아닙니까? 또한 잘못된 생각으로 사람을 판단하는 것이 아닙니까?(2:1-4)

그들은 왜 부자를 우대했는가

상대적 박탈감과 비교 의식이 다분한 사회 안에 사는 사람일수록 스스로를 가난하다고 여기는 경향이 강하다. 야고보에게 '가난한 자'란 누구일까? 야고보가 이해하는 가난한 자는 구약성경의 사회적 약자 이해로 거슬러 올라간다. 구약성경은 타인의 도움 없이는 생존할 수 없는 부류의 사람들을 사회적 약자로 규정하며, 공동체가 이들을 돌볼 것을 명한다. 구체적으로 고아와 과부, 나그네와 일일 노동자들이 이에 해당하는데 흥미롭게도 이들 네 부류의 사람들 모두가 야고보서에 등장한다(1:27; 2:25; 5:4). 1세기 로마 제국 안에서 소수 집단으로 살던 디아스포라 그리스도인들에게 가난은 평범한 일상이었다. 그래서 네 부류의 사람들뿐만 아니라, 회중의 상당수가 가난한 자에 속했다고 하더라도 과언이 아니다.

안타깝게도 이 회당에서는 구약의 명령과는 정반대의 장면이 연출되고 있다. 부자는 좋은 자리를 대접받고 가난한 자는 홀대받는다. 여기 모인 이들은 어찌하여 가난한 자를 이렇게 대하고 있는 것일까? 4절은 이 공동체의 행위를 차별이라고 규정하며, 그들이 "잘못된 생각"(동기)으로 사람을 판단했다고 지적한다.

본문을 이해하기 위해서는 1세기의 후견인 제도에 관한 이해가 필요하다. 고대 사회에서는 우리 시대와 비교할 수 없을 정도로 사람들이 원하는 자원이 특정인들에게 집중되어 있었다. 그것이 재물이든, 사회적 지위든, 삶의 기회든, 인간관계든, 이러한 자원을 필요로 하는 사람은 그것을 많이 소유하고 있는 누군가에게 찾아가 부탁해야만 했다. 당신이 만약 재물, 사회적 지위, 기회를 원한다면 그것을 지닌 사람의 눈에 들고 싶을 것이다. 이 회당에 모인 사람들이 왜 부자를 우대하고 있는지 이해하기는 어렵지 않다. 그들은 부자로부터 덕을 보려는 잘못된 생각과 동기(2:4)를 지니고 있었다. 야고보의 회중은 물질에 대한 탐욕을 만족시키기 위해 기도마저도 변질시킬 수 있는 사람들이었다(4:1-3).

가난한 자가 당한 수치와 억울함

무엇보다 이 가난한 자가 당한 수치와 모욕에 주목하자. 집단주의, 혹은 관계 문화 속의 사람들에게 집단으로부터 수용받는 일은 무엇보다 중요한 가치다. 회당의 사람들은 그에게 자리를 권하기는커녕 서 있든지 바닥 아무 자리에나 앉든지 하라고 말한다. 바닥에 앉으라는 말은 매우 모욕적이다. 서 있으라는 말도 마찬가지다. 그들은 가난한 자가 한 인간으로서 받아야 할 최소한의 예우에 대해서 조금도 고려하지 않는다.

이 장면은 부자와 가난한 자에 대한 그들의 태도를 보여줄 뿐만 아니라, 실상 그들이 지닌 인간에 대한 태도 또한 보여주고 있다. 그들이 부자는 존중하고 환대하지 않는가? 엄격히 말하자면 그들이 우대하는 것은 부자가 아니라 부자의 재력이다. 그들은 사람을 사람으로 존중하지 않는다. 그리고 이것은 제국의 이야기에 잠식된 주류 문화의 가치 체계를 그대로 반영한다. 마찬가지로 그들이 무시한 것은 가난한 자가 아니라 바로 한 인간이다. 이러한 사회 속의 가난한 자들은 인간으로서 자신이 지닌 가치를 확보하는 일에 항상 애를 먹기 마련이다.

한편 야고보가 2-3절에서 묘사하는 장면이 회당의 예배 장면인지, 법정 장면인지에 따라 다른 분위기가 연출된다. 유대인들의 회당은 예배 장소로 사용되었을 뿐만 아니라, 법정이나 회합을 위한 커뮤니티 센터의 역할도 감당했다. 이 이야기가 법정의 문맥에서 일어난 일이라고 볼 수 있는 추가적인 언급들이 뒤따르고 있다. 4절에 의하면 회당에 모인 이들은 두 사람의 행색만을 보고 차별했고 잘못된 생각으로 그들을 이미 판단했다. 재판이 벌어지기 전에 이미 '판단'은 내려졌다. 6절에서도 법정 문맥에 관한 언급이 소개된다. 여기서 부자들은 그리스도인들까지 "법정으로 끌고 가는 자들"로 묘사된다. 9-13절에서는 율법을 범하는 자들에 대한 심판 이야기를 하면서, 하나님의 법정에서 선포될 최후의 심판에 관해 말한다. 이러한 요소들은 이 사건이 법정의 한 장면이라는 추측을 충분히 가능케 한다.

고대 세계에 일어난 재판 가운데 사회적 지위가 다른 사람들 사이의 소송일 경우, 실제로 그 판결은 재판 전에 상당 부분 결정되었다. 귀족의 심기를 건드린 종이나 노예에 대한 판결은 매우 가혹했다. 그렇다면 이 '차별'은 단순히 가난한 자에게 수치와 모욕을 안기는 차별로 끝나지 않았을 것이다. 그들을 억울하게 만들었을 것이다. 그러나 이 회당에 모인 사람들에게 약자의 억울함을 볼 수 있는 안목을 기대하기는 어려워 보인다. 5:1-6이 고발하는 불의한 부자가 가난한 일일 노동자를 착취하고 살해하는, 그럼에도 아무도 나서서 그의 억울함을 대변해 주지 않는 이야기는 어쩌면 회당에서 일어난 차별 이야기의 귀결일지도 모른다.

차별은 도처에서 일어난다. 사회적 약자들은 실질적인 불이익에 더하여 수치와 억울함을 호소한다. 사회적 약자들은 왜 존중받아야 하는가? 사실 이것은 약자들에 관한 질문이 아니다. 이것은 인간에 관한 질문이다. '인간이 존중받아야 하는 이유는 무엇인가?'에 관한 질문이다. 사회적 약자의 삶이 한 사회가 인간을 존중하고 있는지를 가늠하는 리트머스 시험지가 된다.

가난한 자를 차별할 수 없는 이유

그들은 예수 그리스도의 영광에 참여할 자들이다

야고보는 사람을 차별하지 말라고 말하면서, 그것이 영광의 주 예수 그리스도에 대한 믿음과 공존할 수 없다는 점을 강조한다. 어째서인가? 야고보는 그의 서신 전체를 통해 예수의 이름을 두 번만 언급한다(1:1; 2:1). 두 차례 모두 초대교회의 신앙 고백을 반영하여 "주 예수 그리스도"라고 표기했다. 예수는 구약성경에서부터 기다려 온 메시아이며, 하나님 보좌 우편에 오르셔서 세상을 통치하시는 주님이라는 고백이다.

야고보가 "영광의"라는 수식어를 주 예수에게 붙인 것이 주목할 만하다. 헬라어 속격의 다양한 용법이 있지만, 여기서 분명한 것은 예수 그리스도께서 영광을 받으셔서 영광 가운데 계신 상태를 표현하고 있다는 점이다. 하나님의 이야기 속에서 예수께서 영광을 받으셨다는 것은 무엇을 의미하는가? 우리는 하나님이 인간에게 새 창조의 영광을 주시려고 계획하셨다는 구약의 사상에서부터 출발해야 한다. 시편 8편은 하나님이 사람을 지금은 천사보다 잠깐 못하게 지으셨지만 결국에는 "존귀하고 영화로운 왕관을 씌울 것"(시 8:5)이라고 말한다.

신약 문서 가운데 야고보서와 함께 가장 유대적인 색채가 짙은 히브리서도 하나님이 "많은 자녀를 영광에 이끌어 들이실"(히 2:10) 일을 진행하고 계신다고 말한다. 히브리서 저자는 인간의 모습으로 오신 예수께서 죽으시고 승귀하셔서, 다른 모든 인간보다 앞서 하나님이 준비하신 그 영광으로 들어가셨다는 사실을 강조한다. 그래서 이 영광은 예수님이 받으신 영광이자 인간에게 약속된 영광이다. 바울 또한 하나님이 우리를 그리스도의 형상을 본받게 하사 우리도 그 아들을 따라 영광에 이르게 하실 것이라고 말한다(롬 8:29-30).

인간의 미래에 대한 이러한 이해는 현재의 인간 평가에 영향을 미친다. 우리는 현재 그가 지니고 있는 소유와 지위, 그리고 외모와 인맥에 따라 그를 평가하는 대신 하나님이 완성하실 영광의 관점에서 그를 바라본다. 실제로 야고보는 1:9에서 "가난한 자는 자신의 높음을 자랑"하라고 말한다. 종말에 그가 이를 영광의 관점에서 현재의 자신을 이해하라는 의미가 내포해 있다.

그런 맥락에서 야고보는 하나님이 장차 영광에 이끌어 들이실 어떤 사람을 우리가 차별할 수 있는지 질문한다. 예수에 대한 믿음은 불가불 하나님의 선교 이야기와 그 이야기가 요구하는 삶의 체계 전체와 연결되어 있다. 이 믿음은 예수를 통해 인간을 회복하시는 하나님, 예수를 중재자로 삼아 인간을 영광으로 이끄시는 하나님에 대한 사랑과 경외로 확장된다. 결국 야고보는 2:1에서 예수가 영광에 이른 이야기를 통해 사람을 차별하는 행위의 부당함을 지적한다.

야고보서의 다른 본문에서도 인간을 향한 하나님의 미래적 계획을 읽을 수 있다. 그분은 우리에게 "생명의 면류관"(1:12)을 주시기 원하시며, 우리가 하나님을 닮아서 "하나님의 의로움"(1:20)에 이르기를 기대하신다. 하나님이 인간에게 이렇게 마음을 쓰시는 근본적인 이유는 무엇일까? 그것은 야고보가 말하듯 그분이 인간을 당신의 형상으로 지으셨기 때문이다.

그들은 하나님의 형상이기 때문이다

야고보는 지위, 부, 외모에 따라서 사람을 차별하지 말아야 할 보다 근원적인 이유를 마음속에 품고 있다. 그 이유는 회당에서 일어난 가난한 자에 대한 차별 이야기뿐만 아니라, 2장 본문 전체 뒤에서 침묵하고 있다. 그리고 3:9에 가서야 표면 위로 불쑥 솟아오른다. 그것은 바로 인간이 하나님의 형상대로 지음 받았다는 인간의 기원에 대한 오래된 성서의 이해다.

인간이 하나님의 형상대로 지음 받았다는 것은 무엇을 의미하는가? "하나님의 형상"이라는 표현을 품은 창세기 1:26은 하나님의 형상됨을 일차적으로 하나님처럼 세상을 다스리는 인간의 역할에서 찾는다.

하나님이 말씀하시기를 '우리가 우리의 형상을 따라서, 우리의 모양대로 사람을 만들자. 그리고 그가, 바다의 고기와 공중의 새와 땅 위에 사는 온갖 들짐승과 땅 위를 기어다니는 모든 길짐승을 다스리게 하자' 하시고(창 1:26).

하나님처럼 다스리는 이 대리적 역할은 인간이 지닌 속성, 성품, 능력을 전제한다. 자연히 그리스도인들은 '하나님의 형상'이라는 표현을 다양한 범주 속에서 이해해 왔다. 무엇보다 인간은 하나님의 어떠한 속성을 공유한다. 하나님은 인격을 지닌 존재다. 하나님처럼 인간도 인격체이기 때문에 우리는 타자를 향하고 그들과 사귀며 교제함으로써 인격 간의 연합을 갈망한다. 공동체를 형성하는 것은 인격체들의 본능이다. 야고보서 안에서도 인격이신 하나님은 줄곧 인간들을 향해 말씀하시며, 손을 펴사 선물을 베푸시는 관계적 존재로 소개된다. 일그러지긴 했지만, 야고보서 안에 등장하는 청중 또한 공동체 속에서 관계를 갈망하기는 마찬가지다.

하나님의 형상이라는 표현은 인간이 하나님의 성품을 닮았다는 의미로도 사용된다. 하나님의 가장 근원적 성품을 성경은 '사랑'이라고 가르친다(요일 4:16). 야고보가 편지의 첫 장에서부터 묘사하듯이, 하나님은 자비하시고(1:5), 선하시고(1:17), 의로우시다(1:20). 그리고 어떠한 경우에도 변함이 없으시다(1:17). 자식이 아버지를 닮아 가는 것이 자연스럽듯, 그리고 아버지가 자식에게 그것을 기대하는 것이 전혀 이상하지 않듯, 하나님의 형상대로 지음 받은 인간도 하나님을 닮아 갈 수 있는 존재다. 야고보서 전체는 그 하나님의 성품을 닮아 우리가 온전해지기를 기대한다. 이를 통해 모든 형상의 역할이 그러하듯, 우리를 통해 하나님을 드러내기를 기대한다. 그런 점에서 하나님의 형상이라는 표현은 매우 선교적이다.

하나님의 형상이라는 표현을 통해 재구성하는 성경의 이야기 속에서, 우리는 인간을 창조하신 하나님의 의도를 읽을 수 있다. 하나님은 당신과 교통하고 교제하며 사랑을 나눌 수 있는 인격체를 만들기 원하셨던 모양이다. 아브라함과 같은 하나님의 친구가 필요했던 것이다(2:23). 모든 진실된 사랑에는 자유라는 조건이 있다. 스스로의 결단으로 사랑하도록 선택할 수 있는 자유가 보장되어야 한다. 인간이 하나님과 사랑을 나눌 수 있는 인격적 존재로 지음 받았다면 심지어 그 하나님을 거부할 수 있는 자유도 주어졌다는 말이다. 우리는 5장에서 욥의 이야기를 통해 이 관계를 조금 더 들여다볼 것이다.

하나님이 당신의 형상대로 인간을 지으셨다는 이 이야기가 전달하는 또 다른 의미가 있다. 이 이야기 속에는 인간이란 매우 귀한 존재라는 메시지가 숨어 있다. 그가 어떠한 인종, 지위, 성별, 외모를 가졌든 인간이라는 이유만으로 존중받아야 할 가치가 있다는 뜻이다. 그러나 하나님 형상으로서 인간의 가치는 거부되어 왔다. 하나님의 이야기를 떠나자 인간의 가치를 논하는 다른 이야기들이 그 자리를 대체했다. 그 이야기들 속에서 인간은 각자의 신분, 혈통, 재능, 소유, 외모 등의 기준으로 평가되기 시작했다. 야고보서 2장 서두에서부터 펼쳐지는 이야기들은 디아스포라로 보냄 받은 그리스도인 공동체마저도 인간의 가치를 다른 이야기 안에서 바라보기 시작했다는 점을 보여준다.

사실 성경은 인간의 가치에 대한 이야기로 시작한다. 하나님이 인간을 당신의 형상대로 지으셨다는 이야기는 나면서부터 노예로 살아온 히브리인들에게 가장 먼저 주어졌다. 로마가 아니라 애굽일 뿐, 제국은 같은 얼굴을 지니기 마련이다. 히브리인들은 인종이라는 기준에 의해 평가절하되었다. 그들 가운데서도 다시 그들의 능력에 의해서 비교되었다. 히브리인들은 애굽에서 벽돌 굽는 일을 강요받았다. 하루에 벽돌 50장 만드는 노예와 100장 만드는 노예 중 누가 더 가치가 있는 존재일까? 이것이 바로 제국이 인간의 가치를 평가하는 방식이다. 어떤 이야기에 붙잡히면 사람들은 그 밖의 것을 상상하지 못한다. 그럴 때 인간의 가치는 기능으로 환원된다.

기능 중심적 사회에서 기능하지 못하는 약자들은 차별당한다. 가끔 임신한 지인들 중 태아에게 문제가 있다는 안타까운 소식을 들을 때가 있다. 이러한 소식을 쉽게 지나치지 못하는 이유가 있다. 나의 아내는 첫째를 낳고 우여곡절 끝에 거의 11년 만에 기적적으로 둘째를 임신했다. 우리 가족의 기쁨은 이루 말할 수 없었다. 그런데 어느 날, 양수 검사를 했는데 태아에게 문제가 있을 확률이 높다는 결과가 나왔다. 잠 못 드는 여러 밤 동안 나는 끊임없이 질문했다. "만약 이 아이가 장애를 가지고 태어난다면 이 아이는 인간으로서의 가치도 떨어지는 것일까?" 만약 인간 됨의 의미가 기능에만 있다면 그렇다고 해야 할 것이다. 밭을 갈아야 하는 소가 다리 하나를 잃었다면 그 소의 가치는 현격하게 떨어지기 마련이듯. 그러나 감사하게도 우리는 인간이다. 도대체 인간의 가치는 어디에 있는 것일까?

가치는 객관적으로 합의할 수 있는 것이 아니다. 가치는 선택하는 것이다. 그리고 가치는 항상 어떤 이야기와 그 이야기가 제시하는 세계관과 하나의 묶음을 형성한다. 결국 우리는 어떤 이야기를 선택할지를 결정해야 한다는 말이다. 제국의 이야기를 따를지, 하나님의 이야기를 따를지 선택해야 한다. 각각의 이야기가 들려주는 인간 됨의 의미는 사뭇 다르다. 인간의 가치는 이미 해석되어 있다. 기능이 떨어지고 외모가 보잘것없어도 모든 인간은 귀하다. 그러나 그 가치의 근거는 인간 스스로에게 있지 않다. 우리는 하나님의 형상이기 때문에 특별한 품격을 지닌다. 우리의 가치가 의존적이라는 말이다.

하나님이 세상을 회복하는 이야기 속에 있을 때, 우리는 하나님의 형상인 자신을 발견한다. 그 속에서 우리는 하나님을 대신하여 다스리면서, 우리의 재능이 중요하다는 사실을 부인하지 않는다. 우리 삶이 하나님의 이야기 속에서 읽힐 때 우리 재능은 소명을 위한 것이 된다. 그것은 하나님을 드러내기 위한 재능이요, 동료 인간을 섬기기 위한 재능이요, 나라는 존재를 이렇게 지으신 하나님의 비밀을 발견해 가는 기쁨을 알게 해주는 재능이다. 결국 우리는 '하나님의 친구'로서 그분의 위대한 목적을 위해 세상에 보냄 받았다는 이야기 속에서 우리 자신의 가치를 찾는다.

이 이야기를 잘 따라가다 보면 우리는 인간의 하나님 형상됨의 비밀을 더 깊이 깨달을 수 있는 사건들을 만난다. 나는 헨리 나우웬Henri Nouwen의 『아담』이라는 책에서 한 줄기 빛을 보았다. 나우웬은 캐나다 데이 브레이크 공동체에서 뇌성마비 장애인들과 공동체 생활을 하면서 아담이라는 아이를 책임지고 돌봤다. 아담은 몸은 다 자란 성인이었지만, 정신 연령은 5-7세에 불과한 정신 지체 장애인이었다. 그와 함께 공동체 생활을 하던 중, 나우웬은 불의의 교통사고로 입원하여 3개월 동안 아담을 보지 못한다. 병상에서 그는 아담을 걱정한다. 자신이 아닌 누가 아담을 돌봐 주어야 할 텐데, 하며 생각하다가 아담에 대한 걱정과 염려는 얼마 가지 않아 곧 그리움으로 바뀐다. 나우웬은 아담에 대한 그리움으로 몸부림친다. 그리고 깨닫는다. 그는 아담이 일방적으로 자신의 도움을 받는 돌봄의 대상이라고만 생각했다. 그러나 병상에 누워 그를 그리워하면서 자신이 아담과 깊이 교제하고 있었음을 발견한다. 아담은 자신이 일방적으로 돌보는 대상이 아니었다. 아담이 있었기 때문에 나우웬은 누군가를 사랑하고 그리워할 수 있는 사람이 될 수 있었던 것이다. 아담으로 인해 나우웬은 인간다움을 간직하고 살았던 것이다. 아담처럼 모든 인간은 바로 이러한 인격과 품격을 지닌다. 사람이라는 이유만으로.

아담은 히브리어로 '사람'이라는 뜻이다. 나우웬의 책은 사람의 의미를 묻는다. 모든 사람은 인격과 개성을 지닌다. 그래서 교감하고 사랑과 우정을 나눌 수 있다. 눈으로 다 볼 수 없는 그 사람의 세계가 있다. 우리의 눈에 보이는 것, 곧 그들의 재능, 소유, 지위, 외모에 붙잡혀 버리면 그들의 더 넓은 세계를 보지 못한다. 우리 시대는 사람을 고작 외모로 평가하는 정도의 빈곤한 인간 이해를 지녔을 뿐이다. 모두가 서로 비교하고 차이를 말하지만, 사실 성경은 우리가 지닌 '공통된' 인간다움의 이야기로 시작한다. 그 공통된 가치에 비하자면 오히려 우리의 차이는 크지 않다는 통찰이 필요하다. 야고보는 1세기 사람들, 그것도 그리스도인들에게 이 메시지를 전하고 싶었을 것이다.

그들은 하나님의 특별한 관심과 돌봄의 대상이다

나의 사랑하는 형제자매들이여, 들으십시오. 하나님께서는 세상의 눈으로 볼 때 가난한 자들을 택하셔서 믿음에 있어서는 부유하게 하지 않으셨습니까? 또, 그들에게 자신을 사랑하는 이들에게 약속하신 나라를 상속케 하지 않으셨습니까?(2:5)

이제 2:5에서 야고보는 그들이 가난한 자를 차별하지 말아야 할 현재적 이유를 더해 준다. 그것은 바로 하나님이 그들에게 특별한 관심과 사랑을 가지고 돌보신다는 사실이다. 먼저 야고보는 하나님이 가난한 자를 택하셔서, 믿음에 있어서는 부요하게 하시고 하나님 나라의 상속자가 되게 하신다(5절)고 말한다.

하나님은 가난한 사람만 편애하시는가? 우리는 여기서 야고보서의

'가난한 자' 표현이 형성된 독특한 역사적 과정을 조금 더 면밀히 추적해 볼 필요가 있다. 구약성경에 의하면 하나님은 이스라엘 백성을 모두 사랑하셨지만 그 가운데서도 특별히 고아와 과부, 나그네와 일일 노동자들과 같은 사회적 약자들을 사랑하셨다. 혼자서 자신의 존엄과 생존을 지킬 수 없는 이 사회적 약자들이 과연 인간으로서의 품격을 어떻게 유지할 수 있는가? 구약성경은 이스라엘 공동체가 나서서 약자의 존엄과 생존을 지켜 주라고 명한다. 이것이 구약이 말하는 공의의 기준이다. 하나님이 그들의 존엄에 관심을 가지고 계시기 때문이다. 아래 신명기 말씀은 하나님의 이러한 관심을 잘 반영한다.

외국 사람과 고아의 소송을 맡아 억울하게 재판해서는 안 됩니다. 과부의 옷을 저당잡아서는 안 됩니다. 당신들은 이집트에서 종살이하던 것과 주 당신들의 하나님이 당신들을 거기에서 속량하여 주신 것을 기억하십시오. 내가 당신들에게 이런 명령을 하는 까닭도 바로 여기에 있습니다(신 24:17-18).

흥미롭게도 구약에서 사회적 약자들을 돌보라는 명령은 줄곧 애굽에서 원래 종살이하던 이스라엘 민족을 하나님이 건져 주셨다는 역사적 회고와 함께 주어진다. 다시 말해서 이스라엘 가운데 있는 고아, 과부, 나그네, 일일 노동자는 이스라엘 민족의 집단적 자화상이라는 말이다. 약자들을 볼 때마다 하나님의 돌보심이 없었다면 존엄과 품격뿐만 아니라 생명도 지키지 못했을 자신들을 되새기라는 것이다. 고아와 과부뿐만 아니라 그들 모두가 하나님께 의존해 있는 존재라는 사실을 기억하라는 뜻이다.

이렇듯 구약의 '가난한 자' 개념 속에는 경제적 의미와 함께 영적 의미가 내포되어 있다. 데이비스에 의하면 이러한 이중적 의미는 신구약 중간기를 지나면서 더욱 발전하는데, 결국 가난한 자라는 표현이 경제적으로나 사회적으로 억압을 받는 경건한 자들에 대한 명칭이나 대중적인 자기 명명이 되었다는 것이다.[20] '부자'는 그 반대의 의미로 사용되었다. 실제로 야고보서 안에서 가난한 자는 가난하면서도 경건한 자들을 지칭하는 반면 부자는 일관되게 믿음과 반하는 부류의 사람으로 묘사된다. 2:5에서도 가난한 자는 하나님이 택하셔서 믿음에 있어서 부유하게 하실 뿐만 아니라 하나님을 사랑하는 자들로 묘사된다.

야고보의 가난한 자와 부자 이해는 예수님의 이해와도 일치한다. 누가복음의 평지 설교에서 예수님은 "너희 가난한 사람들은 복이 있다. 하나님의 나라가 너희의 것이다"(눅 6:20)라고 선언하시는 한편 부자들에게는 저주를 선포하셨다(눅 6:24-25). 야고보는 예수님과 마찬가지로 경제적 가난과 억압에도 불구하고 영적 경건을 유지하는 사람을 가난한 자로 표현한 셈이다. 야고보는 여기서도 예수님의 가난 사상을 디아스포라에 흩어져 경제적으로나 사회적으로 빈궁한 상태에 놓인 그리스도인들에게 적용한다. 동시에 이러한 적용은 디아스포라 청중들로 하여금 가난과 억압에 굴하지 않고 참된 경건을 유지하라는 명령을 내포하기도 한다.

---

20 데이비스, 『야고보서』, 101. 데이비스는 1세기 당시 '가난한 자들'이라는 표현이 교회 공동체를 설명하는 또 다른 이름이었다고 말한다. "비록 '가난한 자들'이 교회를 대표하는 이름은 아니라고 해도 그것이 교회 공동체를 묘사하는 용어였고, 따라서 가난한 자 신학이 예수의 가르침에 잘 어울린다.…초기 교회의 지도자들이 중요한 가난 신학의 주제들을 택하여 그들 자신의 상황에 적용한 것은 자연스럽다"(103쪽).

하나님은 가난과 억압 속에서도 당신을 향해 호소하는 이들을 외면하지 않으신다. 2:5이 말하듯이 지금도 그들을 돌보시고 사랑하신다. 하나님이 가난한 사람을 사랑하시고 돌보신다는 것은 하나님이 모든 사람을 그렇게 대하신다는 사실을 내포한다. 하나님은 부자를 미워하지 않으신다. 그러나 부자가 주의해야 할 것이 있다. 그들은 하나님이 아니어도 의지할 데가 많기 때문이다. 믿음에 부유해지기가 쉽지 않다. 하나님은 부자를 미워하시는 것이 아니라, 부자가 살아가는 방식, 부자가 재물을 사용하시는 방식을 미워하신다고 이해해야 한다.

하나님은 당신의 형상으로 지으신 인간의 존엄을 지키고 싶으신 분이다. 그래서 하나님은 자기 힘으로 그 존엄을 지키지 못하는 약자들을 돌보신다. 하나님이 그들의 존엄을 지키기 위해서 일하신다면 그분의 목적을 위해 세상으로 보냄 받은 교회는 어떠해야 할까? 세상 사람들이 기대하는 것이 혹 인간의 인간다움을 지켜 줄 사상과 실천을 지닌 그러한 교회가 아닐까?

서로의 하나님 형상됨을 지켜 주는 지혜

차별과 억압의 먹이 사슬 해체하기

6 그런데 여러분은 가난한 자들을 업신여기고 있습니다. 여러분을 억압하는 사람은 오히려 부자들이 아닙니까? 여러분을 법정으로 끌고 가는 자들은 바로 부자가 아닙니까? 7 이 부자들이야말로 여러분을 부를

때 사용하는 그 아름다운 이름을 모독하지 않습니까?(2:6-7)

야고보는 하나님이 가난한 자들을 돌보시는 한편 그의 청중은 오히려 가난한 자를 업신여기고 있다고 질책한다. 6절에 나타난 아이러니한 먹이 사슬을 보라. 하나님은 가난한 자들을 돌보시지만 그들의 백성은 가난한 자를 업신여긴다. 그들은 부자를 우대한다. 그러나 부자는 오히려 그들을 억압한다. 야고보의 보도는 구체적이다. 부자들은 그리스도인들을 법정으로 끌고 가 그들을 모욕하고 억울하게 만든다.

7절에서 "여러분을 부를 때 사용하는 그 아름다운 이름"은 성도들이 그리스도의 이름으로 일컬어진 것을 가리키는 표현이다. '그리스도인'은 그리스도에게 속한 사람 혹은 그리스도를 따르는 사람이라는 의미다. 이 이름을 부자들은 모독한다. 이것은 야고보서 안에 등장하는 부자들이 사회 경제적으로 특권층에 속하는 극소수의 사람들이면서, 초기 교회의 선포를 반대하는 어떤 이들이었음을 말해 준다.

그럼에도 야고보의 청중은 왜 부자를 우대하고 선망하는가? 제국의 이야기에 갇히면 땅의 지혜 이외의 다른 통찰을 얻을 수 없다. 위에 있는 힘 있는 사람에게는 맹목적으로 복종하고, 아래에 있는 사람은 이유 없이 억압하여 착취하는 것이 로마가 보여준 삶의 방식이다. 부자와 같이 힘과 지위, 물질을 소유한 사람이 되고자 하는 욕구로 그들의 마음은 갈라져 있다. 그래서 그리스도인이라는 이름을 비방하는 이들을 선망하는 모순적 삶을 살면서도 그것을 모순으로 여기지 못한다. 그들의 욕망이 그들의 눈을 가리었기 때문이다. 이 차별과 억압의 먹이 사슬 속에 사는 동안 평화로운 관계 안에 거하지 못한 채 그 사슬에서 벗어나지 못한다. 흥미롭게도 야고보에 의하면 가난한 자들을 차별하는 이들은 자신들이 그래도 괜찮은 신앙인이라고 자부하고 있다. 제국의 먹이 사슬에 길들여진 이들은 자신들이 범하는 차별 행위가 얼마나 심각한 것인지 알지 못한다. 야고보는 2:8-11에서 이를 묘사한다.

8 만약 여러분이 진정으로 성경 말씀을 따라 '네 이웃을 네 몸과 같이 사랑하라'는 그 나라의 법을 지킨다면, 이는 잘하는 것입니다. 9 그러나 만약 사람을 차별하여 대한다면, 이는 죄를 짓는 것입니다. 율법에 의해 범법자로 정죄될 것입니다. 10 누구든지 온 율법을 지키다가 한 가지 계명을 어기면, 율법 전체에 대해서 책임을 져야 할 것입니다. 11 '간음하지 말라'고 말씀하신 바로 그분이 '살인하지 말라'고 말씀하셨습니다. 그러므로 간음하지 않았다 해도 살인하였다면 율법을 어긴 셈입니다. 12 따라서 여러분이 말하고 행동할 때, 자유케 하는 율법으로 심판받을 사람들처럼 말하고 행동하십시오. 13 긍휼을 베풀지 아니하는 사람에게는 긍휼이 없는 심판이 있을 것입니다. 그러나 긍휼은 심판을 이깁니다(2:8-13).

그들은 자신들이 혹 가난한 자들을 차별했다 하더라도 하나님의 다른 명령들은 잘 지키고 있다는 궤변을 내세운다. 실제로 사람에 대한 차별은 은밀하게 진행되는 경우가 많아서 잘 드러나지 않는다. 외적으로 하나님의 명령을 잘 지키는 경건한 그리스도인들이 그 내면에는 타인에 대한 각종 편견과 오만으로 가득 차 있는 경우가 허다하지 않은가?

　9절 이하에서 야고보는 이들에게 다음과 같이 명료하게 말한다. 그들이 혹 다른 계명을 지킨다 하더라도 만약 가장 중요한 사랑의 계명을 어긴다면 율법 전체를 범한 것과 마찬가지인데, 사람을 차별하는 것은 바로 이 사랑의 계명을 어긴 것이다. 내가 8절에서 "그 나라의 법"이라고 번역한 표현을 개역개정은 "최고의 법"이라고 번역했다. 이 두 번역은 의미상으로 통한다. 예수님도 말씀하셨듯이(마 22:34-40), 하나님 사랑과 이웃 사랑은 구약 계명의 핵심이자 하나님 나라의 가장 중요한 삶의 원리다. 누군가를 차별하는 것은 바로 그 나라의 최상위 법을 어긴 것이다. 11절이 말하는 대로 간음하지 않았다 해도 살인했다면 당연히 율법을 어긴 것이다. 하나님이 율법을 주신 이유는 하나님과 이스라엘이, 그리고 이스라엘 백성 서로가 언약 관계 안에서 교제하도록 하기 위함이었다. 계명은 사귐을 위한 것이요, 그 각각의 계명은 따로 분리되어 존재하지 않는다. 만약 하나님을 경외하는 마음이나 이웃을 사랑하는 마음을 떠나 어떤 율법의 계명을 어겼다면, 그것이 작은 계명일지라도 이미 율법 전체가 추구하는 목적에서 벗어난 셈이다. 그런 의미에서 야고보는 "누구든지 온 율법을 지키다가 한 가지 계명을 어기면, 율법 전체에 대해서 책임을 져야 할 것입니다"(2:10)라고 말한다.

결론적으로 야고보는 2:12-13 단락에서 가난한 자를 홀대하고 차별함으로써 율법 전체의 의도를 어긴 이들은 하나님의 심판을 받게 될 것이라고 선언한다. "자유케 하는 율법"(2:12)이라는 표현이 보여주듯, 하나님의 말씀은 제국이 조작하고 세뇌하는 삶으로부터 우리를 자유케 한다. 그러나 자유케 하는 율법은 제국의 먹이 사슬을 따라 타인을 차별하고 억압하는 이들에게는 엄위한 심판의 기준으로 작용한다.

차별을 일으키는 두 마음 해결하기

여기서 우리는 다시 한번 하나님과 세상을 겸하여 섬기려는 '두 마음'의 상태가 낳는 외적 결과들에 주목하게 된다. 차별 행위나 편견의 생각은 나무로 치자면 열매에 불과하다. 뿌리가 병들었는데 좋은 열매를 맺을 나무는 없다. 감람나무에 무화과 열매가 맺힐 수 없다. 부정적 감정과 행위의 문제만 독립적으로 해결할 수 없다. 그것이 그 사람을 움직이는 마음의 보물과 맞닿아 있기 때문이다. 마음의 보물을 만들어 낸 이야기와 연동되어 있기 때문이다.

부자를 우대하고 가난한 자를 억압하는 행위, 사람을 차별하는 행위는 '재물'이나 '권력'이라는 마음의 우상, 소유를 통해 나의 가치를 증명해 보이려는 허영을 내려놓지 않는 이상 해결되지 않는다. 위를 향해 비굴하게 복종하고, 아래를 향해서는 무자비하게 짓밟는 과정에서 타인과의 관계도 깨어지지만 자신 또한 상하기 마련이다. 깨어진 관계를 회복하고 싶다고 해서 그것만 회복할 수는 없으며 나의 상한 자존감만 끌어올릴 수도 없다. 마음의 보물과 삶의 반응들이 하나의 덩어리를 이루고 있기 때문이다. 그래서 야고보는 예수님의 말씀을 따라 우리 마음의 보물을 점검하고 두 마음을 하나로 단순하고 온전하게 만들라고 조언하는 것이다.

한 사람의 감정과 행동의 반응은 그 사람 마음의 성소에 무엇이 좌정하고 있는지를 보여주는 창window이 된다는 점을 다시 기억하자. 이창을 통해 우리는 우리 속에 무엇이 있는지 성찰하는 도구를 얻는다. 불편하다는 것을 알면서도 야고보가 청중의 삶에서 일어나는 각종 부정적 감정과 행동, 갈등과 다툼을 들추어내는 이유도 여기에 있다. 그곳에서부터 시작해야 하기 때문이다. 감사하게도 하나님은 일그러진 우리의 삶을 통해서도 우리 내면을 살피게 하시고 다시 온전한 삶으로 돌이키시는 자비하신 분이다. 그러므로 삶의 문제를 자각하게 된 것 또한 하나님이 우리를 회복하시는 과정이라고 말할 수 있다.

닫는 말: 제국의 이야기에 하나님의 형상으로서 맞서기

야고보서뿐만 아니라 성경은 항상 우리에게 대항 문화적 이야기를 제시한다. 하나님의 이야기는 제국의 이야기들을 도전하고 그 속에 있는 사람들의 가치관을 해체시킨다. 우리가 제국의 이야기 밖으로 뛰쳐나갈 수 있는 것은 하나님이 우리에게 주시는 "온갖 좋은 은사와 온전한 선물"(1:17)이 지니는 힘 때문이다. 하나님은 당신의 선물을 통해 당신 자신을 우리에게 알리신다. 여기서도 야고보의 지혜가 바울이나 누가의 성령과 유사한 역할을 하고 있다는 점을 기억하면 도움이 된다. 그리스도인들은 하나님이라는 인격적인 절대자와의 사귐 안에 있다. 그런 점에서 하나님 자신과 그분과의 관계야말로 우리에게 주시는 선물 중 최고의 선물이다. 하나님과의 인격적 사귐 속에서 우리는 "하나님의 친구"(2:23)로 살며 비로소 인간다움을 회복할 것이다.

뿌리 깊은 나무가 바람에 쓰러지지 않듯, 하나님과 깊은 인격적 관계 속에 있는 이들은 자신의 하나님 형상됨, 곧 인간다움을 포기하지 않는다. 제국은 이러한 사람들을 무엇으로도 흔들지 못한다. 그들의 정체성은 제국의 손 밖에 있기 때문이다. 반면 제국이 선전하는 권력, 지위, 재물이라는 보물 위에 자신을 올려놓으면 우리의 정체성은 항상 제국에 의해 위협당한다. 빼앗길까 두려워하고 빼앗길 때 분노한다. 손에 넣었다 하더라도 제국이 무너지는 날, 우리도 함께 무너진다. 하나님의 형상됨을 회복하면 지위와 재물을 가졌더라도 그것은 나를 더 이상 흔들지 못한다. 나의 존재와 소유가 하나님의 큰 이야기 속에서 자기 자리를 찾아가는 온전한 조화를 발견하기 때문이다.

나눔 질문

1 사람들은 왜 차별하는가? 한국 사회 안에서 차별이 일어나는 영역은 어디인가? 혹 교회 속에서 방치되는 차별은 없는가?

2 하나님을 대신하여 우리 공동체가 하나님 형상됨을 지켜 주어야 할 사람들은 누구인가?

3 일상 속에서 하나님 형상됨을 스스로 잃어버렸다고 느꼈던 경험들을 나누어 보자. 한편, 하나님의 형상으로서 내가 하나님을 나타내야 할 영역은 어디인가?

하나님을 닮아 사랑하고
환대하는 사람들

여는 말: 하나님의 형상으로서의 교회

앞 장에서 다룬 가난한 자를 차별하는 어떤 공동체를 보면서 나는 종종 우리 공동체에는 이러한 차별이 없는지 자문한다. 아이들을 키우는 부모로서 약자를 차별하고 억압하는 공동체에서 우리 아이들이 자란다면 이 아이들이 어떤 사람으로 형성될지 끔찍한 상상을 하곤 한다. 이런 공동체에서 자란 아이의 성품, 삶의 목적이 어떠할지 상상해 보라. 한 사람의 준거 집단이 되는 공동체는 그 사람의 상식과 수준을 결정한다. 온전한 사람, 온전한 삶 뒤에는 온전한 공동체가 있다.

우리는 야고보가 2장에서부터 본격적으로 공동체의 문제를 다룬다는 점을 놓쳐서는 안 된다. 나는 야고보가 편지의 첫머리부터 청중을 "디아스포라 열두 지파"라고 부르며 집단 정체성을 부여했다는 점을 강조했다. 편지 내내 야고보는 청중을 2인칭 복수 "내 형제자매들아"[21]라

---

21   원문 '아델포이'에 대한 문자적 번역은 "형제들아"이다. 필자는 오늘날 회중의 상황을 고려

고 부르는데, 이미 1장에서도 세 번(1:2, 16, 19) 이 호칭을 사용했고, 2 장에서도 세 번(2:1, 5, 14) 같은 호칭을 사용한다. 2:2-4에서 가난한 자에 대한 차별이 가해진 장소를 야고보가 "여러분의 회당"이라고 부른 점도 공동체적 정황을 반영한다. 회당이라는 공간에 모이는 이들이 살아가는 이야기는 그들의 공동체적 성품과 가치, 그리고 삶의 방식을 보여준다.

집단에 소속함으로써 개인의 정체성을 찾는 문화를 집단주의 문화라고 부른다. 집단주의 문화에서 한 사람의 정체성과 삶의 방식은 공동체와 매우 밀착되어 있다. 앞서 '아비투스' 개념을 설명하면서 인간 자아의 밑바닥을 형성하는 가치, 욕구, 명예, 충성 체계가 형성되는 과정에서, 그가 몸담고 있는 집단이 결정적 역할을 한다는 점을 다루었다. 우리 시대 어느 문화권보다 더욱 집단주의적인 문화에서 살았던 유대인 야고보에게는 공동체를 말하는 것이 곧 개인에 관해 말하는 방식이었을 것이다. 사실 개인과 공동체를 분리시켜 사고하는 것은 어느 시대의 실상에도 어울리지 않는다. 그리스도인다움을 형성해 나가는 과정에서도 공동체의 역할은 절대적이다. 그러므로 사람과 세상을 회복하시는 하나님의 사역은 온전한 공동체를 세우는 것이다.

앞서 우리는 인간이 하나님의 형상으로 지음 받았다는 사실을 제대로 이해할 때 그 어떤 사람이라도 함부로 대할 수 없다는 지혜의 외침을 들었다. 이번 장에서도 우리는 하나님의 형상으로서 인간이라는 주제에 더 머물고자 한다. 이번 장에서 하나님 형상됨의 단위는 공동체다. 개인뿐만 아니라 교회가 하나님의 형상이다. 앞장에서 살펴보았듯

하여 일관되게 "형제자매들아"라고 번역했다.

이 하나님의 형상이라는 표현은 다양한 의미와 수사적 효과를 지닌다. 그것은 이미 교회가 하나님을 닮았다는 선언이다. 나아가 더 적극적으로는 하나님을 닮아 감으로써 하나님 형상됨을 살아가라는 교회를 향한 명령이다.

야고보의 글을 유심히 들여다보면 그가 회중에게 하나님의 성품과 행동을 닮아 가라고 요구하고 있음을 관찰할 수 있다. 그는 1장의 결론부에서 환난 중에 있는 고아와 과부들을 돌아보라고 명령하고(1:27), 2장 서두에서는 가난한 자들을 차별하지 말고 오히려 사랑과 긍휼을 베풀라고 명한다(2:1, 8, 13). 그의 글을 따라가다 보면 독자들은 고아와 과부를 비롯한 가난한 자들을 돌보시고 사랑과 긍휼을 먼저 베푸시는 분이 하나님이심을 발견할 수 있다. 2:5에 의하면 하나님이야말로 가난한 자들을 택하셔서 믿음에 부유하게 하시고 그들에게 하나님 나라를 상속하시는 분이다. 야고보는 청중에게 하나님을 닮아 갈 것을 권면하는 셈이다. 여기서 야고보는 구약의 전통을 그대로 이어받았다. 이스라엘도 사회적 약자들에 대한 하나님의 관심과 사랑을 닮도록 요구받았다.

나는 이번 장에서 이 원리를 야고보서 2장 전체에 적용할 것이다. 야고보가 특별히 들려주려고 하는 하나님의 성품과 행동은 무엇인가? 그리고 그는 어떻게 의식적으로 하나님의 형상 된 신앙 공동체가 그 하나님을 닮아 가야 한다고 우리에게 들려주고 있는가? 이번 장은 신학적 상상력을 발휘하여 야고보가 꿈꾸는 하나님 형상으로서의 공동체를 그려 보고자 한다.

하나님을 닮아 사랑하는 사람들

나의 사랑하는 형제자매들이여, 들으십시오. 하나님께서는 세상의 눈으로 볼 때 가난한 자들을 택하셔서 믿음에 있어서는 부유하게 하지 않으셨습니까? 또, 그들에게 자신을 사랑하는 이들에게 약속하신 나라를 상속케 하지 않으셨습니까?(2:5)

만약 여러분이 진정으로 성경 말씀을 따라 '네 이웃을 네 몸과 같이 사랑하라'는 그 나라의 법을 지킨다면, 이는 잘하는 것입니다(2:8).

야고보는 가난한 자를 차별하는 이들에게 하나님이 가난한 자들에게 특별한 마음을 쏟고 계신다는 사실을 상기시켰다. 그리고 그들의 집단적 차별 행위가 하나님이 주신 가장 중요한 명령을 어기는 것이라고 말하는데, 곧 "네 이웃을 네 몸과 같이 사랑하라"(2:8)는 명령이다. 사랑이 하나님 나라의 최고 명령인 이유는 무엇인가? 두말할 것 없이 사랑이야말로 하나님을 알려 주는 최고의 언어이기 때문이다.

하나님은 어떤 분이냐고 물으면 많은 이들이 하나님은 영이시라고 대답한다. 분석적 사고를 선호하는 이들은 하나님의 정체를 질문할 때 그가 어떠한 실체를 지니는지, 혹은 그의 존재는 무엇으로 구성되어 있는지를 먼저 떠올린다. 그러나 성경은 하나님의 존재를 말할 때, 그분의 인격적 속성과 성품을 말한다. "하나님은 사랑이십니다"(요일 4:16). 그분은 자유롭게 사랑하신다. 사랑은 대상을 요구한다. 하나님의 존재자체가 사랑이라는 말은 그분에게 사랑의 대상이 항상 있었다는 말이다. 인간을 지으신 것도 사랑을 나누시기 위함이었다. 그렇다면 사랑이신 하나님은 인간을 지으시기 이전에 누구를 사랑하셨는가? 아버지 하나님은 아들 하나님을 사랑하시고, 아들은 성령을 통해 아버지를 사랑하셨다. 곧 삼위 하나님의 사귐의 공동체 속에서 하나님은 영원 전부터 서로 사랑해 오셨다. 인간이 초대받은 것은 바로 삼위 하나님의 사랑의 공동체 안에서 누리는 사귐이다.

동방 정교회의 신학자 존 지지울러스John Zizioulas는 하나님 존재의 내용을 자유와 사랑을 특징으로 하는 인격의 범주에서 다루어야 한다고 주장한다.[22] 자유롭게 사랑하시는 하나님은 항상 다른 인격을 향하여 열려 계시며, 자신의 경계를 넘어 다른 인격에게로 다가가시고, 그를 위해 섬기시며, 그와 연합하기를 간절히 염원하신다. 아버지와 아들 하나님의 관계가 이러하다. 아버지의 인격은 자유롭고 독립적이면서도 아들과의 관계성 속에서 온전하게 이해될 수 있다.

우리는 여기서 다시 인간이 하나님의 형상대로 지음 받았다는 사실로 돌아오게 된다. 사랑이라는 속성이 하나님의 존재에 그토록 중요한 것이라면 인간에게도 그러할 것이다. 사랑하기 위해 하나님이 관계적 존재로 거하실 수밖에 없다면 인간도 그러할 것이다. 지지울러스는 인간의 정체성 또한 사랑을 위해 타자에게로 향하는 인격성과 관계성에서 찾아야 한다고 주장한다.

지지울러스가 삼위 하나님의 인격적 친교로부터 이끌어 낸 '친교로서의 존재' 이해는 우리에게 큰 통찰을 준다. 한편 이러한 관계성에 대한 강조는 우리에게 낯설지 않다. 오랫동안 관계 문화 속에서 살아온 한국인들의 경우, 이미 타자와의 관계 속에서 자신의 정체성을 이해해

---

22   존 지지울러스, 『친교로서의 존재』, 이세형, 정애성 옮김 (춘천: 삼원서원, 2012), 27-51.

왔다. 누군가 나에게 당신은 누구인가 물으면 나는 무어라 대답할까? 나는 아들이자, 아버지이자, 남편이다. 또 선생이요, 목사다. 사실 나는 누구인가라는 질문에 대한 본능적 대답들은 모두 정체성의 관계적 측면이다. 누군가 나에게 "그것은 당신이 쓰고 있는 사회적 '페르소나'(가면)이지 당신 자신이 아니다"라고 이야기하면 머쓱한 마음에 모든 관계를 떠난 나를 생각해 본다. 그러나 나라는 인격이 지니는 독립성과 자율성은 여전하지만, 그 독립된 인격 자체는 이미 수많은 관계성 속에서 형성된 인격이요, 또 지금도 누군가에로 향하고 싶은 인격이다. 인간은 관계적 존재다. 무엇보다 우리는 하나님과의 관계 속에서만 참 자아를 발견하게 된다.

하나님의 근원적 속성이 '사랑'이라면 우리가 그분의 형상으로 그분을 닮아 가는 과정은 어떤 식으로 나타나는가? 두말할 것 없이 사랑함으로써 나타날 것이다. 그렇기 때문에 신구약 성경 모두는 "네 이웃을 네 몸과 같이 사랑하라"는 계명을 하나님 나라의 최우선적 삶의 방식으로 준다(레 19:18; 마 22:34-40). 이 명령만큼 하나님이 인간을 당신의 형상으로 지으셨다는 사실을 선명하게 전제하는 명령이 또 있을까? 하나님은 인간을 자신처럼 자유롭게 사랑하기를 갈망하는 관계적 존재로 지으셨다. 인간은 하나님을 향하는 존재로 지음 받아 삼위 하나님의 사랑의 공동체 속에서 하나님과 교제하며 사랑을 나누도록 초청받는다. 그리고 이제 디아스포라로 흩어져 하나님의 사랑의 공동체에 대한 지상적 버전을 살아 내도록 보냄 받는다.

이러한 이유로 공동체 속에서 서로 사랑하는 모습은 1세기부터 초기 기독교 공동체의 가장 중요한 외적 표지 중 하나였다. 예수님을 따라서 야고보와 바울은 모두 사랑을 율법을 완성하는 최고의 윤리로 제시한다(2:8; 롬 13:10; 갈 5:14). 요한은 사랑하라고 명령하면서 우리가 사랑할 수 있는 이유를 자기 아들을 우리 죄를 위해 내어 주신 하나님의 사랑에서 찾는다(요일 4:7-11). 베드로 또한 그리스도인 공동체 속에서 뜨겁게 서로 사랑하는 것을 신앙 공동체의 대표적 특징으로 여긴다(벧전 1:22). 이처럼 사도들에게 사랑의 공동체를 세워 가는 일이야말로 가장 본질적인 소명이었다. 그 공동체의 시작은 하나님 자신이 사랑이시며, 그분이 먼저 사랑하셨다는 사실에 있다. 이 하나님을 닮은 그리스도인들도 서로를 사랑한다. 사랑함으로써 하나님을 증언한다.

안타깝게도 야고보서 2장은 관계적 존재로 지음 받은 인간이 타인을 향하여 항상 올바른 사랑만을 실천하는 것이 아님을 보여준다. 인간의 사랑은 선택적이고 배타적이며 종종 지독하게 차별적이다. 야고보가 책망하고 있는 이 회당 공동체가 가난한 자들을 차별했다면 바울이 상대한 회중은 인종과 사회적 지위와 성별을 기준으로 타인을 차별하는 회중이었다. 예수님 당시의 바리새인들과 서기관들은 윤리적으로 흠이 많은 세리와 죄인들이 예수님의 식탁에 초대받아 둘러앉아 있는 것을 문제 삼았다.

안타까운 사실은 오늘날의 그리스도인들도 사랑함으로써 하나님을 닮아 가고, 사랑함으로써 하나님을 증언할 수 있는 공동체를 세워 가는 일을 낯설게 여긴다는 것이다. 나는 독자들에게 다시 강조하고 싶다. 하나님의 형상으로서 우리의 존재는 삼위 하나님의 존재에 깊이 뿌리내려 있다. 우리는 관계 속에서 서로 사랑할 때 비로소 하나님의 형상으로 살아가게 된다. 우리가 사랑의 공동체를 세워 가는 일을 포기할 수 없는 이유가 여기에 있다.

하나님을 닮아 긍휼을 베푸는 사람들

가난한 자를 차별하지 말라는 경고로 시작된 2장의 전반부 단락은 13 절에서 긍휼에 관한 말씀으로 마무리된다. 가난한 자를 차별하는 삶의 자세가 몸에 익은 사람들은 자신들의 행동이 얼마나 하나님의 뜻과 어긋나는지 성찰하지 못하고, 오히려 자신들이 혹 가난한 자를 차별했다 하더라도 다른 계명을 지켰기에 여전히 경건하다고 주장한다. 그러한 이들을 향해 야고보가 주는 마지막 지혜의 말씀이 바로 이것이다.

긍휼을 베풀지 아니하는 사람에게는 긍휼이 없는 심판이 있을 것입니다. 그러나 긍휼은 심판을 이깁니다(2:13).

여기서 야고보는 우리가 가난한 자에게 베푸는 긍휼이 우리를 향한 하나님의 긍휼을 따낼 수 있다고 가르치는가? 그래서 우리가 베푼 긍휼의 행위가 우리를 하나님의 심판에서 벗어날 수 있게 해준다고 말하는가? 야고보가 이 편지를 어떻게 시작했는지 다시 생각해 보라. 야고보는 우리의 기도를 들으시고 주저함 없이 필요한 것을 주시는 자비로운 하나님, 모든 좋은 은사와 온전한 선물을 위로부터 내려 주시는 선하신 하나님을 가장 먼저 소개한다. 신약의 다른 문서들과 다르지 않게 야고보서도 모든 것의 출발점을 하나님의 은총으로 본다. 긍휼히 여김을 받은 사람들이라야 긍휼을 베풀 수 있다. 그런 점에서 2:13 뒤에는 하나님의 긍휼이 전제되어 있다.

하나님의 긍휼을 받은 자들은 그 긍휼에 의해서 빚어진다. 긍휼을 베푸실 때, 하나님은 우리가 긍휼을 입은 사람답게 살기를 기대하신다. 긍휼을 베푸시는 하나님의 성품을 닮아 가기를 기대하신다. 주인은 일만 달란트 탕감받은 자가 마땅히 자신에게 백 데나리온 빚진 이웃에게 긍휼을 베풀 것이라고 기대한다. 하나님에게 긍휼함을 입은 사람이 어찌 하나님에게 그 긍휼의 빚을 다 갚을 수 있겠는가? 그렇기 때문에 하나님의 긍휼을 입은 사람들은 그 빚을 사람에게 갚는다. 하나님의 긍휼이 그 사람을 움직인다. 그래서 자신보다 어려운 처지의 사람에게 긍휼을 베풀었다고 해도 그는 그것을 절대로 자신의 자랑거리로 여기지 않는다. 하나님이 베푸신 긍휼의 결과로 여겨 하나님을 높인다. 그래서 심판의 자리는 오히려 하나님의 긍휼을 찬양하는 자리가 될 것이다. 이것이 긍휼이 심판을 이긴다는 야고보의 한마디가 의미하는 풍성한 신학적 함의들이 아닐까?

야고보서 2장 후반부를 여는 14절은 믿음이 있다고 주장하면서 행함이 없는 어떤 사람을 소개한다. 온전한 믿음은 반드시 행함을 수반한다는 가르침을 필요로 했던 회중의 정황은 무엇인가? 15-16절은 그 정황을 가난한 자들의 상황을 돌보지 않는 신앙 공동체의 모습으로 보여 준다.

15 형제나 자매가 입을 것이 없고 그날 먹을 양식도 없다고 칩시다. 16 여러분 중에 누군가 그들에게 '안녕히 가십시오. 따뜻한 옷을 입고 배부르게 먹으십시오'라고 말만 하고 그 사람에게 필요한 것을 채워 주지 않는다면, 무슨 소용이 있겠습니까?(2:15-16)

애굽에서 노예로 살면서 멸족 위기까지 처했던 히브리 민족을 하나님은 구원하셨다. 하나님은 그들이 입은 긍휼을 상기시키면서, 그들 가운데 있는 어려운 처지의 사람들을 돌보라고 말씀하셨다. 받은 긍휼과 은혜의 크기만큼 그대로 돌려줄 수는 없어도 그 긍휼과 은혜를 또 누군가에게 흘려보내는 것이 하나님 백성의 삶의 원리임을 성경은 가르친다.

그래서 1세기 초기 그리스도인 공동체의 또 다른 중요한 표지가 바로 어려운 처지에 있는 자들을 구제하는 모습이었다. 사도행전 2-4장에 의하면 초대교회 위에 임한 성령이 형성해 간 공동체의 모습 중 하나는 가난한 자들의 부족한 부분을 채우기 위해 물질을 나누는 모습이었다. 바울도 예루살렘 교회가 기근으로 어려움을 당했을 때, 이방인 그리스도인 공동체들이 구제 헌금에 동참해 줄 것을 요청했다. 이는 바울이 쓴 네 권의 주요한 편지에서 모두 언급될 정도다(롬 15장; 고전 16장; 고후 8-9장; 갈 2장).

아래 요한일서 3장의 말씀은 가난한 자를 구제하는 행위가 초대교회 공동체 전체에 공통된 것이었음을 보여주는 또 다른 증거다.

16 그리스도께서 우리를 위하여 자기 목숨을 버리셨습니다. 이것으로 우리가 사랑을 알게 되었습니다. 그러므로 우리도 형제자매를 위하여 목숨을 버리는 것이 마땅합니다. 17 누구든지 세상 재물을 가지고 있으면서, 자기 형제자매의 궁핍함을 보고도, 마음 문을 닫고 도와주지 않으면, 어떻게 하나님의 사랑이 그 사람 속에 머물겠습니까? 18 자녀 된 이 여러분, 우리는 말이나 혀로 사랑하지 말고, 행동과 진실함으로 사랑합시다(요일 3:16-18).

16절에서 요한은 이러한 구제 행위의 출발점이 그리스도에게 있음을 밝힌다. 그리스도가 우리를 위하여 목숨을 내어놓으셨기 때문에 우리 또한 형제자매를 위해 목숨을 내어놓는 심정으로 물질을 공유할 수 있는 것이다.

예루살렘 구제 헌금 모금에 관한 가장 긴 설명을 제공하는 고린도후서 8-9장에 포함된 아래 구절에서 바울 또한 구제 사역의 출발점을 그리스도에게서 찾는다.

여러분은 우리 주 예수 그리스도의 은혜를 알고 있습니다. 그리스도께서는 부요하나, 여러분을 위해서 가난하게 되셨습니다. 그것은 그의 가난으로 여러분을 부요하게 하시려는 것입니다(고후 8:9, 저자 사역).

어려운 처지의 사람들에게 긍휼을 베풀 때, 그래서 그리스도인들은 자신들이 하나님과 그리스도로부터 더 큰 긍휼을 입었음을 늘 기억한다. 그래서 하나님이 주신 재물을 통해 그 하나님의 긍휼을 증언하고자 한다. 하나님이 가난한 자의 존엄에 관심을 가지시니 우리도 그들의 존엄에 마음을 쓴다. 같은 고린도후서 8-9장 문맥 속에서 바울은 하나님이 고린도 교회 성도들에게 풍성하게 물질을 채워 주신 것은 선한 일을 넘치게 하도록 하기 위함이라고 설명한다.

8 하나님은 능히 모든 은혜를 우리에게 넘치게 하십니다. 그것은 여러분이 항상 모든 일과 모든 것에 풍성하여 모든 선한 일을 넘치도록 하게 하기 위함입니다. 9 성경이 말합니다. '그가 흩어 가난한 자들에게 주었으니 그의 의가 영원하리로다.' 10 심는 자에게 씨앗과 먹을 양식을 공급하시는 분이 여러분의 심을 것을 주셔서 풍성하게 하시고, 여러분에게 의로움의 열매를 더하실 것입니다(고후 9:8-10, 저자 사역).

그리고 이 모든 것이 하나님의 선물이며 나의 힘으로 얻은 결과라고 착각하지 않도록 하나님이 심는 자에게 '씨앗'까지도 주셨다고 말한다. 바울은 고린도후서 9:9에서 시편 112:9을 인용하면서 하나님이 주신 재물을 가난한 자들에게 나누는 것이 하나님의 의로움에 동참하고 그분을 닮아 가는 하나님 백성의 삶이라고 말한다.[23]

야고보가 헐벗고 일용할 양식이 없는 이들에게 긍휼을 베풀라고 간곡히 부탁하는 대상이 신앙 공동체임을 다시 기억하자. 가난의 반대말은 부가 아닐지도 모른다. 가난의 반대말은 공동체다. 스스로의 힘으로 생존할 수 없는 이들에게 한 번 긍휼을 베푼다고 그들이 인간다운 삶을 회복할 수 있을까? 그들에게 필요한 것은 그들을 동료 인간으로 받아주고 자리를 내줄 수 있는 공동체. 오늘날 신앙 공동체들이 초기 교회가 보여준 사뭇 '과격한' 구제의 정신을 상실한 이유는 무엇일까? 교회가 공동체성을 상실했기 때문이 아닐까? 서로의 형편을 볼 수 없도록 우리의 삶은 가려져 있다. 혹 그 형편을 들여다볼 기회가 있다고 하더라도 선뜻 긍휼 베풀기를 주저할 정도로 우리는 공동체 구성원을 향한 신뢰와 친밀함을 상실하고 말았다. 결국 사람의 얼굴을 기억하는 따

---

23 긍휼을 베푸는 하나님의 성품과 행동은 야고보서 2장 후반부에서 믿음과 행함의 주제와 함께 중요하게 다루어지는 '의로움'의 주제와 관련한다. 앞서 논의했지만 의로움은 하나님이 스스로 창조하신 인간과 피조물을 끝까지 책임지시고 돌보시는 그분의 성품과 행동을 일컫는다. 바울이 고린도후서 9:9에서 인용한 아래 시편 112편 말씀이 말하는 의로움 개념도 주목할 만하다. 이 시는 연약한 자들에게 긍휼을 베푸시는 하나님의 백성을 '의인'이라고 칭한다. 의인은 의로운 하나님을 닮은 하나님의 백성이다. "할렐루야, 주님을 경외하고 주님의 계명을 크게 즐거워하는 사람은 복이 있다.… 그는 은혜로우며, 긍휼이 많으며, 의로운 사람이다. 은혜를 베풀면서 남에게 꾸어 주는 사람은 모든 일이 잘될 것이다. 그런 사람은 일을 공평하게 처리하는 사람이다.… 그는 가난한 사람들에게 넉넉하게 나누어 주니, 그의 의로움은 영원히 기억되고, 그는 영광을 받으며 높아질 것이다"(시 112:1-9).

뜻한 공동체를 형성하는 것이 구제와 긍휼을 회복하는 출발점이다.

자비하시고 의로우신 하나님은 피조 세계와 인간을 붙잡고 계신다. 이러한 하나님의 성품으로 인해 우리가 존재하기도 하고 새롭게 빚어져 가기도 한다. 야고보서 1:20에서 야고보는 "사람의 성내는 것이 하나님의 의로움을 이루지 못합니다"라고 말했다. 자신의 욕망을 채우지 못한 채 자신이 원하는 것을 다른 사람이 가져서 분노하는 그리스도인들을 바라보며, 야고보는 하나님이 우리에게 긍휼을 베푸셨다는 사실을 다시 상기시킨다. 하나님의 은총을 기억하고 삶의 방향을 재형성하라고 요구한다. 하나님의 의로우심과 긍휼하심을 닮아 가라는 것이다.

하나님을 닮아 환대하는 사람들

하나님은 당신의 형상들이 당신의 성품을 닮아 가기를 기대하신다는 전제 속에서 볼 때, 야고보서 2장이 제시하는 세 번째 덕목은 환대다. 독자들은 환대의 주제가 야고보서 2장 어디에 있는지 의아해할 것이다. 그러나 1세기 야고보서의 독자들은 2:21-25 행간에서 그 주제를 읽어 내는 것이 그리 어렵지 않았을 것이다. 아래 세 가지 이유를 제시한다.

첫째, 유대인들과 초기 그리스도인들 사이에서 환대를 상징하는 대표적인 세 인물이 있었는데, 바로 아브라함, 롯, 라합이다. 그중 아브라함과 라합이 야고보서 2장에서 함께 언급되는 점을 주목하자. 아브라함과 라합을 함께 언급하는 기독교 문헌이 야고보서만 있는 것은 아니다. 1세기 말 로마에서 고린도의 그리스도인들에게 보낸 『클레멘트 1서』는 아브라함, 롯, 라합 세 사람을 차례로 '믿음과 환대'의 모델로 제시한다. 이 책은 아브라함이 "그의 믿음과 환대로 노년에 아들을 얻었고"(클레멘트1서 10:7), 라합도 마찬가지로 "그녀의 믿음과 환대 때문에 구원"(클레멘트1서 12:1)을 받았다고 말한다.

둘째, 위에서 언급한 대로 유대교와 초기 기독교 전통이 아브라함의 대표적인 덕목을 환대로 기억할 뿐만 아니라,[24] 흥미롭게도 창세기 18 장에서 소개되는 그의 환대 행위는 종종 창세기 22장에 등장하는 아브라함의 이삭 번제 사건과 함께 언급되었다. 유대 전통에 의하면 아브라함이 이삭을 제물로 바치기 위해 양을 잡는 칼을 그의 목에 들이대었을 때, 천사들이 하나님에게 아브라함이 베푼 환대의 행위를 상기시키며 이삭을 보존할 것을 간구했다고 한다.[25] 『클레멘트 1서』 10:7은 하나님이 아브라함의 '믿음과 환대'로 인해 그에게 아들을 주셨는데, 아브라함이 하나님에게 순종하기 위해 아들을 제물로 바쳤다고 말하면서, 환대의 행위와 이삭 번제 사건을 함께 언급하고 있다. 아브라함과 라합을 함께 언급하는 문맥 속에서 이삭 번제 사건을 언급하는 것만으로도 1세기 유대인 독자들은 아브라함의 환대 이야기를 떠올렸을 가능성이

---

24 유대 문헌 『아브라함의 유언』 1장은 아브라함의 여러 덕목을 칭송하는데 유독 그의 환대를 강조한다. 이 책이 어떻게 시작하는지 보라. "아브라함은 995년의 생을 살았다. 그의 모든 생애 동안, 그는 침착함과 관대함, 그리고 의로움 속에서 살았다. 이 의로운 사람은 무엇보다 환대 베푸는 것에 능한 사람이었다. 그는 마므레 상수리 나무 아래에 천막을 치고, 모든 사람을 맞이했다. 부자나 가난한 자나, 왕이나 통치자나, 절름발이나 의지할 데 없는 사람이나, 친구나 이방인이나, 이웃이나 행인이나 할 것 없이 경건하고 거룩하며, 의롭고, 환대 베풀기를 잘하는 아브라함은 이들 모두를 동일하게 맞아 주었다"(다음의 영어 번역으로부터 저자 사역). James H. Charlesworth, ed. *The Old Testament Pseudepigrapha*, Vol. I. (New York: Doubleday, 1983), 882.

25 루이스 긴즈버그가 랍비 문헌의 미드라쉬 전통과 고대의 여러 문헌으로부터 성경 인물들에 관한 내용을 발췌하여 집대성한 책인 Louis Ginzberg, *The Legends of the Jews*, Vol. I. The Aqedah 부분을 아래 웹사이트에서 참고하라. https://www.sefaria.org/Legends_of_the_Jews.1.5.234?lang=bi&with=all&lang2=en.

크다.

셋째, 무엇보다 2:25은 라합이 환대의 행위를 베풀었다는 점을 직접적으로 언급한다. 야고보는 라합이 정탐꾼들을 받아들인 행위로 의롭다 함을 받았다고 말한다. 여기서 '받아들이다'로 번역한 헬라어 동사 '휘포데코마이'는 '환대하다'라는 의미를 가진다.

마찬가지로 기생 라합이 정탐꾼들을 받아들이고 다른 길로 도피시킨 일로 인해, 즉 행함으로 의롭다 함을 받은 것이 아닙니까(2:25).

기생 라합은 위험을 무릅쓰고 이스라엘 정탐꾼들을 선뜻 자신의 집에 들여 그들의 안전을 확보해 주었다. 환대가 누군가의 생명을 구원할 수 있는 행위임을 보여준다. 야고보서 2장의 문맥에서 라합의 환대 행위는 그녀를 받아 주신 하나님의 환대를 전제한다. 그리고 이스라엘 군대가 들어왔을 때 라합은 그 환대를 누린다. 위 세 가지를 근거로 나는 야고보가 2:21-25 단락에서 환대의 주제를 분명히 의도했다고 생각한다.

환대는 문화권에 따라 조금씩 다른 의미를 지닐 수 있다. 그리고 환대에 수반되는 관습도 다를 수 있다. 라합의 환대 행위가 보여주듯이, 환대는 그저 누군가를 반갑게 자신의 집으로 맞아들이는 것 이상의 의미를 지닌다. 사회인류학자 김현경은 『사람, 장소, 환대』에서 환대를 '사람다움을 인정해 주는 행위'로 규정한다.[26] 존재한다고, 모든 인간이 사람으로 인정받는 것은 아니다. 한 인간이 어떤 공동체 속에서 사람으로 존재하기 위해서는 다른 구성원이 그의 자리를 내주어야만 하는데,

---

26   김현경, 『사람, 장소, 환대』 (서울: 문학과지성사, 2015), 26.

바로 이 '자리를 내주는 행위'를 그녀는 환대라고 부른다. 생각해 보면 인간으로 존재하면서도 사람다움을 인정받지 못한 이들이 많다. 인종주의 사회에서 노예들이, 가부장 사회에서 여성들이 그러했다.

종종 우리는 인간이 하나님의 형상이라는 성경의 메시지를 이론 신학의 세계 속에서만 논한다. 어떤 이를 두고 하나님의 형상이므로 우리가 그를 인정해 주든 인정해 주지 않든, 인간으로서의 내적 존엄을 가진다는 논리로, 그를 위해 자리를 만들어 주는 실제적 행동을 게을리하는 것이다. 인간의 존엄을 헌법에 명시하고 있는 나라들에서조차 노예제도를 버젓이 유지했던 수치스러운 역사를 우리는 기억한다. 인간의 존엄은 법으로 규정한다고 현실화되는 것이 아니다. 그것은 김현경의 표현으로 하자면 자리를 부여하는 구체적 행위를 통해 비로소 구현된다. 인간이 하나님의 형상이라는 성경의 메시지는 동료 인간들에게 하나님 형상다움을 지킬 수 있도록 자리를 내주라는 명령이다.

여기서 우리는 환대가 지니는 놀라운 힘을 발견한다. 환대는 한 인간을 공동체의 구성원, 곧 '사람'으로 인정해 주는 행위다. 여기서 중요한 것은 한 사람이 사람다움을 인정받기 위해서는 그를 환대해 줄 타자가 필요하다는 사실이다. 다시 말해 우리 모두는 우리를 환대해 주는 타자들에 의해 비로소 자리를 얻으며 사람이 된다. 사람다움을 인정받기 위해서 우리는 그 타자들에게 의존할 수밖에 없다. 우리를 환대해 주시는 절대적 타자이신 하나님의 환대에 우리가 의존해 있듯 말이다.

예수님이 지상 사역을 통해 우리에게 보여주시고자 했던 것도 바로 이 하나님의 환대다. 그분은 식탁을 베풀고 세리와 죄인들을 받아들이셨다. 식탁에 그들의 자리를 만들어 주셨다. 바리새인과 율법학자와 같은 당시의 종교 지도자들이 이들을 환대하고 자리를 내주었더라면 얼마나 좋았을까? 예수님은 식탁에 초대받지 못한 사람들을 찾아가셔서, 그들에게 당신의 곁을 내주셨다. 이러한 예수님의 환대 행위를 통해 삭개오는 구원을 경험했다. 그리스도인들이 누군가에게 환대를 베풀 수 있는 이유는 간단하다. 우리가 먼저 하나님으로부터 환대를 받았기 때문이다. 환대하시는 하나님을 닮고자 하는 사람만이 진정으로 환대할 수 있다.

환대에 관해 이야기할 때마다 생각나는 한 공동체의 이야기가 있다. 신학대학원 재학 시절, 기독교 윤리학 교수님으로부터 들은 프랑스 위그노들에 관한 이야기다. 위그노는 칼뱅의 개혁주의 신앙을 따르는 프랑스 개신교도들을 일컫는 말이다. 2차세계대전 당시 프랑스 르상봉 마을에 모여 살던 그들은 독일 나치의 눈을 피해 도망 다니던 유대인들을 숨겨 주고 그들의 목숨을 구한 것으로 유명하다. 종교개혁 이후 복잡한 유럽의 교회사 속에서 위그노들 또한 가톨릭으로부터 온갖 핍박을 당하기도 했다.

나치의 유대인 학살이 한창일 때 독일군을 피해 도망치던 유대인들이 르상봉의 위그노 마을까지 이르게 된다. 위그노들은 나치의 보복이 두려웠으나, 결국 위험을 무릅쓰고 유대인들을 자신들의 집에 숨겨 주기로 결정한다. 이 소문이 유대인들 사이에 퍼지면서 더 많은 유대인이 이 마을을 찾아온다. 이제 더 이상 독일군의 눈을 피하지 못한다는 것을 알게 되었을 때, 그들은 유대인 아이들을 입양하기 시작한다. 이렇게 하여 그들이 구한 유대인의 목숨이 수천 명이라고 한다. 이 이야기는 그리스도인 공동체가 보여준 환대 이야기 가운데 가장 아름다운 이야기로 남아 있다.

이들의 이야기를 다시 소환하게 된 특별한 계기가 있다. 2015년, 나는 신학대학원 학생들을 인솔하여 이스라엘로 스터디 트립을 갔다. 우리는 예루살렘 근교에 있는 '야드 바셈'이라고 불리는 홀로코스트 박물관을 견학했다. 야드 바셈은 '손과 이름'이라는 뜻이다. 그곳에는 당시 유럽에서 처형당한 유대인들의 유물이 그대로 놓여 있다. 아우슈비츠로 향했던 열차의 한 칸과 그때 유대인들이 신었던 신발과 옷가지들을 지나, 마지막 전시장에는 나치에 저항하며 유대인들을 도왔던 이들에 대한 이야기들이 소개되어 있다. 그리스도인들의 이야기도 있었다. 당시 불가리아 정교회는 정부를 압박하여 불가리아에 거주하던 유대인들을 독일군에게 넘기지 않도록 하여 5천명 가량의 목숨을 구했다는 기록 등, 우리가 미처 알지 못했던 여러 놀라운 기록을 접할 수 있었다.

그리고 나는 그곳에서 뜻밖에도 르샹봉 마을의 위그노들에 대한 기록도 읽을 수 있었다. 당시 위그노 공동체를 이끌던 안드레아 목사의 인터뷰 내용이 동판에 새겨져 전시되어 있었다. 2차세계대전이 끝난 후, 감사를 표하기 위해 르샹봉 마을을 다시 찾은 유대인들이 안드레아 목사에게 물었다고 한다. "당신들은 왜 우리를 도왔습니까?" 그때 안드레아 목사가 이렇게 대답했다고 한다. "나는 유대인이 누구인지 모릅니다. 다만, 나는 인간이 무엇인지 알 뿐입니다."

르샹봉 마을의 그리스도인들이 유대인들을 환대한 이유는 환대받을 대상이 특별했기 때문이 아니다. 하나님의 형상대로 지음 받았다는 이유만으로도 모든 인간은 환대받을 충분한 자격이 있다. 한편 누구도 자신에게서 나오는 이유로 타자를 지속적으로 환대할 수는 없다. 그들은 하나님으로부터 환대받았으므로 환대의 빚을 갚은 것이다. 하나님을 닮아 환대했을 뿐이다.

닫는 말: 하나님으로부터 흘러가는 사랑과 환대

나는 이번 장에서 하나님 형상 개념을 통해 하나님은 우리가 사랑의 공동체, 긍휼의 공동체, 환대의 공동체를 세워 나가기를 바라신다는 점을 되새겼다. 그리스도인들은 스스로 타인들을 사랑할 힘이 없다는 것을 고백하는 사람들이다. 사랑을 받고, 긍휼을 입고, 환대받았기 때문에 우리도 사랑하고, 긍휼을 베풀고, 환대한다. 우리가 타자를 향하여 자기 경계를 초월하여 다가가서, 그들을 사랑하고 환대할 수 있는 것은 모두 하나님의 은총 때문이다. 그 은총이 우리로 하여금 하나님을 닮아 가도록 이끄신다. 이것이 그리스도인들이 의지하는 힘이다.

  야고보는 2장에서부터 본격적으로 우리 신앙 공동체의 집단적 인격과 삶의 방식에 대해서 질문한다. 우리 공동체 안에 있는 아이들이 어떠한 사람으로 형성되고 있는지 주의를 환기시킨다. 어떻게 하면 하나의 공동체가 온전한 하나님의 형상으로 빚어져 갈 수 있을까? 야고보는 2장에서 공동체 주변의 약자들을 하나님의 형상으로 존중하고 돌보는 일부터 시작하라고 명령하는 듯하다. 공동체 속에는 가난한 사람도 있고 병든 사람도 있다. 야고보는 각각 2장과 5장에서 이들을 언급하며, 하나님이 그들에게 특별히 마음을 쓰고 있다는 사실을 알린다. 우리에게도 그들을 돌보라고 명령한다. 우리 공동체 안에 남의 말에 상처를 받고, 다툼으로 마음이 상하여 물러나 있는 사람도 있다. 야고보는 각각 3장과 4장에서 이들을 언급한다. 하나님은 그들도 회복시켜 평화의 삶으로 들이기를 바라신다. 야고보는 교회를 향해 하나님을 닮아 그들을 돌보는 일에 힘쓰라고 명령한다.

  그러므로 소자 한 사람에 대한 공동체의 태도야말로 그 공동체의 인간 이해를 가늠할 수 있는 잣대다. 한 사람을 회복하고 세워 주기 위한 교회의 노력과 실천은 교회의 존재를 가장 잘 말해 준다. 교회가 정말 사람다움을 소중히 여기는 것을 목격할 때, 사람들은 인간이 하나님의 형상으로 지음 받았다는 기독교적 진리에 대해서 진지하게 고민하게 될 것이다.

나눔 질문

1 우리가 공동체로서 드러내고 있는 하나님 형상다움의 구체적인 모습이 있다면 무엇일까?

2 하나님의 존재를 가장 잘 설명할 수 있는 언어가 '사랑'인 이유는 무엇인가? 이것은 하나님뿐만 아니라 인간의 속성에 관해서 무엇을 말하는가?

3 우리 공동체는 하나님처럼 사랑하고 환대하는가? 우리 공동체가 사랑과 환대의 증인 공동체로 거듭나기 위해서 바뀌어야 할 부분, 더 노력해야 할 부분은 무엇인가?

6

은총에 반응하는 지혜

여는 말: 은총이라는 출발점

야보고서가 행함을 강조한다는 점은 잘 알려져 있다. 그러나 행함이 다름 아닌 하나님의 은총의 산물임을 야고보가 전제하고 있다는 점은 충분히 강조되지 않는다. 야고보는 편지에서 행함을 이야기하기 전에 하나님의 자비(1:5)와 은총(1:17)에 관해 먼저 언급한다. 하나님은 주저함 없이 우리에게 선물을 베푸시는 선한 분이라는 점을 먼저 말한다. 그분은 피조 세계를 향한 책임감으로 우리를 회복하시고 새 창조를 이루시는 의로운 분이라는 점을 강조한다(1:19, 21). 우리는 그분에게 은총을 받았기 때문에 그분과의 관계 안으로 나아갈 수 있고, 그 관계 안에서 그분에게 반응할 수 있다. 더 나아가 우리는 이웃에게도 그 은총을 흘려보낼 수 있다. 그렇기 때문에 야고보의 '행함'은 항상 하나님의 은총에 응답하는 '순종의 행함'이다. 이 연결 고리를 이해하는 것이 중요하다.

야고보는 1장 후반부와 2장 전체에 걸쳐 믿음과 함께 수반되어야 할 행함을 강조하는데, 그 강조는 유독 공동체의 사랑과 약자 돌봄의 메시지와 짝을 이룬다. 아래의 단락 구조에서 행함에 대한 강조가 공동체 내 구체적 에피소드들을 둘러싸고 있는 것을 보라.

1:22-25 말씀을 들음과 행함
 1:26-27 참된 경건의 중요한 표지인 고아와 과부를 돌아봄
 2:1-13, 15-16 가난한 자를 차별하지 않고 긍휼을 베풂
2:14, 17-26 행함으로 온전케 되는 믿음

행함에 대한 강조는 그리스도인들을 부담스럽게 한다. 그런데 야고보는 우리 시대 그리스도인들을 부담스럽게 하는 또 다른 주제인 사회적 약자를 돌보라는 명령을 이 주제와 연결한다. 하지만 위의 구조적 문맥은 야고보가 믿음과 행함의 주제를 이야기하는 것이 이론 신학적 논쟁 자체를 위해서가 아님을 말해 준다. 위 본문 구조가 보여주듯이, 야고보는 공동체 속에서 말씀을 들은 대로, 이제는 연약한 자들을 적극적으로 사랑하고 돌보며 환대하라고 말한다. 그것이 하나님의 은총에 응답하는 삶의 방식이기 때문이다.

　성경은 어느 페이지를 펼쳐도 일관되게 하나님이 자격 없는 우리에게 먼저 찾아오셔서 은총을 베푸시고 우리와 관계를 회복하는 분이라는 점을 상기시킨다. 비단 야고보서에서의 믿음과 행함에 대한 논쟁뿐만이 아니다. 믿음과 행함에 대한 그리스도인들의 논의는 하나님과 우리 사이의 인격적 관계라는 이 특별한 문맥을 떠나는 순간, 길을 잃고 사변적 논리 싸움으로 전락한다. 두 인격 사이의 관계, 그것도 우리와는 존재의 차원이 다른 하나님과 맺는 이 특별한 관계의 역동을 이해하는 것이 무엇보다 중요하다. 그리고 이는 자연스럽게 우리로 하여금 1

세기 사람들의 상하 관계 속에서 은혜를 베풀고 보답하는 방식에 주목하도록 유도한다.

듣고 행하지 않는 사람들, 거울 속 자기 얼굴을 잊다

하나님의 은총을 받는 순간, 우리는 그분과의 관계 속으로 들어간다. 관계를 특별하게 만드는 것은 특별한 사람이다. 하나님과 우리의 관계가 특별한 이유는 그 하나님이 특별하기 때문이다. 그분이 하나님이기 때문에 우리는 그에게 합당하게 반응하지 않을 수 없다. 그러나 디아스포라 환경 속에서 그리스도인들은 하나님과의 관계에 소홀하면서 특유의 그리스도인다운 삶의 모습 또한 상실해 버린 듯하다. 그리스도인에게 삶의 실천이 상실될 때, 그리스도인다움 또한 상실될 수 있다는 사실을 심각하게 고려하지 못한 듯하다.

22 말씀을 행하는 자가 되십시오. 말씀을 듣기만 하여 자신을 속이는 자가 되지 마십시오. 23 어떤 사람이 말씀을 듣기만 하고 행하지 않는다면, 그는 마치 거울 속에 있는 자신의 얼굴 생김새를 쳐다보는 사람과 같기 때문입니다. 24 그는 자신의 얼굴을 쳐다보고는, 돌아서자마자 그 모습이 어떠하였는지를 잊어버립니다. 25 자유케 하는 온전한 율법을 들여다보고 그것을 간직하는 자는 듣고 잊어버리는 자가 아니라 행하는 자입니다. 이런 사람이 그 하는 일에 복을 받을 것입니다(1:22-25).

말씀을 안다고 스스로 속이는 사람들

말씀을 듣지만 말고, 들은 말씀을 행해야 하는 당위성의 근거는 어디에 있는가? 그것은 절대자이신 하나님의 말씀이라는 사실에 있다. 하나님의 말씀이기 때문에 자신을 향한 말씀을 들은 자는 듣고 순종하지 않을 수 없다. 하나님은 그의 말씀을 듣고 이해하는 차원에서 그치지 않고 우리에게 반응하기를 의도하신다. 그래서 하나님의 말씀은 들을 때가 아니라 듣고 순종할 때, 비로소 그 말씀을 주신 하나님의 의도까지 온전히 성취된다. 그리고 그때 우리는 그 말씀이 지니는 온전한 의도와 효력을 함께 이해할 수 있다.

야고보는 말씀을 듣고 행하지 않는 자를 거울로 자기의 얼굴을 보고 뒤돌아서 잊어버리는 사람에 비유한다. 거울을 들여다볼 때는 자신의 생김새를 알았다고 생각했다. 그러나 뒤돌아서자마자 방금 본 얼굴이 생각나지 않아 다시 거울을 들여다본다. 현대인들도 그러한데 하물며 청동 거울을 사용한 고대인들은 어떠했을까. 말씀을 듣기만 하고 행하지 않는 사람이 바로 이와 같다. 말씀을 들을 때, 우리는 종종 그 말씀을 모두 이해한 것 같은 착각에 빠진다. 그 말씀이 지닌 인지적 차원만을 이해했으면서도 말이다. 그 말씀에 순종할 때 비로소 내 안에 발견되는 변화를 맛보지 않았으면서도 말이다.

하나님의 말씀은 그것에 대한 순종의 명령을 포함한다. 하나님의 말씀은 그분의 권위를 그대로 지닌다. 하나님은 말씀을 들은 자가 변화되기를 의도하시고, 그 말씀에 순종하는 자는 새로운 변화를 경험한다. 이는 말씀이 지니는 변화의 차원이다. 이 변화의 효력은 말씀에 순종한 다음에야 알 수 있다. 복음을 인지적으로 알고 남에게 설명할 수는 있어도 실제로 복음이 약속하는 능력을 경험하지 못한 이들이 많다.

그렇기 때문에 야고보는 하나님의 말씀을 듣기만 하고 행하지 않는다면 이미 자신을 속인 것이나 다름없다고 말한다. 듣기만 하는 사람은 말씀의 인지적 측면만을 이해했으면서도 말씀의 능력을 다 알았다고 착각함으로써 자신을 속이게 된다. 그들은 순종하지 않음으로써 그들을 변화시키는 말씀의 능력을 경험하지 못한다. 이 모든 것은 그것이 하나님의 말씀이기 때문에 일어나는 역동이다.

올바른 실천이 형성하는 올바른 정체성

거울을 들여다본 자가 뒤돌아서서는 자신의 얼굴 생김새를 잊어버렸다는 야고보의 비유에 주목하자. 하나님의 말씀은 단지 윤리적 명령만을 전달하는 것이 아니다. 거울처럼, 말씀은 그것을 들여다보는 사람이 누구인지를 말해 준다. 곧, 그의 정체성에 관해 말한다. 그리고 그 정체성을 표현할 올바른 삶의 방식에 관해 말해 준다. 정체성에서 삶의 방식이 흘러나오는 것처럼, 역으로 특정 삶의 방식이 어떤 정체성을 형성하도록 돕기도 한다. 이것이 바로 실천이 지니는 힘이다. 앞서 '아비투스' 개념을 통해 이를 설명했다. 그리스도인다움을 담을 수 있는 삶의 방식이 있다. 이 상호적 작용을 소중히 지켜 내야 한다. 삶의 방식과 습관적인 행동들이 지니는 힘을 과소평가해서는 안 된다.

듣고 행할 때 나타나는 변화의 경험이 지속적으로 되풀이될 때, 우리는 말씀을 더 깊이 이해하게 된다. 하나님의 이야기는 우리를 하나님과의 관계 속으로 이끌고, 그 속에서 우리의 정체성과 소명, 삶의 방식을 새롭게 변화시킨다. 야고보에 의하면 이 정체성과 소명, 그리고 하나님과의 관계는 우리가 하나님의 이야기를 우리 이야기로 살아 낼 때 더욱 선명하게 이해된다. 야고보는 25절에서 자유케 하는 온전한 율법을 행하는 사람이 복을 받는다고 말한다. 예수를 통해 온전하게 성취된 율법은 우리를 욕심, 죄, 사망(1:14-15)으로부터 자유케 한다. 이 자유를 경험하기 위해서는 그 말씀을 신뢰하고 더 나아가 그 말씀에 순종해야 한다. 말씀을 살아 낼 때 비로소 우리는 말씀이 약속하는 자유가 무엇인지 맛보게 된다. 야고보가 우리 영혼을 구원할 마음에 심겨진 말씀을 온유함으로 받으라(1:21)고 강변하는 이유도 여기에 있다. 복음의 말씀에 겸손하게 순종할 때 우리를 억압하던 제국의 이야기들, 땅의 지혜, 그로 인해 형성된 그릇된 정체성과 삶의 방식의 굴레에서 우리는 자유를 얻을 수 있다.

나는 가끔 1:22-25 단락에서 묻어나는 야고보의 심정을 묵상한다. 그는 지금 분명히 하나님의 말씀을 듣고 행하지 않는 자들을 책망하고 있다. 그러나 책망 너머에 그의 안타까움이 강하게 묻어난다. 우리를 새 창조하시고 구원하시는 하나님의 말씀을 듣고 순종하면 나를 새롭게 하는 말씀의 능력을 경험하게 될 텐데, 듣기만 하고 행하지 아니하여 그 능력을 경험하지 못하니 안타까운 것이다. 그래서 야고보는 1:25에서 말씀에 대한 실천을 호소하면서, 그들이 "그 하는 일에 복을 받을 것입니다"라는 약속을 함께 제시한다. 복음이 약속하는 새 창조의 삶으로 온전히 들어와 그 복을 누리라는 호소다.

관계 문화 속에서 이해하는 은혜, 믿음, 행함

야고보가 1장에서 다룬, 말씀을 듣는 것과 행하는 것 사이의 일치라는 주제는 2장 전반에서 믿음과 행함의 일치라는 주제로 이어진다. 듣지만 말고 실천하라는 야고보의 호소에는 그래야만 하나님 말씀의 효력을 경험할 수 있을 것이라고 보는 그의 안타까운 마음이 담겨 있다. 믿음이 있다고 하면서 순종의 행함을 상실한 이들을 향한 야고보의 외침은 형식적 고백은 지니고 있지만 하나님과의 인격적 관계성과 그에 합당한 신실한 반응을 상실한 이들의 근본적 오류를 해부한다.

한국형 관계 문화 속의 은혜 문법

믿음과 행함에 대한 그리스도인들의 논의를 보면서, 나는 이 논의가 처음부터 그릇된 문화 배경에서 진행되고 있다는 점을 종종 발견한다. 어떤 문화 배경을 불러오는지에 따라, 본문의 내용을 이해하는 논리 또한 달라진다는 점을 간과해서는 안 된다. 그리스도인들의 믿음과 행함 논의는 종종 인격성과 관계성을 배제한 채 서구의 직선적 논리와 사변적 차원에서 진행되는 경우가 많다. 실제 그 믿음과 행함의 대상이 되는 분은 하나님이라는 인격이며, 믿음과 행함이 그분과의 관계성 속에서 의미를 지니는 개념임에도 말이다. 이제 1세기 관계 문화의 독특한 문화 문법 속에서 믿음과 행함이라는 주제를 살펴볼 것이다. 모든 문화에는 그 나름의 논리와 문법이 있다. 흔히 서구 문화는 논리적인데, 동양 문화는 그렇지 않다고 말하는 이들이 있다. 그렇지 않다. 동양 문화에는 다른 문화 논리가 있을 뿐이다.

이해를 돕기 위해 예를 하나 들어 보겠다. 어머니와의 관계에서 일어난 에피소드다. 나는 자식을 위해 희생하신 어머니에게 감사의 마음을 표시하기 위해 매달 어머니에게 조금의 용돈을 드린다. 그때마다 어머니의 반응은 충분히 예상할 수 있다. 어머니는 한사코 다음 달부터는 용돈을 보내지 말라고 사양하신다. 자식 된 도리를 다하는 것일 뿐이라고 아무리 말씀을 드려도 소용이 없다(그런데 우리 어머니는 꼭 다음 달부터 보내지 말라고 하신다). 한참의 실랑이는 내가 "네, 그럼 다음 달부터는 보내지 않겠습니다"라고 말해야 끝난다. 그리고 다음 달이 되었는데 만약 어머니에게 용돈을 보내지 않는다면 우리 사이는 어떻게 될까? 나는 아무 일 없었다는 듯이 어머니에게 용돈을 보낸다. 우리나라의 많은 자녀들이 다음 달에 나와 같은 선택을 할 것이다. 나와 어머니는 지난달 한 실랑이를 재현하는 것에 아무런 어려움이 없다.

이것은 모순인가? 보내지 않겠다던 용돈을 나는 다시 보냈고, 다시는 받지 않겠다던 어머니는 받았으니 모순이라면 모순이다. 그러나 이 모순이 우리에게는 너무나 편안하고 친숙하다. 한국 문화 속에서 형성되어 온 우리는 관계 속에서 서로를 어떻게 대해야 하는지 너무나 잘 알고 있다. 어머니는 적당히 사양하면서 체면을 차리고, 아들은 어머니의 말씀을 거절하면서 자신의 도리를 다한다. 이것이 소위 한국형 관계 문화 속에서 작동하는 문화 문법 혹은 논리다. 어떤 문화 문법은 소위 서구의 합리적 기준으로 보았을 때 모순처럼 보이지만, 그 문화 속의 사람들은 이를 지극히 당연하게 받아들인다. 각각의 문화가 그 고유의 문법과 논리를 지니고 있다는 말이다.

이제 위의 에피소드를 이용해서 우리의 주된 관심사인 은혜, 믿음, 행함의 논의로 확장해 보자. 어머니의 은혜를 은혜 되게 하는 방식은 무엇일까? 그 은혜를 기억하고 갚는 것인가, 아니면 받은 것으로 끝내는 것인가? 내가 어머니에게 받은 은혜를 되돌려 갚음으로써 어머니의 은혜를 훼손시켰다고 생각할 수 있겠는가? 어떤 이들은 은혜는 받은 것으로 끝내야 그 은혜가 순전한 은혜로 남는다고 생각한다. 은혜를 갚으려는 행위가 오히려 은혜를 훼손할 수 있다는 논리다. 다시 한번 물어보자. 어머니의 은혜를 은혜 되게 하는 방법은 은혜를 기억하고 갚음으로써인가? 아니면 은혜에 대해서 아무런 반응을 보이지 않음으로써인가? 우리의 주된 관심은 누군가가 베푼 은혜를 은혜 되게 하는 방식을 찾는 것이지 않은가?

사람들은 아무에게나 은혜를 베풀지 않는다. 그리고 은혜를 받는 자가 어떻게 반응해야 하는지도 이미 학습되어 있다. 우리 문화 속에서 누군가가 베푼 은혜에 대해서 반응하지 않는 것은 매우 미묘한 파장을 일으킨다. 종종 서로 간의 관계를 깨는 행위로 간주된다. 은혜를 무시하는 행위는 은혜 베푼 자에게 심한 수치와 모욕을 줄 수 있다. 서구의 질서 문화가 합리적이고 보편적인 법칙에 근거하여 일의 옳고 그름을 따지는 것을 최우선 순위로 여긴다면, 동양의 관계 문화는 관계 속 위치에 따라 서로에게 건네는 적합한 예절과 예우, 그 결과로 주어지는 명예와 수치를 더 궁극적인 판단 기준으로 여긴다.

보은의 행위는 적어도 우리 문화권에서는 은혜를 더 은혜 되게 한다. 어머니의 은혜에 대해서 내가 아무런 반응을 보이지 않았다면, 어머니는 자식이 당신의 은혜를 알지 못한다고 확신했을 것이 뻔하다. 하지만 나는 보은의 행위를 통해 어머니의 은혜를 알고 있음을 표현하면서 어머니를 기쁘게 하고 명예롭게 했다. 보은의 행위를 통해 어머니와 나의 관계가 더 깊어진 것은 두말할 것도 없다. 한편 이 모든 과정에서 주목해야 할 것은 내가 어머니에게 용돈을 드리는 행위를 결코 어떤 자랑거리로 여기지 않고, 그럴 수도 없다는 것이다. 어머니가 베풀어 주신 것에 비하면 보잘것없는 보답이기도 하지만, 그러한 보은의 행위를 하게 된 근본 원인이 어머니의 은혜에 있기 때문이다. 처음부터 어머니의 은혜가 나를 움직인 것이다. 이것이 한국형 관계 문화 속에서 우리가 살아가는 은혜의 문법이다.

1세기 문화의 은혜와 믿음 언어

신구약 성경에 대한 사회 문화적 접근을 시도해 온 학자들은 1세기의 문화 또한 전형적인 관계 문화로 분류되어야 한다는 점을 주목해 왔다. 정도의 차이가 있을 뿐, 동서양 할 것 없이 개인주의 세례를 받은 우리 시대의 사람들보다 그들은 더 관계와 집단을 중요한 가치로 여겼고 그 속에서 수용되고 인정받기를 추구했다. 이는 자연스럽게 명예와 수치 부여의 관습을 낳았다. 1세기 사람들의 삶에 중요한 관계들이 많았지만, 우리의 논의에 있어서 특별히 중요한 관계는 후견인과 피후견인 사이의 관계다. 은혜를 베풀고 받는 것을 중심으로 형성되는 이들의 관계가 보여주는 역학은 신약성경 기자들이 하나님과 성도들 사이의 관계를 설명하는 중요한 문화적 틀이 되었기 때문이다. 이러한 연구에 특별히 공헌한 학자들은 데이비드 드실바David Arthur Desilva와 존 바클레이 John M. G. Barclay다. 이들의 연구를 중심으로 야고보의 믿음과 행함 관계를 이해하는 데 필요한 배경만을 아래서 간략하게 살펴보고자 한다.

드실바는 후견인과 피후견인 관계 내 상호성을 신약의 은혜와 믿음 개념에 적용한 초기 학자라고 할 수 있다.[27] 관계는 그 정의상 쌍방향적일 수밖에 없다. 지위의 차이가 분명한 후견인과 피후견인 사이의 관계라고 다르지 않다. 우리가 흔히 '은혜'라는 단어로 번역하는 헬라어 '카

---

27 David A. DeSilva, *Honor, Patronage, Kinship & Purity: Unlocking New Testament Culture* (Downers Grove: IVP Academic, 2000), 23-94. (『문화의 키워드로 신약성경 읽기』 새물결플러스)

리스'는 후견인이 피후견인에게 베푸는 '선물'을 가리키는 단어였다. 선물을 베푸는 행위는 그 자체가 명예로운 행위이기도 하며 후견인이 사회적으로 명예를 획득하는 주요한 방식이기도 했다. 선물을 주고받는 순간 그들은 어떤 관계 속으로 들어간다. 그리고 이 관계는 상호적 호혜의 책임을 전제한다는 것이 중요하다. 드실바는 여러 1세기 문헌 연구를 통해 카리스가 후견인이 피후견인에게 베푸는 행위나 내용을 가리킬 뿐 아니라, 피후견인이 후견인에게 보답하기 위해 되돌려주는 행위나 내용까지도 가리킨다는 점을 주목한다.[28] 곧 선물은 순환한다.

드실바에 의하면 후견인이 피후견인에게 아무런 조건 없이 은혜를 베풀 수 있으나 그것이 피후견인에게 아무런 책임이 없음을 뜻하지는 않는다. 바클레이의 주장도 동일하다.[29] 바클레이에 의하면 오늘날 그리스도인들이 가장 오해하고 있는 부분이 바로 '은혜의 순환성과 비순환성' 개념이다. 1세기에도 베푼 은혜에 대해서 간혹 조금의 보은도 기대하지 않는 후견인들이 있었으나 은혜의 순환성은 그들의 문화적 전

---

28 고린도후서 9:15은 성도들이 하나님의 은혜에 보답하는 것도 '카리스'로 표현되었다는 점을 보여주는 좋은 용례다. "말할 수 없는 그의 은사로 말미암아 하나님께 감사하노라"에서 '감사'에 해당하는 헬라어가 '카리스'다.

29 바클레이도 드실바가 설명한 후견인과 피후견인의 관계 속에서 주고받는 은혜의 상호적 호혜성과 책임성을 고스란히 간직한다. 바클레이는 1세기 선물 개념을 바울의 은혜 개념에 적용한 대표적인 학자다. 바클레이의 공헌은 소위 그가 하나님과 성도의 관계를 설명하기 위해 사용한 '은혜의 비상응성', '은혜의 순환성과 비순환성', 그리고 '은혜의 효과성'이라고 부르는 개념들에 있다. 은혜의 비상응성은 하나님이 주시는 은혜의 가치가 은혜를 받는 자의 자격과 전혀 상응하지 않는다는 의미다. 이것은 1세기 후견인과 피후견인 사이의 전형적인 문화 관습을 거스른다. 1세기 사회의 경우, 많은 후견인은 그의 명예를 더 높여 줄 능력 있는 피후견인들을 찾았다. 그러나 하나님은 말 그대로 아무 자격 없는 자들에게 감당 못할 선물을 주신다는 것이 신약 은혜 개념의 특징이라는 것이다. 바클레이의 대표 저서인 다음 책을 참고하라. 바클레이, 『바울과 선물』.

제였고, 관계를 더 깊어지게 하는 긍정적 방편이었다. 바클레이에 의하면 하나님의 은혜를 설명하는 과정에서 많은 그리스도인이 범하는 오류는 이러한 은혜의 비순환성 개념을 그릇되게 '극대화'시켜 버렸다는 점이다.[30] 하나님이 자격 없는 죄인들에게 은혜를 베푸시지만, 반응에 대한 아무런 기대도 없이 은혜를 베푼 것은 아니라는 말이다.[31]

그렇다면 피후견인은 어떻게 후견인의 은혜에 보답할 수 있을까? 피후견인은 후견인이 베푼 선물을 그대로 돌려줄 능력은 없으나, 후견인의 명예를 높여 주는 방식으로 보답해야 한다는 점이 관계에 대한 1세기적 전제다. 드실바는 대표적인 세 가지 방식을 언급한다. 첫째, 때를 얻든지 못 얻든지 후견인에게 감사하기. 둘째, 후견인에게 끝까지 신실함과 충성을 다하기. 셋째, 후견인에게서 받은 선물을 잘 활용하여 그의 얼굴을 세워 주기. 여기서 또 하나 주목할 것은 두 번째로 언급한 '신실함' 혹은 '충성'에 해당하는 헬라어 단어가 우리가 흔히 '믿음'이라고 번역하는 '피스티스'라는 사실이다. 관계를 유지하는 데 필수적인 신실함의 덕목은 피후견인뿐만 아니라 후견인에게도 필요한 것이다. 피후견인의 신실함은 '충성'이라는 덕목으로 표현된다. 이것이 소위 후견인과 피후견인 관계 속에서의 '카리스'와 '피스티스'의 순환이다. 그것이 순환되지 않을 때, 관계는 일방향적인 것으로 전락하고 만다. 곧 '관계성'을 상실한다는 것이다. 그것이 순환될 때 관계는 더 깊어진다. 이것이 1세기 사람들이 살아간 관계 문화의 문법이다.

---

30 위에서 언급한 바클레이 자신의 방대한 저서를 요약한 다음 책을 참고하라. 존 M. G. 바클레이, 『바울과 은혜의 능력』, 김형태 옮김 (서울: 감은사, 2021). 특히 바클레이의 핵심적인 공헌에 해당하는 "은혜의 여섯 가지 극대화" 단락을 참고하라(55-78쪽).

31 바클레이, 『바울과 은혜의 능력』, 281.

한편 은혜받은 자가 이러한 신실함과 충성됨을 보였다 하더라고 자랑할 수 없는 이유는 바로 은혜 자체가 지니는 힘 때문이다. 우리가 하나님에게 신실한 반응을 보일 수 있는 것은 다름 아닌 하나님의 은혜가 지니는 능력 때문이라는 것이다. 이 모든 것이 하나님이 주시는 은혜에서 시작되었다. 우리는 그 은혜에 붙잡혀 은혜에 합당한 반응을 했을 뿐이다. 더욱이 하나님이 주신 최고의 선물인 그리스도와 성령은 우리로 하여금 하나님을 기쁘시게 하고 그분을 예배하도록 끊임없이 도우신다. 자격 없는 자들로서 은혜를 받았다는 점에서도, 이 모든 것이 그분의 은혜에서 시작되었다는 점에서도 우리는 자랑할 것이 전혀 없다.

야고보서에 나타난 은총, 믿음, 행함

야고보서 2:14-26 단락은 역사상 많은 그리스도인에게 난제로 여겨졌다. 아래서 제공하는 설명 또한 부족하게 들릴지 모르겠다. 조금은 복잡하게 들리더라도 인내심을 가지고 따라와 주기를 부탁한다. 나는 이 단락에 담긴 야고보의 믿음, 행함, 의로움을 설명한 것 또한 1세기 사람들이 전제한 하나님과 우리 사이의 인격적, 관계적 문법 속에서 이해해야 한다고 생각한다. 출발점은 하나님의 은총이어야 하고, 뒤이어 따라오는 마땅한 반응이 믿음과 순종의 행위들이다. 믿음과 행함으로 반응했을지라도 자랑할 수 없는 이유는 처음부터 자격 없는 자에게 주어진 하나님의 은혜 때문이다. 이러한 은혜의 성격에 동의한다면 믿음과 행함과 의로움의 관계에 대해서 조금씩 다른 이해를 지닌 할지라도 우리는 여전히 같은 토대 위에 서 있을 것이다. 우리의 궁극적인 목표는 하나님의 은혜를 은혜 되게 하는 것이다.

은총에 대한 전인적 반응으로서의 믿음

만약 누군가가 1세기 유대인 야고보에게 '믿음'(피스티스)이 무엇이냐고 묻는다면 그는 동시대 사람들이 후견인과 피후견인 관계에서 기대했던 믿음을 떠올렸을 것이다. 믿음을 보여주어야 할 대상이 달라졌을 뿐이다.

믿음이란 무엇인가? 독자들도 믿음에 대한 나름의 이해를 지니고 있을 것이다. 니제이 굽타Nijay K. Gupta는 우리 시대의 그리스도인들이 믿음 언어를 사용하는 세 가지 경향을 아래와 같이 지적한다.[32] 첫째, 믿음을 '지적 견해'와 같은 의미로 사용한다는 것. 둘째, 믿음이라는 말을 '교리 체계'와 동일시한다는 것. 셋째, 믿음을 수동적인 것으로만 이해한다는 것이다. 문제는 이것이 신약성경 저자들이 사용하는 헬라어 '피스티스'의 용법과 얼마나 일치하는가에 놓여 있다. 우리는 이 피스티스를 주로 믿음이라고 번역한다. 그러나 로마서 3:3의 '하나님의 미쁘심(피스티스)'이라는 개역개정의 번역이 보여주듯이, 피스티스는 '신실함'이라는 의미로도 흔하게 사용되었다.

굽타는 신약성경 안에서 피스티스가 주로 다음과 같이 세 가지 의미로 쓰인다고 설명한다. 믿음(피스티스)은 첫째, 어떤 영적 진리나 보이지 않는 실재에 대한 인지적 확신이나 신념의 의미로도 쓰이고, 둘째, 인격적 대상에 대한 의지적 신뢰의 의미로도 쓰이고, 셋째, 인격적 관

---

32 니제이 굽타, 『바울과 믿음 언어』, 송동민 옮김 (서울: 이레서원, 2021), 20-25.

계 안에서 신실함의 의미로도 사용된다. 이 세 가지 의미 모두는 매우 능동적인 개념이다. 그리고 위 세 가지가 한 인간의 전인적 영역 모두를 망라하고 있다. 인지적 확신이나 신념이 내적인 마음의 활동인 반면 신뢰와 신실함은 마음으로 표현되기도 하고 행동으로 표현되기도 한다는 점을 주목하자. 한마디로 믿음이란 하나님의 은총에 대한 인간의 전인적인 반응이다. 굽타는 신약성경의 믿음 언어가 문맥에 따라 위의 세 가지 중 하나의 의미를 지닐 수도 있고, 또 많은 본문에서는 위의 세 가지 의미가 통합적으로 사용되어 구별이 무의미하다고 말한다. 그래서 굽타는 문맥에 따라 믿음 언어의 의미를 결정할 것을 제안한다.[33]

그렇다면 야고보는 믿음 언어를 어떤 의미로 사용하는가? 우선 2:14-26 단락을 제외하면 야고보서에서 피스티스는 5회 사용된다. 우선 가장 가까운 문맥인 야고보서 2장에서 사용된 믿음 언어들을 살펴보자. 2:1에서 야고보는 이렇게 말한다. "여러분은 우리 주 예수 그리스도, 곧 영광의 주님에 대한 믿음(피스티스)을 가졌으니 사람을 차별하지 마십시오"(2:1). 여기서 그리스도를 믿는다는 것은 무엇을 말하는가? 그것은 그분의 인격과 사역의 효력에 대한 인지적 확신과 신념, 의지적 신뢰, 나아가 '주님'이 되셔서 다스리는 그리스도에 대한 충성과 헌신을 모두 포함하는 개념이다. 당연히 매우 능동적이며 통합적인 개념이다. 2:5에서는 가난한 자들을 택하사 믿음에 있어서 부유하게 하셨다고 말한다. 하나님이 그들을 택하셔서 믿음의 지적이거나 내면적인 영역만을 부유하게 하셨다고 제한할 필요가 있을까? 여기서의 믿음도

---

33 굽타, 『바울과 믿음 언어』, 33-40. 굽타는 특히 '신뢰'라는 단어가 내적 신념과 외적 신실함 양쪽 모두를 포괄할 수 있는 의미 영역을 지닌다는 점을 주목한다.

한 인간의 전인적인 영역에서 구현되는 안팎의 믿음을 지칭한다고 보는 것이 더 자연스럽다.

야고보서에서 믿음 언어가 등장하는 첫 구절은 1:3이다. 야고보는 믿음의 시련이 인내를 낳는다고 말했다. 시련(도키모스), 곧 '검증을 거쳐 순전함'에 이르러야 할 믿음은 지적, 혹은 내적인 영역의 믿음에만 제한되는가? 그렇지 않다. 디아스포라 그리스도인들에게 믿음의 시련은 주류 문화 속에서 살아가면서 매 순간 부딪치는 삶의 방식에 관한 것들이었다. 그들에게 믿음의 검증이란 제국의 압력에도 불구하고 그리스도에게 끝까지 '헌신'할 것인가에 대한 문제였다. 그렇다면 1:3에 사용된 믿음도 확신, 신뢰, 신실함을 모두 포괄하는 전인적 개념으로 보는 것이 좋겠다.

야고보서에 등장하는 나머지 두 차례의 믿음 언어 사용은 기도와 관련한다. 1:6에서 야고보는 믿음으로 구하고 조금도 의심하지 말라고 말하고, 5:15에서는 믿음의 기도가 병든 사람을 낫게 할 것이라고 말한다. '의심'의 반대말로 믿음이 사용되었으니, 1:6에서의 믿음은 일차적으로는 '확신'이라는 의미로 해석된다. 그러나 확신하는 믿음의 대상이 누구인지에 따라 그 의미는 확대될 수 있다. 구하는 자에게 지혜를 주시는 인격적인 하나님에 대한 믿음은 좀 더 통합적인 믿음 개념을 요구하기 때문이다. "믿음의 기도"(5:15)라는 표현도 마찬가지다.

삶의 변화로 이어지지 않는 어떤 믿음

야고보서 2:14-26에 나타난 믿음과 행함의 관계를 이해하는 데 중요한 것은 야고보가 믿음과 행함의 관계를 논하는 과정에서 그의 반대자가 지닌 잘못된 믿음 개념을 차용하고 있다는 사실을 간파하는 것이다.

¹⁴ 나의 형제자매들이여, 만일 어떤 사람이 믿음이 있다고 말하면서 행함이 없으면 무슨 소용이 있겠습니까? 그 믿음이 그 사람을 구원할 수 있겠습니까? ¹⁵ 형제나 자매가 입을 것이 없고 그날 먹을 양식도 없다고 칩시다. ¹⁶ 여러분 중에 누군가 그들에게 '안녕히 가십시오. 따뜻한 옷을 입고 배부르게 먹으십시오'라고 말만 하고 그 사람에게 필요한 것을 채워 주지 않는다면, 무슨 소용이 있겠습니까? ¹⁷ 믿음도 그러합니다. 만약 행함이 없다면 믿음은 그 자체로 죽은 것입니다. ¹⁸ 혹자가 이렇게 말할 수 있습니다. '어떤 사람에게는 믿음이 있고 또 어떤 사람에게는 행함이 있는 겁니다.' 행함이 없는 당신의 믿음을 나에게 보여주십시오. 나는 행함으로 내 믿음을 당신에게 보이겠습니다. ¹⁹ 하나님은 한 분이라는 것을 당신이 믿습니까? 잘하였습니다. 그러나 귀신도 믿고 두려워서 떱니다(2:14-19).

14절에 의하면 야고보의 대화 상대자는 스스로 하나님을 향한 믿음(피스티스)이 있다고 말한다. 믿음이 수반해야 할 행함이 없는데도 말이다. 18절에서 이 사람은 "어떤 사람(너)에게는 믿음이 있고 또 어떤 사람(나)에게는 행함이 있는 겁니다"³⁴라고 주장한다. 마치 믿음과 행함이 별개의 것으로 존재할 수 있는 것처럼 말이다.

---

34 야고보서 2:18은 이 서신에서 가장 난해한 구절 가운데 하나다. 대화 상대자의 말 인용을 어디서 어디까지로 보느냐에 따라 여러 번역이 가능하다. 개역개정은 18절 전체를 한 사람의 말인 것처럼 번역해 놓았다. 문제는 18절의 '어떤 사람'이 문맥상 야고보의 반대자로 보이는 반면, 정작 그의 말은 야고보의 주장처럼 들린다는 점이다. 필자는 18절에 처음 등장하는 '너'와 '나'를 수사적으로 취급하여 '어떤 사람'과 '또 다른 사람'의 의미로 번역하는 것이 가장 어려움이 덜한 번역이라고 생각한다. 18절의 다양한 해석의 가능성에 관해서는 디벨리우스의 철저한 분석을 참고하라. Dibelius, *James*, 149-151.

야고보는 행함이 없는 믿음을 믿음으로 여기지 않는다. 앞서 1세기의 후견인과 피후견인 관계 안에서 사용되는 믿음(피스티스) 개념에서 보았고, 굽타의 연구를 통해서도 보았듯이, 믿음은 하나님과 그분이 하시는 일에 대한 인간의 인지적, 의지적, 행위적 반응, 곧 전인적 반응이다. 상황에 따라 내적 형태의 확신과 신뢰로만 표현되는 경우가 간혹 있을 수 있지만, 그것은 곧 깊은 외적 신뢰와 신실함으로 표현된다.

그래서 야고보는 대화 상대자가 주장하는 것처럼, 만일 행함이 없는 믿음이 존재한다면 그 믿음은 사람을 구원할 수 없다고 단언한다(14절). 곧, 효력이 없다는 것이다. 이 단락에서 야고보가 4회에 걸쳐 되풀이하는 다음의 유사한 표현들은 이 단락의 핵심 주장이 무엇인지를 선명하게 보여준다.

만일 어떤 사람이 믿음이 있다고 말하면서 행함이 없으면 무슨 소용이 있겠습니까? 그 믿음이 그 사람을 구원할 수 있겠습니까?(2:14)
만약 행함이 없다면 믿음은 그 자체로 죽은 것입니다(2:17).
어리석은 자여, 행함이 없는 믿음이 쓸모없다는 것을 알기 원합니까?(2:20)
영혼 없는 몸이 죽은 것과 같이 행함이 없는 믿음도 죽은 것입니다(2:26).

행함이 없는 믿음이 존재할 수 있다는 반대자의 주장에 대해서, 야고보는 그러한 믿음이 있다면 한번 보여 보라고 도전한다. 그러면서 "나는 행함으로 내 믿음을 당신에게 보이겠습니다"(2:18)라고 응수한다. 믿음의 진정성은 행함, 곧 그리스도인다운 삶을 통해 증명될 뿐임을 다시 한번 천명한다.

야고보가 이렇게 행함 없는 믿음에 대해서 비판한 배경은 무엇이었을까? 흔히 생각하는 것처럼 야고보는 지금 바울의 '믿음으로만 얻는 의로움'(롬 3:22; 갈 2:16)에 대해서 비판하고 있는 것일까? 아니면 바울의 가르침에 대한 어떤 이들의 오해를 교정하고 있는 것일까? 뒤에서 이 질문을 다시 다루겠지만, 여기서는 바울과 야고보가 각자의 편지에서 믿음, 행함, 의로움을 다루는 역사적 배경과 교회적 상황이 상이하다는 점만을 언급하고 싶다. 의로움과 관련하여 바울에게 문제가 된 것은 은총에 대한 순종의 반응 자체라기보다는 '유대인들의 율법'을 통해서만 그 은총에 반응해야 한다는 어떤 이들의 주장이었다. 사실상 이것은 유대인들을 제외한 모든 민족이 하나님과 의로운 관계 속으로 들어가는 길을 차단하기 때문이다.

야고보는 다른 배경 속에서 믿음, 행함, 의로움을 논한다. 가난한 자들에게 무관심한 회중 속의 어떤 이들을 질책하는 2:15-16의 정황은 2장 서두의 가난한 자에 대한 차별 이야기와 자연스럽게 연결된다. 실제로 어떤 학자들은 가난한 자에 대한 2장의 구절들을 중심으로 다음과 같은 초대교회의 정황을 재구성한다.[35] 그리스도인 공동체에 새로운 회심자들이 들어왔는데, 그들은 하나님의 가족 공동체 안에서 서로에 대한 사랑의 의무를 전혀 의식하지 않았다는 것이다. 특히 가난한 자에 대한 자선과 같은 실천적 행위를 그리스도인 됨의 중요한 부분으로 여기지 않고 오직 특정 신조에 대한 지적 동의만으로 그리스도인이 될 수

---

35 로스, 부르카르트, 그리고 데이비스가 대표적인 예다. Sophie Laws, *A Commentary on the Epistle of James* (London: Harpercollins College Div, 1981), 120-21; C. Burchard, "Zu Jakobus 2, 14-26," *ZNW 71* (1980): 27-45; 데이비스, 『야고보서』, 222.

있다고 여겼다는 것이다. 이러한 재구성 속에서 볼 때, 2:14-26 단락은 그리스도인다움이 무엇이고 그것은 어떻게 나타나고 유지될 수 있는지에 대한 야고보의 선언인 셈이다.

행함 없는 믿음에 대한 야고보의 비판은 19절에서 절정에 이른다. 만약 믿음이 어떤 신조에 대한 지적 동의일 뿐이라면 그러한 믿음은 귀신도 소유하고 있다는 것이다. 귀신도 하나님이 한 분이라는 것을 믿고 심지어 떤다(19절). 여기서 야고보는 유대교에서 가장 중요하게 여기는 대표 신조인 유일신 하나님에 대한 교리를 예로 들었다. 그러한 신조에 동의할 뿐만 아니라 귀신은 심지어 '떤다'고 야고보가 덧붙인 것을 보라. 귀신도 최소한 하나님 앞에서 떠는 정도의 반응은 보이는데 도대체 당신들은 어떤 반응을 보이고 있냐는 것이다. 그러나 귀신은 하나님 앞에서 떨 뿐, 절대로 하나님께 순종하지 않는다. 인격적이며 절대자이신 한 분 하나님에게 순종의 행위로 반응하지 않는다는 점에서 이것은 정상적인 믿음이 아니다.

야고보는 1장부터 하나님의 말씀은 반드시 내적, 외적 열매를 맺는다는 점을 강조했다. 욕심이 잉태하여 죄와 사망이라는 열매를 낳는다면(1:15), 진리의 말씀은 거듭난 성도들을 새 창조의 첫 열매로 맺는다(1:18). 마음 판에 심기어진 말씀은 영혼을 구원하고 그들을 더러움에서 건져 낸다(1:21). 이 말씀은 인간에게 찾아오셔서 은총을 베푸시는 하나님과의 관계 속으로 들어가게 한다. 그 관계 속에서 우리는 하나님의 은혜에 합당한 반응을 보이게 되는데, 그것이 바로 믿음이다. 이 믿음은 은총에 대한 전인적 반응이다. 복음을 수용하고 그리스도에 대한 믿음을 소유한 자에게 반드시 삶의 열매가 나타난다는 점을 야고보는 조금도 양보하지 않는다. 더 성숙하고 온전한 열매가 맺히기 위해서 오랜 인내의 과정이 필요하지만 말이다.

이 단락에서 야고보가 믿음과 행함을 구분하여 표현하는 것은 믿음 안에 신실함이나 충성 같은 요소가 포함되어 있지 않아서가 아니다. 내가 보기에 야고보는 두 가지 목적을 염두에 두고 있다. 첫째, 그는 믿음을 오해하고 있는 이들의 믿음과 행함 구분을 차용하여, 교리에 대한 지적 동의에만 그치는 믿음은 은총에 대한 온전한 반응이 아님을 보여주려고 했다. 둘째, 야고보가 행함을 구별하면서 언급하는 것은 하나님과의 관계 속에서 그분의 자녀들이 보이는 순종의 행위와 하나님의 자녀다운 삶의 방식이 지니는 중요성에 대해 강조하기 위함이다. 그것이 하나님을 높이는 수단이 되기 때문이다. 아래 2:20-26 단락에서도 야고보는 믿음과 행함의 구분을 유지한다.

의로움, 하나님에게 합당한 영광과 명예를 드리는 행위

야고보는 계속해서 행함 없는 믿음을 비판한다. 이 과정에서 구약에 등장하는 대표적인 두 명의 회심자이자, 동시에 환대의 대명사로 여겨졌던 아브라함과 라합을 예로 든다. 야고보에 의하면 그들이 하나님으로부터 의롭다 함을 받은 결정적 이유는 바로 그들이 하나님의 은총을 받은 뒤 보인 순종의 행위 때문이었다(2:21, 25).

20 어리석은 자여, 행함이 없는 믿음이 쓸모없다는 것을 알기 원합니까? 21 우리 조상 아브라함이 그의 아들 이삭을 제단에 바칠 때, 행함으로 의롭다 함 받은 것이 아닙니까? 22 당신이 보는 대로 믿음이 그의 행함과 함께 일하고 또 행함에 의해서 온전해졌습니다. 23 그리고 그때서야 다음과 같은 성경 말씀이 성취되었습니다. '아브라함이 하나님을 믿

었고, 그것이 그에게 의롭다고 여겨졌다.' 그 후 아브라함은 하나님의 친구라 불리게 되었습니다. 24 그러므로 여러분이 보듯이 사람이 행함으로 의롭다 함 받는 것이지 믿음만으로 의롭다 함 받는 것이 아닙니다. 25 마찬가지로 기생 라합이 정탐꾼들을 받아들이고 다른 길로 도피시킨 일로 인해, 즉 행함으로 의롭다 함을 받은 것이 아닙니까? 26 영혼 없는 몸이 죽은 것과 같이 행함이 없는 믿음도 죽은 것입니다(2:20-26).

올바른 믿음이 순종의 행위들을 수반한다는 야고보의 주장은 이해하기 어렵지 않다. 창세기 15:6의 문맥에서 아브라함의 믿음은 하나님의 약속에 대한 깊은 확신과 신뢰로 나타날 뿐이었다. 이것은 귀신도 지닐 수 있는 지적 동의 수준의 믿음과는 다르지만, 그것이 외적 순종으로 나타나지 않았다는 의미에서는 아직 '온전케 되어야 할 믿음'(2:22)이다. 그러나 창세기 22장의 문맥에서 아브라함의 믿음은 이제 순종의 행위로 온전하게 나타난다. 이를 야고보는 믿음이 행함을 통해서 온전하게 되었다고 표현한다.

　이 단락의 믿음과 행함의 관계가 복잡하게 된 것은 '의로움'이라는 또 다른 언어 탓이다. 2:21-25에서 믿음과 행함 사이의 관계를 논하면서 야고보는 의로움이라는 단어를 추가한다. 야고보는 창세기 15장과 22장에 있는 아브라함 이야기를 불러온다. 아브라함을 부르신 하나님은 자격 없는 아브라함에게 땅과 자손을 약속하신다. 아브라함이 하나님의 은총에 믿음으로 반응하자, 하나님은 아브라함을 의롭다고 선언하셨다(2:23; 창 15:6). 이 이야기의 흐름을 잘 따라가 보자. 아브라함이 믿음의 반응을 보일 수 있었던 것은 하나님의 은총이 먼저 주어졌기 때문이다. 하나님의 은총이 믿음의 반응을 일으킨 셈이다. 아브라함이 보인 믿음은 하나님이 약속하신 것이 아직 나타나지 않았지만 반드시 이루어질 것이라는 확신과 하나님에 대한 능동적 신뢰를 포함한다.

아브라함이 믿음의 반응을 보이자 하나님은 그를 의롭다고 선언해 주셨다(23절). 사람들은 흔히 '의롭다'는 단어를 사실상 '죄 사함 받다'라는 법정적 의미로만 이해한다. 의롭다는 선언이 법정에서 그러한 의미를 지니는 것은 사실이며, 바울서신을 비롯한 신약의 어떤 본문에서는 법정적 배경이 중요하게 작용한다는 점을 기억하자. 그러나 창세기 15장에서 아브라함이 법정적 문맥에서 어떤 죄 사함의 선언을 받은 것인지는 다시 살펴볼 필요가 있다. 불가능할 것 같은 약속을 주시는 하나님을 신뢰하는 아브라함의 상태를 하나님은 의롭다고 표현하셨다. 여기서 우리가 볼 수 있는 것은 관계 속에 있는 두 인격이 서로 신뢰하는 모습이다. 우리는 이 관계를 언약이라고 부른다. 그 언약 관계 속에서 의롭다는 것은 서로를 향하여 신뢰와 신실함을 유지하는 것이다. 아브라함이 신뢰한 것은 불가능한 일의 성취 자체라기보다는 하나님이었다. 그의 믿음의 반응이 하나님을 하나님으로 높여 드렸다.

하나님 백성이 의롭다고 인정받을 때는 그들이 하나님을 하나님으로 인정함으로써 그분에게 합당한 영광과 명예를 돌릴 때다.[36] 우리가

---

36 창세기 15:6에 나타난 아브라함의 경우 이외에 구약성경에서 "그것이 그에게 의롭다고 여겨졌다"는 표현이 등장하는 유일한 또 다른 본문이 있다. 비느하스의 이야기를 반추하는 시편 106:31이다. 이 시의 배경은 민수기 25:1-13인데 이스라엘 동족이 모압 여자들과 바알브올을 섬기고 음행할 때 비느하스가 분개하여 보인 행동을 소재로 하고 있다. 여기서도 비느하스의 행동은 하나님을 하나님으로 인정하는 믿음의 반응이다. "그들은 또 바알브올과 짝하고, 죽은 자에게 바친 제사음식을 먹었습니다. 이러한 행실로, 그들은 하나님을 격노하게 하여서, 재앙이 그들에게 들이닥쳤습니다. 그 때에 비느하스가 일어나서 심판을 집행하니, 재앙이 그쳤습니다. 이 일은 대대로 길이길이 비느하스의 의로 인정되었습니다"(시 106:28-31).

그분을 하나님으로 높이고 인정하는 방식은 우리 내면의 확신과 신뢰에서 비롯할 수 있고, 외적인 행동에서 비롯할 수도 있다. 이렇게 볼 때 그분에 대한 우리의 신뢰와 순종의 행위들은 그 자체로도 의미가 있지만, 그것이 하나님을 하나님으로 높이는 효과를 불어오기 때문에 더욱 의미가 있다. 그리고 이것이 관계 문화 속에서 중요한 명예와 예우의 논리다.

한편 의롭다는 선언이 처음 주어진 창세기 15:6은 아브라함과 하나님의 언약 관계가 시작하는 지점이 아니라, 상당히 지속된 이후라는 점도 주목할 필요가 있다. 아브라함은 창세기 12장에서 하나님의 부름을 받고 하나님과의 언약 관계 속으로 들어간다. 그는 이미 고향과 아버지의 집을 떠나는 결단을 통해 하나님 앞에 순종하는 모습을 보였고, 벧엘과 헤브론에서 제단을 쌓기도 했다(창 12:8; 13:18). 조카 롯에게 더 좋은 땅을 양보하는 믿음의 선택을 내리기도 했다(창 13:1-13). 창세기 15:6에서 하나님으로부터 인정받은 아브라함의 의로움은 이런 점에서 단회적 개념이라기보다는 지속적 개념이요 무엇보다 관계적 개념이다.

이렇게 관계 문맥 속에서 믿음과 행함, 그리고 의로움을 이해할 때 우리는 아브라함이 이삭을 제단에 바치는 순종의 행위를 통해 의롭다 함을 받았다(2:21)는 야고보의 선언을 더 잘 이해할 수 있다. 의로움을 법정에서의 단회적 선언으로만 이해하는 이들은 아브라함이 이삭 번제 사건에서 다시 의롭다 함을 받았다는 야고보의 이중적 선언을 따라가기가 쉽지 않을 것이다. 이때 얻은 의로움을 창세기 15:6에서 얻은 의로움과 다른 의미의 의로움으로 이해하는 시도도 그리 성공적이지 못하다.[37] 야고보가 정확하게 동일한 표현을 사용하고 있기 때문이다. 그러나 하나님의 의로움 선언을 그의 백성이 하나님과의 관계 속에서 지속적으로 신실하게 머물러 있다는 의미로 이해하면 쉽게 이해된다.[38] 아브라함은 이삭을 바치는 순종을 통해서 자신의 언약적 신실함을 드러냈을 뿐 아니라 결정적으로 하나님을 하나님으로 높였다. 이렇듯 하나님과 그분의 은총에 올바르게 반응하는 것이야말로 지혜 중의 지혜다. 이삭을 향해 칼을 든 아브라함을 말리면서 여호와의 사자가 내뱉은 "네가 하나님 두려워하는 줄을 내가 이제 알았다"(창 22:12)는 말은 묘하게도 여호와를 경외하는 것이 지식의 근본이라는 잠언의 말씀과 상응한다. 이것이 야고보가 아브라함을 언급하는 이유다. 그런 점에서 아브라함은 믿음의 모델일 뿐만 아니라 지혜의 모델이기도 하다. 그는 하나님을 하나님으로 경외한 지혜의 모델이다. 한편 어떠한 경우라도 아브라함의 신실한 믿음의 반응은 하나님의 은총이 만들어 낸 산물임을

---

37 이러한 입장을 견지하는 대표적인 학자는 더글라스 무다. 무는 23절에서 아브라함이 얻은 의로움(창 15:6)과 21절에서 얻은 의로움(창 22장)을 두 개의 다른 의로움으로 이해하는 것이 야고보와 바울 사이의 긴장을 해소하는 유일한 방식이라는 결론에 이른다. 더글라스 J. 무, 『야고보서』, 강대이 옮김 (서울: 부흥과개혁사, 2016), 188. "그러나 우리에게는 여전히 야고보와 바울 사이의 명백한 모순이 남겨져 있다. 야고보는 행함이 칭의의 필수 근거 또는 수단이라고 주장하지만, 바울은 행위가 칭의에 어떤 위치를 차지할 수 있음을 부인한다. 우리가 21절의 해석에서 제안한 것처럼 야고보와 바울이 '의롭다 하다'를 각각 다른 것을 가리키기 위해 사용한다고 여길 때만 이 긴장을 해결할 수 있다. 바울은 하나님 앞에서 죄인에게 처음으로 행하는 무죄 선언을 가리키고 야고보는 마지막 심판 때 한 사람에게 선언되는 궁극적 무죄 판결을 가리킨다."

38 시편 106:28-31에 나타난 비느하스의 경우에서도 의롭다는 선언의 의미는 하나님과 이스라엘의 언약적 관계 문맥 속에서 이해하는 것이 좋다. 또한 비느하스와 하나님과의 관계가 이미 오래 지속되어 왔다는 점을 주목하라. 그가 하나님의 질투를 대신하여 율법을 따라 행동함으로써 하나님을 향하여 신실함을 보인 것이 의로움으로 인정받았다.

동시에 기억하자.

라합의 경우도 마찬가지다. 라합은 하나님이 이스라엘 백성에게 베푼 일들에 대해서 듣고 그 하나님을 향한 믿음을 이미 소유하고 있는 상태였다(수 2:9-13). 그리고 그녀의 믿음은 자연스럽게 이스라엘의 정탐꾼들을 숨겨 주는 순종의 행위로 나타났다. 그녀의 이러한 행동은 하나님을 하나님으로 높였다. 라합이 이스라엘 정탐꾼들에게 고백하지 않았던가? "위로는 하늘에서 아래로는 땅 위에서, 과연 주 당신들의 하나님만이 참 하나님이십니다"(수 2:11).

이를 두고 야고보는 라합이 믿음과 행함 모두를 통해 의롭다 함을 받았다고 표현한다. 라합이 의롭다 함을 받은 것도 정탐꾼들을 환대하고 도피시키는 순종의 행위로 의롭다 함을 받은 것이지, 믿음만으로 받은 것은 아니라는 것이다(2:24). 여기서도 우리는 야고보가 잘못된 믿음 개념을 반박하는 동시에 순종의 행위를 강조하기 위한 목적으로, 믿음과 행함을 구분하고 있는 것을 관찰할 수 있다. 어떤 경우라도 하나님과 정상적 관계 속에 있는 의로운 백성은 내적으로나 외적으로 하나님을 향한 신뢰와 신실함을 보여줌으로써, 하나님을 하나님으로 인정했다는 것이 야고보의 일관된 주장이다. 2:26의 결론에서 다시 한번 말하듯이 행함 없는 믿음은 영혼 없는 몸과 같이 죽은 믿음이다. 처음부터 야고보에게 그것은 믿음이 아니었다.

닫는 말: 하나님을 하나님으로, 은혜를 은혜 되게

믿음과 순종의 행위를 통해 의롭다 함을 받는다는 야고보의 주장은 하나님의 은혜를 훼손하는가? 여기서 우리는 다시 한번 은총에 대한 모든 형태의 반응이 은총 그 자체에서 출발한다는 점을 상기할 필요가 있다. 아브라함의 경우만 보더라도 그렇다. 하나님은 우상을 섬기던 아브라함을 찾아오셔서 그에게 복을 주시고 열방을 위한 복의 통로가 될 것이라고 약속하셨다. 땅과 자손의 은총을 약속하셨다. 아브라함이 믿음으로 반응할 수 있었던 것은 은총이 그를 움직였기 때문이다. 은총이 믿음과 순종의 반응을 일으켰다.

의로움이 하나님과 정상적 관계 속에 있다는 의미라면 의로움의 인정이야말로 하나님의 절대적인 은총의 표현이다. 누가 하나님과 사귈 수 있는 자격이 있을까? 우리가 얼마나 큰 믿음을 가지고 있어야, 우리와 다른 존재이신 절대자 하나님과 사귈 수 있는 자격을 얻을 수 있을까? 그래서 바울은 의로움 또한 하나님의 선물이라는 점을 강조하여, 우리가 "하나님의 은혜로 값없이 의롭다는 선고를 받습니다"(롬 3:24)라고 말하지 않았는가? 바울이 '은혜로 값없이'라고 되풀이하는 것을 보라.

하나님에 대한 어떤 지식이나 정보도 그분의 사랑과 은총을 알기 전까지는 순종으로 이어지지 않는다. 귀신들이 하나님을 알면서도 순종하지 못하는 이유가 여기에 있다. 구약에 등장하는 열방의 왕들도 하나님의 위대하심을 발견하면서도 그분에게 순종하지 못했다. 하나님의 위대하심을 사탄보다 더 잘 아는 존재가 있을까? 그러나 그들은 모두 하나님을 두려워하면서도 하나님의 사랑을 알지 못하여 순종하지 못한다.

그래서 야고보는 편지의 서두(1:5, 17)와 마지막(5:11) 모두에서 하나님의 자비와 선하심, 그분의 사랑과 은총을 강조한다. 구조적으로 하나님의 은총이 가운데 단락에 있는 윤리적 권면들을 감싸고 있다. 야고보의 윤리 또한 바울과 마찬가지로 하나님의 은혜에 기초해 있다. 하나님의 은총을 받아야 믿음으로 반응할 수 있고, 우리도 하나님을 닮아갈 수 있다. 이것은 2장을 비롯한 야고보서 전체에서 하나님처럼 약자들을 사랑하고, 긍휼을 베풀고, 환대하라는 명령의 토대가 된다.

아울러 믿음, 행함, 의로움, 바울, 야고보와 같은 단어들의 의미 모두를 하나님과의 관계 속에서 이해해야 한다는 점을 강조하고 싶다. 특별히 1세기 관계 문화 문법은 우리에게 큰 도움을 준다. 그 관계 속에서 우리는 하나님을 하나님으로 예우하는 것이 가장 중요하면서도 시급한 일임을 깨닫는다. 그분을 향한 확신과 신뢰, 헌신과 충성과 관계없이 이 다양한 형태의 믿음은 모두 하나님을 하나님으로 높이는 방식들이다. 그분의 은혜를 은혜 되게 하는 방식들이다. 앞서 언급한 어머니와 나 사이의 에피소드를 기억하면 좋겠다. 어머니의 은혜를 은혜 되게 하는 방식은 무엇인가? 그 은혜에 몸으로 보답하는 것이 과연 은혜를 훼손하는가? 믿음과 행함, 그리고 은혜와 의로움에 대한 논쟁이 하나님의 인격성과 우리와의 관계성을 떠나서 이루어지는 것이 가장 큰 문제다.

한편 행함이 없는 거짓 믿음은 어느 시대에나 존재했다. 행함이 없으면서도 자신에게 믿음이 있다고 주장하는 이들에 대해서 경고하고 반박한 것은 야고보가 처음이 아니라는 사실을 기억하자. 구약의 선지자들도 하나님을 두려워하지 않고 순종하지 않는 유대인들의 위선을 지적했다. 무엇보다 예수님도 행함이 없는 유대인 지도자들에게 다가올 화를 선포하셨다. 이런 점에서 나는 야고보가 바울에 대한 이해 혹은 오해를 염두에 두고 이 편지를 썼다는 기존의 여러 형태의 주장이 재고되어야 한다고 생각한다.[39] 야고보는 위선자들을 향하여 경고한 예수님과 구약 선지자들의 전통에 서 있다.

야고보의 시대, 디아스포라 그리스도인 공동체들은 그들의 신앙 고백에 상응하는 실천을 상실하고 말았다. 그리스도인다움을 담아낼 수 있는 실천의 그릇을 상실하면 그리스도인다움 또한 서서히 사라지기 마련이다. '행함'을 사수해야 하는 이유가 여기에 있다. 우리의 행함은 하나님을 영화롭게 하는 주요한 방식이다. 나아가 그것은 우리의 하나님 백성다움을 담아낼 수 있는 그릇이기도 하다. 그리스도인다움을 온전히 담아낼 수 있는 삶의 방식을 찾고 그것을 사수하는 것이 바로 지혜다.

---

39 이것은 야고보서가 바울서신이 기록되기 전인 40년대 중반에 기록되었다는 주장과 연결될 수 있다. 이렇게 될 경우, 야고보서는 신약성경에서 가장 먼저 기록된 서신이 된다. 야고보서의 40년대 중반 기록설의 가장 중요한 근거는 신약의 다른 문서들에서 발견되는 발전된 기독론, 성령론, 율법 이해 등이 야고보서에는 나타나지 않는다는 점이다. 야고보서는 초대 교회에서 율법과 이방인들 사이의 관계에 대한 치열한 논쟁이 발생되기 이전에 기록된 편지로서 매우 이른 단계의 초기 기독교의 신학을 반영하고 있다고 볼 수 있다. 이에 대한 논의는 다음 책에서 참고하라. 데이비스, 『야고보서』, 36-67.

나눔 질문

1 행함을 상실한 공동체 속의 어떤 이들에 대해서 야고보가 죽은 믿음의 소유자라고 비판하는 이유는 무엇인가? 그리스도인들의 행함과 삶의 증거는 왜 중요하고 필요한가?

2 하나님의 은혜에 합당하게 반응하는 것이야말로 우리에게 요구되는 가장 중요한 지혜다. 우리가 일상 속에서 하나님에게 합당한 영광과 명예를 드리는 방법은 무엇인가?

3 '그리스도인다움을 담아낼 수 있는 올바른 실천을 상실하면, 그리스도인다움 또한 상실된다'는 말에 동의하는가? 이 말의 의미는 무엇인가?

마음과 무릎으로 말하는
지혜

여는 말: 공동체를 깨는 말, 공동체를 세우는 말

홀로 온전한 이가 있을까? 하나님의 속성을 따라 관계적 존재로 지음 받은 인간에게 온전한 삶이란 온전한 관계를 의미한다. 야고보는 편지 내내 인간이 맺는 다양한 관계를 탐구한다. 자기 자신과 올바른 관계를 맺지 못하는 사람들은 타인과도 올바른 관계를 맺지 못한다. 자신과의 관계가 일그러져 있는 사람을 관찰하면 어김없이 하나님과의 관계가 깨어져 있다. 그러므로 온전한 삶을 갈망한다면 관계를 성찰해야 한다. 관계를 깨는 요인들을 제거하고 관계를 깊어지게 하는 삶의 방식을 따르는 지혜가 필요하다.

말은 관계를 맺는 수단이자, 관계를 들여다볼 수 있는 창이다. 잠언을 비롯한 유대인들의 지혜 전통 속에서 말에 대한 그들의 관심은 지대하다. 말의 사용이라는 주제에 관해 야고보만큼 긴 지면을 할애하는 신약의 저자는 없다. 야고보서에서 말의 사용은 되풀이되어 등장하는 주제다. 야고보는 1장에서 두 차례(1:19, 26)나 말의 사용을 언급하면서,

이 문제를 길게 다룰 3:1-4:12 단락을 예고했다. 사실 야고보가 편지에서 '말하기'보다 먼저 다루는 주제는 '듣기'다. "누구든지 듣기는 속히하고 말하기는 더디 하십시오. 성내기도 더디 하십시오"(1:19). 이는 많이 말하려 하지 말고 먼저 경청하라는 일반적인 권면이지만, 우리가 무엇을 듣는가에 따라 우리의 말이 달라진다는 야고보의 의중을 암시하는 말이기도 하다. 무엇보다 하나님으로부터 들으려는 자세의 중요성이 담겨 있다.

1장에서 야고보는 말하기와 성냄의 주제를 연결시켰다(1:19). 성내는 사람들을 보면 대개 들으려 하지 않고 자신의 말을 되풀이한다. 4:1-2을 보면 디아스포라 공동체에도 성난 사람들이 많다. 1장에서 야고보는 참된 경건에 대해서 이야기하면서도 "만일 어떤 사람이 스스로 경건하다고 생각하면서도 자기 혀를 제어하지 못한다면 자신의 마음을 속이는 것"(1:26)이라고 말했다. 흥미롭게도 함부로 말하는 사람들 가운데 다수는 자신이 그러한 사람이라는 것을 모른다. 또 자신의 말이 주는 부정적인 효과에 관해서도 심각하게 여기지 않는다. 스스로를 속이는 것이다.

야고보에게 온전한 그리스도인의 조건은 혀를 절제할 수 있는 사람이다(3:2). 나는 야고보서 3:1-4:12 단락 전체가 말의 부정적 사용에 대한 경고로 시작하고(3:1-2) 끝나는(4:11-12) 하나의 단일 단락이라고 생각한다. 말에 대한 심판 주제(3:1)로 이 단락을 시작한 야고보는 뒤이어 말이 지니는 위력을 설명한다(3:2-9). 그리고 말이 어디서부터 나오는지를 추적한다(3:10-17). 말의 근원을 찾아야 말이 일으키는 문제들과 결과들을 해결할 수 있기 때문이다. 4:1-10 단락은 말의 그릇된 사용에 대한 야고보의 근본적인 처방을 담고 있다는 점에서 이 단락의 핵심이자, 야고보서 본론 단락 전체의 핵심이다.

말의 사용과 관련하여 함께 고려할 배경은 디아스포라 공동체의 위기 속에 나타난 말 많은 선생들의 출현이다. 3:1-2에서 야고보는 선생이 되려는 자들을 경고한다. 그리고 다시 3:13에서 공동체 속에 누가 지혜롭고 현명한 자인지 묻는다. 공동체가 당한 여러 신앙의 혼란 속에서, 자신에게 지혜와 명철이 있다고 주장하는 말 많은 선생들이 있었을 것이라고 추측할 수 있는 대목이다. 야고보는 과연 그들에게 지혜와 현명함이 있는지 청중에게 분별하라고 대담하게 조언한다. 열매를 통해 그 나무를 알 수 있듯이, 그들의 말이 만들어 내는 열매를 보면 그 말이 어디서 온 것인지 알 수 있다. 이를 분별하는 능력이 지혜다.

이로 보건대 3:1-4:12 단락은 단순히 말의 신중한 사용만을 다루고 있는 것이 아니다. 야고보는 이 단락에서 동서고금을 막론하고 모든 사람이 어려워하는 인간관계의 문제, 그리고 공동체를 이끌어 가는 리더십의 문제를 함께 다루고 있다.

말의 사용, 온전함의 외적 표지

혀를 통제하는 온전한 인격

¹ 나의 형제자매들이여, 많이들 선생이 되려고 하지 마십시오. 여러분도 알다시피, 선생 된 우리가 더 엄한 심판을 받게 될 것입니다. ² 우리는 모두 실수가 많은 사람들입니다. 만일 누구든지 말에 실수가 없

다면, 그는 온전한 사람으로 능히 온몸을 다스릴 수 있는 사람입니다 (3:1-2).

말의 사용을 다루는 야고보서 3장은 많이들 선생이 되려고 하지 말라는 경고로 시작한다. 선생이 된 자들이 더 큰 심판을 견뎌야 하기 때문이다(3:1). 그 심판은 다름 아닌 말의 실수에 대한 심판이라고 특정한다(3:2). 사람들은 선생으로부터 듣고 싶어 한다. 선생의 말은 영향력이 있어 사람들을 움직이는데, 이것은 선생들이 더 큰 심판을 받는 이유가 된다. 선생이 되었으나 애초부터 그럴 자격이 없었던 사람들은 자신의 말로 공동체 전체의 삶을 잘못된 길로 인도하기도 하고, 타인을 비방하는 악의에 찬 말을 일삼기도 하고, 타인을 판단하기도 한다. 자신도 그 함의를 다 알지 못하는 무분별한 말을 함부로 내뱉는다.

　말에 대한 하나님의 심판을 상기시키는 야고보의 경고는 예수님의 다음 말씀을 떠오르게 한다.

내가 너희에게 말한다. 사람들은 심판 날에 자기가 말한 온갖 쓸데없는 말을 해명해야 할 것이다. 너는 네가 한 말로, 무죄 선고를 받기도 하고, 유죄 선고를 받기도 할 것이다(마 12:36-37).

야고보는 다시 한번 예수님의 지혜 말씀 창고로 돌아가서, 지금 청중에게 필요한 지혜를 그들의 상황에 알맞게 들려준다. 야고보가 설명하듯이, 디아스포라 성도들은 말로 서로를 저주하고(3:10), 싸우고(4:1), 비방하고 있다(4:11). 그 결과 그들은 온전함의 중요한 표지인 평화의 관계를 상실했다. 마태복음 12:36-37에 나타난 예수님의 말씀처럼, 이 모든 쓸데없는 말들이 심판의 대상인데, 주님은 무엇보다 그들이 왜 그러한 말을 했는지 그 마음의 동기를 물을 것이다.

1:26에서 혀의 통제가 참된 경건의 조건이라고 말한 야고보는 3:2에서 다시 한번 말에 실수가 없는 자라야 '온전한 사람'이라고 확인해 준다. 스스로 선생이 되려고 생각까지 했다면 그럴 만한 이유가 있었을 것이다. 자신에게 있는 어떤 지식이나 은사, 열심이나 비전에 스스로 자극을 받아 남들을 이끌어야겠다는 용기를 냈을 것이다. 그러나 온전하지 않은 모든 것은 때가 되면 그 허점을 드러내기 마련이다.

야고보는 우리 모두가 말에 실수가 많은 사람들임을 되돌아보게 한다. 잠들기 전 하루를 돌아볼 때, 말실수 때문에 잠들지 못하는 날이 있다. 말실수는 우리가 아직 성숙함에 이르지 못했다는 사실을 알려 준다. 그래서 야고보는 온전함에 이르기 위해서는 혀의 통제와 훈련이 반드시 필요하다고 말한다. 왜 훈련이 필요한가? 첫째, 혀를 통제하는 사람은 "능히 온몸을 다스릴 수 있는 사람"(3:2)이라고 야고보가 평가할 만큼, 혀를 통제하는 일 자체가 쉽지 않기 때문이다. 둘째, 말의 실수가 지니는 파괴력 때문에라도 혀의 통제는 반드시 필요하다. 이것이 야고보가 3:3 이하에서 우리에게 들려주는 이야기다.

말이 가지는 파괴력

3 말을 순종케 하려고 그 입에 재갈을 물리면 그 온몸을 제어할 수 있습니다. 4 또 배를 보십시오. 크고 강한 바람에 의해 밀려다니는 것처럼 보이지만, 실은 작은 키 하나에 의해 항해사의 뜻대로 조종됩니다. 5 혀도 마찬가지입니다. 혀는 작은 지체에 불과하지만 큰 것을 자랑합니다.

보십시오, 작은 불씨가 얼마나 큰 산을 불사르는지를. 6 혀는 불이요, 곧 불의한 세계입니다. 혀는 우리 몸 안에 자리 잡고 있으면서, 온몸을 더럽히고 삶의 수레바퀴를 불사릅니다. 그 불은 게헨나에서 나온 것입니다. 7 모든 종류의 짐승과 새, 파충류, 그리고 바다 생물은 길들일 수 있고 또 사람에 의해 길들여져 왔습니다. 8 그러나 혀를 길들일 수 있는 사람은 아무도 없습니다. 혀는 쉬지 않는 악과 같고 죽이는 독으로 가득합니다(3:3-8).

야고보는 3:3-5에서 작은 혀가 우리 몸 전체뿐만 아니라, 삶 전체를 파괴할 수 있는 힘을 지니고 있음을 몇 가지 비유를 들어 설명한다. 먼저 3절은 우리 몸과 혀의 관계를 들판을 달리는 말과 그 입의 재갈에 비유한다. 말의 입에 재갈을 물리면 그 온몸을 통제할 수 있다. 4절은 우리 몸과 혀의 관계를 큰 배와 배의 키에 비유한다. 항해사는 큰 바람과 파도에도 불구하고 작은 키를 통해 큰 배를 조종한다. 우리 몸의 작은 지체인 혀도 마찬가지여서 그것이 우리의 인격을 드러내고 때로는 삶 전체를 조종한다. 야고보는 혀가 지니는 파괴력을 극대화하기 위해서 5절에서 산불의 비유를 등장시켜 독자들의 상상력을 자극시킨다. 큰 산을 모두 태우는 산불의 시작이 얼마나 작은 불씨였는지 상상해 보라. 삶을 망가뜨리는 혀의 위력이 이러하다.

혹 이렇게 질문할 독자들이 있을지도 모른다. 마음에 담겨 있는 악한 생각과 혀를 통해 밖으로 뱉어진 악한 말은 어차피 악하다는 점에서 차이가 없지 않은가? 야고보는 그렇지 않다고 말한다. 한 번 뱉어진 말은 이제 누구도, 심지어 그 말을 한 사람도 통제할 수 없다는 데 문제가 있다. 이는 매우 실제적인 삶의 지혜다. 얼마나 자주 우리는 차라리 내 마음에 담아 둘 걸, 하며 후회하고 사는가? 마음에 악한 생각과 분노가 담겨 있더라도 그것을 입 밖으로 내뱉지 않는 것이 바로 혀를 사용하는 지혜다. 물론 야고보는 악한 생각으로 차 있는 마음의 문제로 우리를 인도해 간다. 그러나 3-5절에서는 한 번 뱉어진 말은 더 이상 말한 사람도 통제할 수 없으며, 어디까지 그 파괴력이 미칠지 가늠할 수 없다는 점을 강조한다.

5절에서 혀를 작은 불씨에 비유한 야고보는 6절에서는 혀가 곧 불 자체라고 선언한다. 작은 불씨가 산을 태우듯 혀가 한 사람의 인격 전체와 공동체를 파괴할 수 있다는 비유에서 시작한 야고보는 혀 자체가 무언가를 불살라 버린다는 점에 착안하여 혀를 불과 동일시한다. 나아가 혀라는 것이 온갖 불의한 것들이 모여 있으면서 무언가를 불사르기만을 노리고 있는 악의 축소판과도 같다고 표현한다. 6절의 "혀는 불이요, 곧 불의한 세계"라는 말이 바로 그 뜻이다.

작은 불씨가 산 전체를 태우듯, 혀는 사람의 몸 안에 자리하고 있으면서, 온몸을 더럽히고 나아가서 "삶의 수레바퀴" 전체를 불사른다(6절). 여기서 삶의 수레바퀴로 번역한 헬라어 표현은 '존재의 바퀴' 혹은 '창조된 세계 전체' 등으로도 번역할 수 있다.[40] 불사르는 대상이 한 인간의 몸과 삶의 여정뿐만 아니라, 피조 세계 전체를 불사를 정도로 혀가 막강한 영향력을 가지고 있다는 말이다. 이 표현을 사용함으로써 야고보는 무엇을 염두에 두고 있을까? 학자들은 이 대목에서 야고보가 창세기 3장을 염두에 두고 있다고 추측한다.[41] 뱀의 혀에서 나온 말은

---

40   헬라어 원문의 표현은 '톤 트로콘 테스 게네세오스'이다.

41   채영삼, 『지붕 없는 교회』, 230-32.

아담과 하와로 하여금 욕심을 품게 하고, 또 하와의 혀를 통해 옮겨진 말은 결국 그들을 죄와 사망에 이르게 했을 뿐 아니라, 하나님이 그들에게 위임하신 피조 세계 전체를 신음과 고통 속에 빠뜨렸다. 그래서일까? 야고보는 그 불이 게헨나에서 나왔다고 덧붙인다. 여기서 게헨나는 지옥을 의미한다. 혀로 인해 하나님의 피조 세계 전체가 마치 지옥처럼 바뀌어 버렸다는 말이다.

창세기 3장의 이미지는 7절의 내용을 통해 강화된다. 7절에는 하나님이 창조한 각종 생물이 언급되고 그것들이 사람들에 의해 길들여지는 이미지가 담겨 있다. 이는 아담과 하와가 동산을 경작하고 다스리면서 동물들의 이름을 짓는 모습을 떠올리게 한다. 야고보는 사람들이 다른 생물들은 길들이면서도 정작 자기 속의 작은 지체인 혀는 길들이지 못한다는 점을 언급한다(8절). 간혹 누군가의 말을 듣다 보면 그 혀가 마치 쉬지 않는 악과 같고 죽이는 독으로 가득한 무기와 같다는 안타까운 생각이 들 때가 있다.

야고보는 우리가 혀를 통제할 수 없다고 단정하고 있는 것일까? 사실 야고보는 1장에서 혀를 다스리는 근본 해결책을 이미 제공했다. 말하기 전에 진리의 말씀과 위로부터 오는 지혜를 경청하라는 것이었다(1:18-19). 하나님의 자비와 지혜에 의지하며(1:5, 17), 하나님을 닮아가라는 것이었다. 두 마음을 해결하고 단순한 마음을 품으라는 것이었다(1:8). 이제 3:9-12에서 야고보는 이 주제를 이어 간다.

말, 혀가 아닌 마음

⁹ 혀로 우리는 주님이신 아버지를 찬양합니다. 그리고 또 같은 혀로 하나님의 형상대로 지음 받은 다른 사람들을 저주합니다. ¹⁰ 한 입에서 찬송과 저주가 나오는 것입니다. 형제자매들이여, 이것은 있을 수 없는 일입니다. ¹¹ 한 구멍에서 나는 샘이 단물과 쓴물을 함께 쏟아 내는 것을 보셨습니까? ¹² 나의 형제자매들이여, 무화과나무가 올리브 열매를 맺을 수 있겠습니까? 혹은 포도나무가 무화과를 맺을 수 있겠습니까? 마찬가지로 짠 샘이 단물을 내지 못합니다(3:9-12).

야고보는 1:26에서 혀를 통제하지 못하는 사람의 경건은 헛것이며 그 사람이 자신을 속이고 있다고 말했다. 디아스포라 그리스도인들이 스스로를 경건하다고 여긴 이유는 아마 그들이 행하는 종교 예식들 때문이었을 것이다. 그들은 모여서 하나님을 찬양했다. 그들과 마찬가지로 어느 시대든 그리스도인들은 예배나 기도와 같은 종교 행위 자체에 고무된다.

　한편 야고보는 그들의 헛된 경건을 이렇게 폭로해 버린다. "혀로 우리는 주님이신 아버지를 찬양합니다. 그리고 또 같은 혀로 하나님의 형상대로 지음 받은 다른 사람들을 저주합니다"(3:9). 하나님은 찬양하되, 하나님의 형상은 저주하는 이 모순. 하나님에게는 예를 갖추되, 하나님이 가장 귀하게 여기는 누군가를 모욕하는 이율배반. 그런 점에서 이러한 행동은 하나님을 찬양하면서 동시에 그분을 모독하는 것과 다름 아니다. 곧, 10절에서 말하는 것처럼 "한 입에서 찬송과 저주가 나오는 것"으로 "있을 수 없는 일"이다.

야고보는 이 기막힌 현상을 자연계에서는 본 적 없다고 토로한다. 한 샘에서 단물과 쓴물을 동시에 쏟아 내는 것을 본 적이 있는지(11절), 무화과나무가 올리브 열매를, 혹은 포도나무가 무화과를 맺을 수 있는지(12절) 야고보는 묻는다. 그리고 다시 샘의 비유로 돌아가서 의미심장한 비유로 결론을 내리는데, 짠 샘이 단물을 내지 못한다는 것이다. 근원 자체가 단물을 내는 샘이 아닌데, 어찌 단물을 기대할 수 있겠는가? 야고보는 이 비유를 통해 말이 흘러나오는 근원에 문제가 있음을 암시한다. 곧, 잘못된 말은 단순히 혀의 문제가 아니라 마음의 문제라는 것이다.

같은 혀로 하나님을 찬양하기도 하고 하나님의 형상을 저주하는 이유는 그들의 마음이 두 마음으로 갈라져 있기 때문이다. 우리는 다시 두 마음(1:8; 4:8)이라는 주제로 돌아왔다. 앞선 단락에서 우리는 "너의 보물이 있는 곳에, 너의 마음도 있을 것이다"(마 6:21)라는 예수님의 지혜 말씀을 중심으로, 사람의 마음에서 그 사람의 생각, 감정, 말과 행동이 흘러나오며, 그 마음의 성소에 앉아서 마음을 다스리는 것이 바로 그 사람의 보물이라는 점을 확인했다. 그리고 마음의 보물이 바뀌지 않은 채 마음에서 흘러나오는 것들만을 바꿀 수 없다는 점 또한 확인했다.

여기서 야고보가 말의 문제를 혀에서 마음의 문제로 심화시킨 것에 주목해야 한다. 야고보는 공동체 안에서 형제자매를 저주하는 그리스도인들에게 그들이 지닌 마음의 보물을 성찰하라고 말하는 셈이다. 이어지는 단락에서 야고보는 그 보물의 출처를 추적한다.

평화의 삶을 낳는 위로부터 난 지혜

말의 문제가 혀가 아닌 마음의 문제라면 그 마음을 형성하는 것은 무엇인가? 야고보는 두 가지 종류의 지혜를 제시하면서 사람이 어떤 지혜를 따르는지에 따라 그 사람의 내면과 외면의 삶이 판이하게 달라진다는 점을 설명한다.

지혜로운 자의 표지들

13 여러분 가운데 지혜롭고 현명한 자가 누구입니까? 그 사람에게 지혜의 온유함으로 선한 삶에서 나오는 행위를 보이라고 하십시오. **14** 그러나 혹시라도 여러분의 마음속에 지독한 시기와 경쟁심이 있다면 자랑하거나 진리를 거슬러 거짓을 말하지 마십시오(3:13-14).

야고보가 청중을 향해 "여러분 가운데 지혜롭고 현명한 자가 누구입니까?"(13절)라고 묻는 이유는 3장 서두에서 다루었듯이 디아스포라 공동체의 혼란 속에서 스스로 선생이 되려고 나선 자들을 염두에 둔 질문인 듯하다. 야고보가 그러한 자들에게 요구하는 것은 그들이 지혜를 소유하고 있다는 증거를 보이라는 것이다. 동시에 청중을 향해서는 지혜가 있다고 주장하는 자들을 모두 믿지 말고 분별하라고 암묵적으로 명령한다.

야고보가 지혜와 현명함의 증거로 보이기를 요구하는 것은 세 가지다. 첫째, 그에게 지혜에서 나오는 온유함이 있는지 확인하라는 것이다(13절). "지혜의 온유함"이라는 표현은 온유함이 지혜의 소유인 듯한 뉘앙스를 주면서, 지혜가 맺는 대표적 성품이 바로 온유함이라는 점을 표현해 준다. 온유함은 겸손하고 부드러운 마음이다. 겸손해야 지혜의 안내를 따라서 지혜의 열매를 맺기 때문에 온유함은 지혜의 첫 번째 열매이자 지혜의 열매를 맺게 하는 통로다. 야고보는 1:21에서도 '온유함'이라는 단어를 사용하여 영혼을 구원하는 마음에 심어진 말씀을 온유함으로 받으라고 말했다. 진리의 말씀에 관해서도 같은 자세가 필요하다는 말이다.

둘째, 야고보는 그 사람에게 "선한 삶에서 나오는 행위"를 "지혜의 온유함"으로 보이라고 요구한다(13절). 먼저 '선한'으로 번역된 헬라어 '칼로스'는 '윤리적으로 옳다'는 의미뿐만 아니라 '아름답다', '탁월하다', 혹은 '매력적이다'라는 의미를 지닌다. 야고보는 여기서 그가 과연 지혜를 소유하고 있다면 그 지혜는 반드시 탁월한 삶으로 구현될 수밖에 없다고 전제한다. 다시 말해서 지혜가 있다고 스스로 주장하는 사람이 있다면 그 사람의 삶의 방식을 들여다보라는 것이다. 그가 과연 하나님의 세상 회복과 새 창조에 동참하는 삶을 살고 있는지 분별하라는 것이다. 한편 야고보가 자신의 지혜를 증명하기 원하는 자들에게 "선한 삶에서 나오는 행위"를 "지혜의 온유함"으로 보이라고 요구하는 점을 주목하라. 지혜의 증거를 보이라는 요구 앞에 자신의 삶으로 겸손하게 대답하는 자세 또한 지혜로운 자의 증거가 된다.

셋째, 야고보는 지혜와 현명함을 소유했다고 주장하는 이들에게 스스로 마음의 동기를 살피라고 요구한다. "혹시라도 여러분의 마음속에 지독한 시기와 경쟁심이 있다면 자랑하거나 진리를 거슬러 거짓을 말하지 말라"는 것이다(14절).[42] 야고보는 공동체를 위해 선생의 역할을 자처하며 나서는 이들에게 그들의 마음의 동기가 혹시라도 시기와 경쟁심에 있는 것은 아닌지 확인할 것을 재차 강조한다. 시기와 경쟁심에서 출발하는 사람은 다투고 자랑하기 마련이다. 필요하다면 진리와 어긋나게 거짓을 말하기도 한다.

많은 경우, 사실과 진실은 다를 수 있다. 사람들은 자신이 알고 있는 정보가 사실이라는 이유에 고무되어 그 일을 함부로 떠벌린다. 특히 시기와 경쟁심으로 가득 찬 사람이라면 사실을 이용하여 누군가를 사회적으로 죽일 수도 있을 것이다. 자기 마음의 동기를 성찰하는 일은 쉽지 않다. 시기와 경쟁심은 성숙한 그리스도인들에게도 찾아올 수 있다. 야고보가 말하려는 것은 만약 그러한 마음의 동기가 발견될 때는 스스로를 붙잡아 절제하는 훈련을 하라는 것이다. 그렇지 않으면 공동체를 위해 시작한 일들이 결국 자기 자랑과 거짓으로 끝날 수 있다. 만약 시기와 경쟁심이 발견된다면 아직 말할 때가 아니라 더 들어야 할 때다.

땅에 속한 지혜와 그 열매들

15 그러한 지혜는 위로부터 온 지혜가 아닙니다. 그것은 땅에 속한 지혜이며, 육신적인 것이며, 귀신으로부터 온 것입니다. 16 시기와 경쟁심이 있는 곳에는 혼란과 더불어 온갖 종류의 악한 행실이 있을 뿐입니다 (3:15-16).

---

42 개역개정 성경이 '시기와 다툼'이라고 번역한 원문을 필자는 '시기와 경쟁심'이라는 내면의 상태를 지칭하는 말로 일관되게 번역했는데, 앞에 있는 '마음속에'라는 수식어 때문이다.

결국 야고보는 15절에서 지혜와 현명함의 소유를 주장하며 공동체의 선생이 되어야겠다고 나선 누군가에게 선고한다. "(당신이 지닌) 그러한 지혜는 위로부터 온 지혜가 아닙니다"(15절). 나는 야고보의 이 선고가 참 무섭다.

지혜라고 모두 같은 지혜가 아니다. 야고보는 "땅에 속한 지혜"가 있다고 말한다. 디아스포라 그리스도인들을 둘러싼 주류 사회의 삶의 방식과 제국의 이야기에서 흘러나오는 힘과 부의 지혜가 바로 땅에 속한 지혜다. 야고보는 땅에 속한 지혜를 두 가지 다른 말로 부연한다. 먼저, 그것은 '육신적인' 지혜다. 여기서 야고보는 '쉬키코스'라는 헬라어 단어를 사용했는데, 이것은 생물학적 자연인에 속한 무언가를 의미한다. 설사 그것이 악한 것이 아니더라도 생물학적 자아의 욕구는 진리의 말씀에 의해 새 창조된 자아의 욕구와는 근본적으로 다르다. 땅에 속한 지혜는 기껏해야 생물학적 자연인의 지혜에 머물 뿐, 위로부터 내려오는 하나님의 지혜에는 절대로 이를 수 없다. 다음으로 땅에 속한 지혜는 귀신의 지혜로 부연된다. 앞서 2:19에서 귀신이 소유한 어떤 믿음을 보라. 그 믿음은 절대로 하나님을 경외하거나 이웃을 사랑하도록 이끌지 못한다.

땅에 속한 지혜를 따르면 어떻게 되는가? 위로부터 오는 지혜가 열매를 맺듯이, 땅에 속한 지혜도 열매를 맺기 마련이다. 3:16에 의하면 땅의 지혜는 공동체 안에서 '시기와 경쟁심'을 부추긴다. 야고보는 3:14에 이어서 시기와 경쟁심을 재차 언급하여 청중이 자신들의 동기를 살피도록 유도한다. 시기와 경쟁심은 땅의 지혜가 선전하는 마음의 보물들 때문에 일어난다. 그 보물을 얻기 위해 시기와 경쟁심이라는 동기를 따라갈 때, 어떠한 외적 열매들을 맺게 될까? 야고보는 혼란과 더불어 온갖 종류의 악한 행실이 있을 뿐이라고 대답한다.

이 단락에서도 땅의 지혜 뒤에 있는 제국의 이야기와 그 이야기가 선전하는 마음의 우상, 그것으로 인한 시기와 경쟁심이라는 내적 혼란, 온갖 종류의 악행, 그리고 그 결과인 삶의 파괴가 어떻게 한 덩어리를 이루고 있는지 주목하라. 마음의 보물을 그대로 둔 채, 말의 실수만을 고칠 수 없는 이유가 여기에 있다.

위로부터 온 지혜와 그 열매들

17 그러나 위로부터 온 지혜는 우선 성결합니다. 그래서 화평하고 관대하고 양순합니다. 또한 그것은 자비와 선한 열매가 가득하고 편견과 위선이 없습니다. 18 의로움의 열매는 평화를 만드는 사람들이 평화 속에서 씨 뿌려 거두어들이는 것입니다 (3:17-19).

그렇다면 위로부터 온 지혜를 따르는 사람들은 무엇이 다를까? 그들이 보여주는 증거는 무엇일까? 17절에서 야고보는 위로부터 온 지혜가 맺는 여덟 가지 삶의 열매를 열거한다.

야고보는 가장 먼저 '성결함'을 언급했다. '성결함'으로 번역된 헬라어 '하그노스'는 다른 것과 구별된 상태를 가리킨다. 다른 것과 구별되어 섞이지 않았다는 점에서 순전하고 단순하다는 의미다. 그런 점에서 성결함은 야고보가 문제의 원인으로 지적하는 두 마음의 반대말이다. 위로부터 온 지혜는 하나님 앞에서 우리의 마음을 단순하게 만들고 순전하게 한다. 하나님을 경외하고 그를 닮아 간다는 목표로 그의 삶은 성결하고 단순하게 재조정된다.

그런 점에서 지혜의 첫 번째 열매인 '성결함' 혹은 '단순함'은 나머지 일곱 가지 열매를 대표한다고 볼 수 있다. 나머지 일곱 가지 열매는 모두 이웃과의 관계 속에서 맺히는 열매다. 두 번째 열매는 화평이다. 마음이 성결하고 단순한 사람은 모든 관계에서 평화를 누린다. 여기서 평화는 개인의 내적 고요보다는 타인과의 올바른 관계 속에서 충만한 기쁨을 누리는 상태다. 3:1-4:12 단락은 바로 이 평화를 상실한 공동체에 관한 말씀이다. 세 번째 열매는 관용이다. 이는 사려 깊은 마음으로 타인을 살피고 불편하거나 언짢은 사람들도 용인하는 자세다. 네 번째 열매는 양순함이다. 양순함은 타인의 말을 귀담아 듣고 자신의 뜻을 굽혀 순종하려는 자세다. 이것은 앞서 언급된 3:13의 지혜에서 나오는 온유함을 상기시킨다.

다섯 번째와 여섯 번째 열매는 짝으로 등장하는데 자비와 선한 열매의 가득함이다. 이 열매들은 2장의 내용을 상기시킨다. 특히 가난한 자들에 대한 존중과 사랑, 자비와 환대의 메시지를 상기시킨다. 자비는 야고보가 서신 전체를 통해 계속 강조하는 하나님의 성품이다(1:5, 17; 2:13; 5:11). 일곱 번째 열매는 편견 없음이다. 그것이 부자든 가난한 자든, 선생이든 제자든, 사람의 외모와 부와 지위로 함부로 그 사람을 내 마음대로 판단하지 않고, 그를 있는 그대로 수용하려는 마음이다. 여덟 번째 열매는 위선 없음이다. 2장과 3장 모두 위선의 예들을 소개했다. 믿음을 가지고 있다고 말하면서 가난한 자를 차별하고 환대하지 않는 것은 위선이다. 하나님을 찬양하면서 같은 혀로 하나님의 형상을 저주하는 것도 위선이다.

야고보가 '두 마음'과는 대조되는 마음의 성결함을 다른 모든 열매를 낳는 근원적 지혜의 열매로 보고 있다는 점은 아무리 강조해도 지나치지 않다. 하나님을 향한 순전하고 단순한 마음이 모든 것의 출발점이다. 하나님과 누리는 평화의 관계는 나 자신, 그리고 타인과 누리는 평화적 관계의 토대다. 그 마음이 하나님을 향해 있는 사람은 땅의 지혜가 종용하는 세상의 보물로 자신의 존재를 증명해야 할 필요를 느끼지 못한다. 그래서 그들은 평화할 수 있다. 야고보서의 흐름을 따라 우리는 4:1-10 단락에서 다시 이 주제로 돌아올 것이다.

3:18은 번역이 어렵기로 유명한 구절인데 나는 이렇게 번역했다. "의로움의 열매는 평화를 만드는 사람들이 평화 속에서 씨 뿌려 거두어들이는 것입니다." 18절 문장의 뼈대는 (누군가가) 의로움의 씨를 뿌려 그 열매를 거둔다는 생각이다. 여기서 야고보는 다시 의로움이라는 주제를 꺼냈다. 야고보는 앞서 2장에서 믿음과 행함의 관계를 다루면서 하나님 백성의 의로움에 관해서 말했다. 2장에서 그들이 인정받은 의로움은 하나님과의 관계 속에서 신실하고 진실되게 머물러 있다는 인정이었다. 앞서 나는 하나님 백성의 의로움은 하나님의 의로움에 근거해 있다고 주장했다. 하나님의 의로움은 당신이 지으신 세상을 친히 회복하시고 새 창조해 가시는 그분의 신실하신 성품이자 행동이다. 그 하나님의 의로움으로 인해 우리는 하나님 앞에 반응할 수 있으며 우리 또한 그분의 의로움을 닮아 갈 수 있다. 야고보는 1:20에서 그 "하나님의 의로움"을 이루기 위해 분노의 감정을 해결하라고 말했다.

야고보는 3:18에서 이제 하나님 백성이 맺는 의로움의 열매를 이야기한다. 하나님과의 관계 속에서 하나님 백성이 보여주는 신실한 성품과 삶의 모습은 의로움이다. 그것은 2장에서 가난한 자들에게 베푸는 사랑과 환대의 행위에서 나타나듯이 씨를 뿌리고 경작하고 땀 흘려 거두어들여야 할 무엇이다. 위로부터 난 지혜가 결국은 우리를 하나님과의 관계 속에서 의로운 열매를 맺게 한다는 점을 야고보는 말하고 싶었던 모양이다.

한편 이러한 의로움의 열매는 평화를 만드는 사람들에 의해서, 그리고 평화 속에서 씨 뿌려지고 추수된다(18절). 야고보는 3:17에서 지혜의 열매 가운데 하나로 평화를 이미 언급했는데, 18절에서 다시 평화라는 단어를 두 번이나 사용한다. 이는 3:1-4:12 단락 전체가 평화를 상실하고 관계의 파괴를 경험하고 있는 공동체에 대한 이야기이기 때문일 것이다. 하나님 백성이 맺기 마련인 의로움의 열매는 공동체 안팎의 이웃과 평화의 관계 속에 있는 이들, 그리고 계속해서 그러한 평화를 확장해 나가는 이들에 의해서 맺혀진다는 말이다. 평화를 만드는 사람들이 이미 그 평화 속에 있다고 야고보가 말하는 것을 보라. 그들은 이 평화의 맛을 본 사람들이다. 그래서 이 평화를 더 갈망하고 확장해 나가는 사람들이다. 하나님의 성품을 닮아 하나님이 세상을 회복하시는 일에 동참한 자들이다. 이것이야말로 위로부터 온 지혜가 맺는 삶의 열매들이다.

다시 다툼과 싸움, 그리고 혀를 통제하는 무릎

야고보는 말의 문제가 결국 마음의 문제이며, 그 마음이 누구의 목소리를 따르고 있는지에 따라 다른 열매를 맺는다는 점을 앞 단락에서 이야기했다. 땅의 지혜와 하늘의 지혜가 맺는 삶의 열매들을 대조한 뒤 야고보는 말의 오용에서 시작된 공동체 내부의 다툼과 싸움 장면으로 눈을 돌린다.

욕심을 따르는 삶을 향한 경고

1 여러분 가운데 싸움이 어디에서부터, 다툼이 어디에서부터 일어납니까? 여러분 속에서 싸움을 일으키는 그 정욕에서 나오는 것이 아닙니까? **2** 여러분은 욕심을 내어도 얻지 못해서 살인을 저지릅니다. 탐해도 소유하지 못해서 다투고 싸웁니다. 여러분이 얻지 못하는 것은 구하지 않기 때문입니다. **3** 한편 여러분이 구하여도 얻지 못하는 이유는 바로 여러분의 정욕을 채우려는 잘못된 동기로 구하기 때문입니다. **4** 간음한 여인들이여! 세상의 친구 된 것이 하나님과는 원수 된 것임을 알지 못합니까?(4:1-4)

땅의 지혜는 외적으로는 싸움과 다툼이라는 파괴적 열매를 맺고, 내적으로는 기형적 욕구 체계를 형성한다. 4:1-3에서 야고보는 욕구와 관련한 세 가지 다른 단어를 사용하여, 이 기형적 욕구 체계의 다양한 측면을 강조한다. 먼저 1절과 3절에서 '정욕'이라는 단어로 번역한 '헤도네'다. 이 단어는 주로 몸의 오감을 통해 얻는 쾌락이라는 의미로 사용되는 단어다. 2절에서 '욕심을 내다'라고 번역한 단어는 1:14-15에서도 사용된 '에피튀미아'라는 명사의 동사형인데, 넓은 의미에서의 욕망을 지칭하는 단어다. 야고보서 안에서 주로 부정적 의미로 사용된 것을 고려하여, 이를 일관되게 '욕심'과 '욕심을 내다'로 번역했다. 2절의 '탐하다'는 헬라어 '젤로우'를 번역한 것이다. 부정적 의미로 사용될 때 이 단어는 시기하는 마음을 가지고 다른 사람의 것을 빼앗으려는 의도를 나타낸다.

땅의 지혜는 우리로 하여금 생물학적 존재로 살아가도록 부추긴다. 몸의 감각이 즐거워하고 요구하는 바를 채우라고 부추긴다. 그것이 다른 사람의 것이라면 빼앗아서라도 소유하라고 부추긴다. 싸움과 다툼이 불가피하다. 문제는 욕망이란 전부 채울 수 없다는 사실이다. 간절히 욕망하지만 채울 수 없을 때 무슨 일이 벌어지는가? 1절의 싸움과 다툼은 2절의 살인으로 이어진다. 야고보는 여기서 실제로 공동체 가운데 살인이 자행되고 있다는 것을 말하려고 하기보다, 싸움과 다툼의 귀결이 무엇일지 내다보고 있는 듯하다. 예수님도 산상수훈에서 형제에게 노하거나 '라가'라고 욕하는 자는 살인에 준하는 심판을 받고 지옥 불에 들어가게 된다고 말씀하셨다(마 5:21-22). 몸에 새겨진 욕심의 힘은 방치했을 때 살인으로까지 번질 만큼 강렬하다.

여기서 야고보는 이러한 기형적 욕구 체계가 디아스포라 그리스도인들의 종교 행위에도 깊이 침투해 있음을 간파한다. 그들의 욕심은 그들의 기도를 바꾸어 놓았다. 2절에서 야고보는 "여러분이 얻지 못하는 것은 구하지 않기 때문입니다"라고 말한다. 이는 기도하기를 저버린 그들의 모습을 보여준다. 눈에 보이는 욕심과 쾌락을 채우기 위해 다투고 싸우는 사람들이 어찌 보이지 않는 하나님을 향해 기도할 수 있겠는가. 한걸음 더 나아가 야고보는 그들의 기도 또한 자신들의 욕구 체계의 반영에 불과하다는 점을 통찰한다. '헤도네', 곧 몸의 정욕과 쾌락을 채우기 위해 기도가 수단이 되어 버린 것이다. 어찌 이 기도에 하나님이 응답하시겠는가.

땅의 지혜와 그것이 형성하는 욕구 체계에 충실한 이들에 대해서 야고보는 4절에서 세 가지 비유로 평가한다. 첫째, '간음한 여인들'이다.

호세아서는 하나님과 함께 우상을 섬기는 이스라엘을 간음한 여인으로 비유했다. 땅의 지혜가 부추기는 정욕과 욕심을 이루기 위해 하나님에게 기도하는 자들이야말로 간음한 여인의 살아 있는 본보기다. 두 마음(1:8)을 품은 이들은 차라리 처음부터 남의 여인이었으면 더 좋았을 것이다. 우상과 더불어 하나님도 섬기지 않느냐는 변명은 하나님을 모독하는 행위다. 둘째, '세상의 친구'다. 야고보서에서 세상은 일관되게 하나님을 대적하는 세력으로 등장한다(1:27; 2:5; 4:4). 앞서 하나님의 친구로 불린 아브라함 이야기에서도 언급되었다시피, 친구(2:23; 4:4)는 마음의 생각과 목표를 공유하는 존재다. 셋째, '하나님의 원수'는 세상의 친구와 짝을 이룬다. 원수는 전쟁 언어다. 하나님과 그분을 대적하는 세력 사이의 전쟁에서, 정욕과 욕심을 따라 사는 이들은 하나님을 대적하는 세력의 진영에 속해 있다.

한편 청중을 "간음한 여인들이여!"라고 부르면서, 야고보는 디아스포라 그리스도인들의 그릇된 욕망을 들추어낸다. 동시에 이스라엘이 하나님 앞으로 돌아오기를 호소하는 호세아 선지자의 심정을 담아냈다.

두 마음을 해결하는 길

5 또 여러분은 하나님은 우리 안에 두신 영을 시기하기까지 사모한다는 성경 말씀을 헛된 것으로 여깁니까? 6 그러나 하나님은 더 큰 은혜를 주십니다. 그래서 하나님은 교만한 자를 물리치시고 겸손한 자에게 은혜를 주신다 하였습니다. 7 그러므로 여러분 자신을 하나님께 복종시키십시오. 마귀를 대적하십시오. 그러면 그는 여러분으로부터 도망칠 것입니다. 8 하나님을 가까이하십시오. 그러면 그가 여러분을 가까

이하실 것입니다. 죄인들이여, 손을 깨끗이 씻으십시오. 두 마음을 품은 이들이여, 마음을 정하게 하십시오. 9 슬퍼하고 애통하며 우십시오. 여러분의 웃음을 애통으로, 기쁨을 슬픔으로 바꾸십시오. 10 주님 앞에서 여러분 자신을 낮추십시오. 그리하면 그가 여러분을 높이실 것입니다(4:5-10).

야고보는 본격적으로 주류 문화의 이야기를 따라가 버린 디아스포라 그리스도인들을 향한 하나님의 심정을 대변한다. 5절에서 호세아서의 간음한 여인과 그를 찾아 나선 남편의 비유를 연장시킨다. 여기서 하나님은 간음을 저지른 그의 아내를 시기하면서도 찾아 헤매는 절박한 남편이다.

5절의 '영'(프뉴마)이라는 단어를 '성령'으로 이해할지, 아니면 '(사람의) 영'으로 이해할지에 따라 문장 전체의 해석은 달라진다. 첫째, 개역개정처럼 "하나님이 우리 속에 거하게 하신 성령이 시기하기까지 사모한다"는 말씀으로 번역할 수 있다. 이때 하나님의 영이신 성령은 세상의 친구가 된 우리의 상태를 시기하고 사모하는 주체다. 이 경우, 야고보서에서 '성령'이 유일하게 언급되는 구절이 된다. 둘째, "하나님이 우리 속에 거하게 하신 영을 질투할 정도로 사모한다"로 번역할 수 있다. 여기서 인간의 영은 하나님이 당신과 소통할 수 있도록 인간 속에 심어두신 사랑의 통로다. 그 영이 세상에게 마음을 빼앗겨 세상의 친구가 되었으므로 하나님이 다시 찾기 위해 질투할 정도로 사랑한다는 뜻이다. 야고보서 안에서 '성령'의 역할을 '지혜'가 대신하는 것처럼 보인다는 점, 그리고 현재의 문맥 속에서도 더 자연스러운 번역이라는 점 때문에 나는 후자의 번역을 취했다.

다시 한번 야고보는 은혜로운 하나님의 성품을 강조한다(6절). 야고보는 1장에서 자비하심, 선하심, 변함없으심, 의로우심과 같은 하나님의 성품을 강조(1:5, 17, 20)했다. 야고보에게 하나님은 그 충만한 사랑으로 자신을 초월하여 피조물에게 다가오시고 그들과 연합하기를 원하시는 분이다. 그렇기 때문에 하나님과 피조물의 관계는 항상 '은혜'(선물)라는 말로 묘사될 수밖에 없다. 하나님은 언제나 우리에게 자신을 선물로 베풀어 주시는 분이다. 선물은 관계를 형성한다. 그분이 하나님이기 때문에 그분과의 관계는 여타 어떤 관계와 다르다. 우리는 그 앞에서 겸손할 수밖에 없다. 교만한 자는 하나님의 선물을 받을 수 없고, 그분과의 관계 속으로 들어갈 수 없다. 교만한 자는 하나님을 하나님으로 인정하려 들지 않기 때문이다.

그런 점에서 6절이 말하는 '겸손'은 단순히 영적 간음을 저지른 것을 인정하고 뉘우치는 것만을 의미하지 않는다. 이는 소극적 의미에서의 겸손이다. 보다 적극적인 겸손은 하나님이 우리와 근본적으로 다른 차원의 존재임을 인정하는 것이다. 그럼에도 하나님이 우리에게 먼저 찾아와 은혜 베푸시는 분임을 찬양하고 경배하는 것이 겸손이다. 그분이 하나님이기 때문에 그분과 사랑의 관계를 누리는 것이 무엇보다 소중한 보물이며 다른 어떤 욕구보다 더 근원적 갈망임을 아는 것이 겸손이다. 두 마음을 해결하는 근본 치유책이 바로 여기에 있다.

야고보는 7-10절에서 짧고 연속적인 명령형을 사용하여 디아스포라 그리스도인들에게 회개를 호소한다. 이 단락은 마치 잠언 8장에서 성문과 네거리에 서서, 이스라엘의 어리석은 자들에게 여호와를 경외하고 지혜의 소리에 귀를 기울이라고 소리 지르는 지혜의 선포와 닮았다. 7절에서 야고보는 가장 먼저 하나님 앞에 자신을 복종시키라고 명령한다. 야고보서 안에서 하나님의 말씀을 겸손히 청종하는 것은 지혜의 첫걸음이다. 말하기 전에 먼저 경청하고 순종하라고 조언한다(1:19). 지혜가 맺는 가장 기본적인 열매가 온유함이며(3:13), 구원의 말씀에 대한 합당한 태도 또한 온유함이었다(1:21)는 점을 기억하라. 이어서 야고보는 마귀를 대적하라고 명한다. 하나님의 말씀을 겸손히 경청하고 순종하는 것이 먼저다. 그렇다면 마귀에게서 나오는 땅의 지혜와 그것의 열매들을 분별할 수 있을 것이다.

하나님을 "가까이" 하라는 8절의 호소는 하나님이 원하시는 것이 우리와의 사귐과 연합임을 다시 한번 상기시킨다. 6절에서 확인해 주듯이, 하나님은 우리에게 "더 큰 은혜"를 베풀기 원하는 분이다. 우리가 하나님을 가까이하려는 작은 몸짓이라도 할 때, 하나님은 우리에게 찾아오셔서 더 깊은 사귐으로 우리를 이끄신다. 이것이 "그러면 그가 여러분을 가까이하실 것입니다"(8절)의 의미다. 하나님의 임재 속에서 우리는 하나님과 친밀한 사귐 속으로 들어가고 하나님과의 연합적 관계는 깊어진다. 신비롭게도 그 사귐 속에서 우리는 더 깊은 회개를 경험하고 새로운 마음의 형성을 경험한다.

야고보는 죄인들에게 손을 씻고 두 마음을 정하게 하라고 호소한다(8절). 손을 씻는다는 것은 돌이킴을 상징한다. 1:8에 이어 두 번째로 두 마음이 여기서 언급된 것에 주목하라. 두 마음은 주류 사회의 이야기가 선전하는 보물들을 욕망하는 마음으로 인하여 갈라져 버린 마음이었다. 두 마음은 더 이상 단순하게 하나님을 바라지 못한다. 내 마음이 단순히 하나님을 바라지 않고, 많은 욕망으로 채워져 갈라져 있다는 것을 발견하는 일은 하나님의 임재 안에 있는 이들이 흔히 발견하는 것들이다. 9절이 말하듯이 그 일은 슬픔, 애통, 울음을 동반할 수밖에 없는 아픈 일이다. 그러나 동시에 그것은 우리를 새로운 존재로 변화시키고 하나님의 은혜로 인도하는 달콤한 영혼의 아픔이다. 결국에는 우리를 놀라운 사랑과 희락의 감정으로 인도한다. 그래서 야고보는 9절에서 지금의 웃음을 애통으로, 기쁨을 슬픔으로 바꾸라고 말한다. 그러면 하나님이 그 애통과 슬픔을 다시 웃음과 기쁨으로 변화시킬 것이기 때문이다.

10절에서 야고보는 다시 한번 주님 앞에서 자신을 낮추라고 당부한다. 야고보는 6절과 7절에 이어 하나님을 향한 겸손과 복종을 다시 강조한다. 하나님과의 관계로 들어간다는 것은 자신을 낮추는 일일 수밖에 없다. 그분이 하나님이기 때문이다. 우리가 스스로를 하나님 앞에서 겸손히 낮출 때, 야고보의 표현대로라면 하나님은 우리를 높이실 것이다. 겸손히 낮출 때, 우리는 비로소 하나님과의 사귐 안에 있는 우리의 참 존재를 비로소 만나게 된다. 하나님 안에 있는 그 존재는 주류 문화가 어떤 위협과 유혹으로도 흔들 수 없는 정체성의 소유자다.

9절과 10절에 공통적으로 나타나는 웃음과 애통의 치환, 그리고 낮아짐과 높아짐의 치환은 누가복음 6:25에 담긴 예수님의 지혜 말씀을 상기시킨다.

너희, 지금 배부른 사람들은 화가 있다. 너희가 굶주리게 될 것이기 때문이다. 너희, 지금 웃는 사람들은 화가 있다. 너희가 슬퍼하며 울 것이기 때문이다(눅 6:25).

이 치환은 그리스도인들이 지금 경험할 수 있는 영적 역설이자 신비이면서도 종말에 하나님의 심판대에서 온전하게 경험할 내용이다. 중요한 것은 야고보가 호소하는 대로 하나님에게 나아가라는 것이다. 하나님 앞에 나아가서 그분의 현존을 의식하고 앉아 있는 훈련을 거듭하라는 것이다. 하나님과의 사귐 속에서 우리의 욕구, 정체성, 삶의 방식이 재형성된다는 점을 아는 것과, 하나님 앞에 머리를 숙이고 앉아 있는 훈련을 통해서 그 재형성을 경험하는 것은 별개의 문제다. 야고보가 짧은 명령문 형식에 담아 하나님에게 복종하라, 하나님을 가까이하라, 손을 깨끗이 씻고 두 마음을 정하게 하라, 주님 앞에서 자신을 낮추라, 함으로써 유사한 명령을 되풀이하는 것에 주목하라. 마치 반복된 훈련을 통해 몸에 익숙하게 만들라는 투다. 하나님 앞에 앉아 있는 것이 우리 몸의 본성에 어긋나는 일이어도 인내하며 훈련하는 과정을 생략하지 말라는 것이다.

비방하고 판단하는 마음의 성찰

11 형제자매들이여, 서로 비방하지 마십시오. 형제를 비방하거나 판단하는 사람은 다름 아닌 율법을 비방하고 판단하는 것입니다. 만일 여러분이 율법을 판단한다면 여러분은 더 이상 율법을 지키는 사람이 아니라 율법의 재판관이 되려는 것입니다. 12 율법을 주시고 심판하시는 이는 오직 한 분이십니다. 그분만이 구원하기도 하시고 멸하기도 하십니다. 그런데도 이웃을 판단하려는 여러분은 도대체 누구입니까?(4:11-23)

4:11-12에서 야고보는 다시 말의 사용이라는 주제로 돌아왔다. 3:9에서 언급한 하나님의 형상들에 대한 저주는 여기서 형제자매들에 대한

비방과 판단의 행위로 구체화되었다. 비방과 판단은 어디서부터 오는가? 타인을 해할 동기로 거짓을 말하는 것이 '비방'이다. 야고보는 여기서 '판단' 또한 부정적 의미로 사용하고 있다. 판단은 자신의 관점이나 기준에서 타인을 평가하고 재단하는 행위다. 그렇기 때문에 판단의 행위 뒤에는 교만이 도사리고 있다. 타인보다 자신을 낮게 여기는 교만이기도 하지만, 이러한 교만 뒤에 있는 더 깊은 교만은 하나님을 무시하는 마음이다. 교만이라는 것은 하나님의 관점과 기준이 아니라, 자신의 관점과 기준을 내세울 때 나타나는 성품이자 행동이다.

그래서 야고보는 11절에서 형제자매를 비방하고 판단하는 일이 율법 자체를 비방하고 판단하는 것과 다름없다고 말한다. 하나님의 말씀인 율법보다 자신의 관점과 기준을 우선시하는 순간, 그는 율법을 비방하고 판단한 셈이 되었다. 야고보의 표현에 의하면 그들은 겸손히 율법을 지키려는 자가 아니라 율법 위에 서 있는 율법의 재판관이 되기를 욕망한다. 야고보가 상기시키듯, 율법을 주시고 사람을 심판하는 분은 하나님 한 분뿐이다(12절). 사람을 구원하거나 멸할 권한이 하나님에게만 있다면 자기 마음대로 형제를 판단하는 이들은 도대체 누구인가?

닫는 말: 공동체의 마음과 무릎

3:1-4:12 단락의 흐름을 되돌아보자. 야고보는 말의 문제가 혀가 아니라 마음의 문제이며, 그 마음은 결국 하나님과의 관계에 의해 형성된다고 가르친다. 이는 말의 남용을 통해 갈라진 이웃과의 관계나, 두 마음

으로 일그러진 자기 자신과의 관계 혹은 세상과의 관계가 가장 기본적으로는 하나님과의 관계에서 비롯한다는 점을 일깨워 준다. 누구도 하나님과의 관계를 다루지 않고는 말의 문제, 다툼의 문제, 정욕의 문제를 분리해서 해결할 수 없다. 하나의 덩어리이기 때문이다. 그런 점에서 말은 혀의 문제가 아니다. 마음의 문제요, 무릎의 문제다.

말의 사용에 관한 야고보의 지혜와 함께, 우리가 이 단락에서 꼭 눈여겨봐야 할 것은 신앙 공동체를 지키려는 야고보의 의도다. 위로부터 오는 지혜를 대언하면서 야고보는 소리친다. "주류 문화가 선전하는 욕망으로부터 신앙 공동체를 지켜 내라! 비방과 판단하는 말과 부주의한 말들로부터 서로의 관계와 공동체의 안녕을 지켜 내라! 평화를 만드는 사람들이 되어서 지금 여기서 종말의 평화를 구현하라. 무엇보다 공동체 전체가 하나님의 은총에 더 깊이 뿌리내려라! 이를 위해 하나님 앞으로 더 나아가 더 깊은 사귐으로 들어가라!"

야고보는 디아스포라 그리스도인들이 홀로 그리고 더불어 실천해야 할 지혜들을 쏟아 낸다. 공동체를 떠나 있는 온전한 개인은 없다. 내 삶의 중요한 신념이 있다. 성숙한 그리스도인을 길러 내는 최고의 전략이 성숙한 신앙 공동체를 세우는 일에 있다는 확신이다. 그러나 사람들이 모였다고 공동체가 되는 것은 아니다. 두 마음이 해결되지 않은 개인들이 모여서는 온전한 공동체를 이룰 수 없다. 갈라진 마음을 지닌 개인들을 치유하기 위해서라도 우리는 하나님의 형상다움을 간직하고 있는 성숙한 공동체를 세워야 한다. 하나님 앞에 더불어 무릎으로 나가는 일이 익숙한 공동체, 하나님을 향한 단순한 마음을 지닌 훌륭한 개인은 그러한 공동체로부터 배출된다.

나눔 질문

1 혀를 통제하는 지혜가 왜 참된 경건의 표지인가? 나의 말실수로 인하여 타인과의 관계 혹은 공동체가 어려움을 당한 경험을 나누어 보자.

2 말이 혀의 문제이기 이전에 마음과 무릎의 문제라면, 말의 실수를 해결하는 근본적인 대책은 무엇인가? 마음과 무릎으로 말하기는 구체적으로 어떻게 실현될 수 있을까?

3 이 단락에서 야고보가 제시하는 관계의 다양한 측면들에 주목해 보자. 온전하고 평화로운 관계가 유지될 수 있는 조건들은 무엇인가? 모든 관계는 어떻게 하나님과의 관계라는 토대 위에 근거해 있는가? 구체적인 경험을 통해 설명해 보자.

8

지혜로운 사람의 인생 경영

여는 말: 닫힌 상상력이 빚은 어떤 삶

우리는 제국의 이야기와 하나님의 세상 회복 이야기 사이의 대조로부터 야고보서 읽기를 시작했다. 각각의 이야기가 제시하는 '땅에 속한 지혜'와 '위로부터 온 지혜'를 따라 사는 사람들의 삶을 비교하면서 여기까지 왔다. 제국의 이야기와 하나님의 선교 이야기는 나름의 가치, 욕구, 충성 체계를 전수한다. 사람들의 정체성을 형성하고 그들의 삶을 지배한다. 그 이야기 안에서 자신들의 삶을 해석하게 만든다. 하나의 이야기에 갇히면 그 이야기 밖의 것을 보지 못한다. 다음 단계의 삶을 조망하는 상상력도 잃게 된다.

야고보는 4:13-17 단락에서 자신의 인생 계획에 몰두하는 어느 그리스도인들을 소개한다. 모든 사람들에게는 제한된 시간, 재물, 관계, 건강이 주어진다. 이제 무엇을 위해 그 자원들을 사용할 것인가? 우리가 누구인지는 선택의 순간에 드러난다. 제국의 이야기와 주류 문화의 이야기는 어떻게 그리스도인들의 자아에 대한 이해를 변질시키며, 급기야 그들의 상상력을 닫아 버리는가? 이 관점에서 4:13-17을 읽어 보자.

이 단락에서 야고보가 그리스도인들을 대상으로 말했다면 이어지는 5:1-6 단락에서는 공동체 밖의 불의한 부자들을 소환하여 경고한다. 대부분의 학자는 이 단락의 부자들이 그리스도인이 아니라는 것에 의견을 같이한다. 그 메시지의 엄중함과 어조의 성격을 고려하여, 나는 전체 편지 가운데 이 단락만 낮춤말로 번역했다. 편지 내내 야고보는 자기 시대의 특권적 소수 계층인 부자들에게 우호적이지 않았지만, 이 단락의 경고는 그중에서도 가장 비판적이다.

신앙 공동체 안에 있는 어느 그리스도인들의 인생 계획 이야기와 공동체 밖의 불의한 부자들의 삶의 모습에 관한 이야기 사이에 주제적 연관성이 발견되는 것은 우연이 아니다. 다음 질문들을 염두에 두면서 이두 단락을 이어서 읽는 것이 좋다. 첫째, 제국의 이야기 속에서 형성된 욕구와 삶의 방식을 그리스도인들이 계속 따라간다면 그들은 과연 어디에 이를까? 둘째, 그리스도인들이 하나님의 뜻을 분별하지 못하고 위로부터 오는 지혜를 망각하고 있는 동안, 지금 세상에는 무슨 일이 벌어지고 있는가?

어느 그리스도인들의 인생 경영에 대한 평가

1세기 대부분의 사람들은 농업에 종사하고 있었다. 2장 서두에서 회당에 등장한 부자와 같이 극소수의 대지주들이 있었고, 대부분의 사람은 소작농 등의 신분으로 지주들에게 의존한 삶을 살았다. 4:13-17 단락은 도시화 혹은 상업화가 진행되어 가면서, 그리스도인 공동체 안에도 상인으로서의 성공을 꿈꾸는 이들이 출현했음을 보여준다. 이들이 상인이었는지 아니면 상인이 되고 싶은 사람들이었는지 알 수 없다. 분명한 것은 그들이 자신들의 자산을 가지고, 앞으로 일 년 동안 장사를 하여 큰 이익을 남기려는 꿈에 부풀어 있다는 사실이다. 얼핏 아무런 문제가 없어 보이는 이들의 인생 계획에 야고보는 문제를 제기한다. 야고보가 이들에게 들려주는 인생 계획의 지혜는 무엇인가?

13 들어 보십시오. '오늘이나 내일, 우리가 어떤 도시로 가서 한 해 동안 장사를 하여 이익을 남기자' 하는 이들이여! 14 하지만 여러분은 내일 무슨 일이 일어날지 모르는 존재들입니다. 여러분의 생명이라는 것이 무엇입니까? 여러분은 잠시 나타났다가 금방 사라져 버리는 안개와 같습니다. 15 여러분은 도리어 이렇게 말해야 할 것입니다. '주님께서 뜻하신다면, 우리가 살기도 하고 이런저런 일을 할 수 있을 것입니다.' 16 그런데도 여러분이 교만하게 자랑을 하고 있으니, 이러한 자랑은 모두 악한 것입니다. 17 그러므로 선을 행할 줄 알면서도 행하지 않는 것은 죄입니다(4:13-17).

인생의 통제권은 누구에게 있는가

야고보는 먼저 삶의 통제권이 그들에게 있지 않다는 점을 상기시킨다. 큰 재물을 모을 꿈에 부풀어 있는 그들은 실상 내일 무슨 일이 일어날지도 모르는 존재들이다. 야고보는 그들의 생명을 "잠시 나타났다가 금방 사라져 버리는 안개"(14절)에 비유한다. 야고보가 삶의 계획을 무의미한 것으로 여기지는 않았을 것이다. 단지 야고보는 인간이 자신의 삶에 통제권을 지니고 있다는 착각을 교정하고 싶었을 뿐이다.

야고보가 의도했는지는 알 수 없으나, 이 본문은 누가복음 12:16-21
에 등장하는 '어리석은 부자'에 관한 예수님의 말씀을 연상케 한다. 그
부자는 밭의 소출이 많아 더 이상 쌓아 둘 곳이 없자, 고민 끝에 곡간을
더 크게 짓고 추수한 곡식과 물건을 쌓아 둘 계획을 세운다. 그리고 스
스로에게 말한다. "영혼아 여러 해 쓸 많은 물건을 많이 쌓아 두었으니,
너는 마음 놓고, 먹고 마시고 즐겨라"(눅 12:19). 그러자 그 부자에게 하
나님이 말씀하신다. "어리석은 사람아, 오늘밤에 네 영혼을 네게서 도
로 찾을 것이다. 그러면 네가 장만한 것들이 누구의 것이 되겠느냐"(눅
12:20).

이 어리석은 부자와 마찬가지로 야고보가 본문에서 소개하는 이들
도 자신의 삶에 대한 계획이 많다. 무엇보다 삶을 스스로 통제할 수 있
다는 자신감에 차 있다. 야고보서의 지혜는 하나님에게 듣는 것으로부
터 시작했다(1:5, 19). '하나님의 선교' 개념도 하나님이 지금 우리 가운
데 친히 일하고 계신다는 자각과 분별을 요청한다. 그런 점에서 삶의
최고 지혜는 하나님에게 삶의 통제권을 내어 드리고 하나님의 이끄심
을 따라가는 것이다. 하나님의 통제권을 인정하고 따라간다는 점에서
이 삶은 수동적이라 할 수 있지만, 이를 위해서 지속적으로 인내하고
하나님과의 사귐 속에 머물러 있기를 선택해야 한다는 점에서 이 삶은
더할 나위 없이 능동적이다.

삶의 통제권을 쥐고 있는 분이 따로 계심을 망각하는 순간 우리는
교만에 빠진다. 구약의 잠언도 "사람이 마음으로 자기의 앞길을 계획하
지만, 그 발걸음을 인도하시는 분은 주님이시다"(잠 16:9)라고 말한다.
스스로의 삶에 대한 통제권을 주장하는 이들이 다름 아닌 신앙 공동체

안에 있는 형제들임을 기억하자. 많은 그리스도인들이 그러한 것처럼, 어쩌면 그들은 자신들의 계획을 하나님의 뜻이라고 미화하고 있는지도 모른다. 나아가 오늘 우리 시대의 사람들이 그러한 것처럼, 더 많은 재물을 축적하고 장사가 번성하는 것 자체를 좋은 것이라고 전제하고 있는지도 모른다. 재물의 축적과 사업의 번성 뒤에 많은 관계들이 희생되고 있는 것에 대해서는 무감각하다. 삶의 소중한 자원과 기회를 통해 추구할 수 있는 다른 삶에 대해서는 조금도 상상하지 못한다.

내 삶의 한계를 인정하는가

인간이 스스로의 삶을 통제할 수 없는 이유는 무엇인가? 그것은 인간이 명확한 한계를 지닌 연약한 존재이기 때문이다. 야고보는 인간의 생명을 안개에 비유한다(14절). 나의 생명뿐만 아니라 내가 지닌 많은 것들이 잠시 나에게 주어졌다가 사라진다는 점에서 안개와 같다. 가까운 장래에 장사를 통해 큰 이익을 남길 꿈을 꾸는 공동체 내 그리스도인들에게 야고보는 삶의 한계를 인정하는 것이 지혜라고 조언한다.

생각해 보면 나에게 주어진 모든 것에는 한계가 있다. 시간, 건강, 물질, 기회, 관계도 마찬가지다. 이것을 통찰할 때, 우리는 삶 앞에 겸허해진다. 무엇보다 우리가 지니고 있는 능력과 은사도 제한되어 있다. 무슨 일이든지 할 수 있을 것만 같을 때가 있다. 모든 일을 하고 싶은 시기도 있다. 그러나 이러한 삶의 단계를 지나 인생의 성숙함에 이르면 하나님이 내게 주신 것들을 어느 곳에 사용하여 무엇을 남겨야 할지 진지하게 성찰하게 된다.

내 삶의 한계를 인정하면서부터 소명을 따르는 삶이 시작된다. 나의 한계가 소명으로 들어가는 문이 되는 셈이다. 하나님이 써 가시는 세상 회복과 새 창조의 이야기 속에 나의 작은 자리가 비로소 선명해진다. 소명이 선명해지면 나 혼자 모든 것을 하려 들지 않는다. 덕분에 주위 사람들과 더 온전한 평화의 관계 속으로 들어가게 된다. 소명이 선명해지면 하나님이 주신 은사와 자원들을 어디에 사용해야 할지 다음 단계의 지혜를 사모하게 된다. 성숙한 사람, 온전한 삶이란 이런 것이다.

선택의 순간에 주님의 뜻을 따르는가

그래서 야고보는 15절에서 그리스도인들에게 '주님의 뜻'을 구하라고 조언한다. "주님께서 뜻하신다면, 우리가 살기도 하고 이런저런 일을 할 수 있을 것입니다"(15절)라는 자세를 취하라는 것이다. 삶의 통제권을 하나님에게 내어 준 사람들이 이제 마땅히 구해야 할 것은 그분의 뜻이다. 그래서 야고보는 편지의 서두에서부터 어떤 삶의 정황 속에서 지혜가 필요할 때 하나님께 구하라고 말했다(1:5). 또 말하기는 더디 하되 듣기는 속히 하라고 말했다(1:19). 가장 속히 들어야 할 말이 누구의 말인지는 자명하다.

여기서 야고보는 하나님이 당신의 뜻을 우리에게 알리시는 분이라는 사실을 전제한다. 지혜는 하나님의 뜻 자체를 칭하기도 하고, 그 뜻을 분별하는 능력을 칭하기도 한다. 참된 경건은 하나님의 뜻을 분별하고 순종하는 자세다. 그 지혜롭고 경건한 자세를 우리는 '영성'이라고 부른다. 하나님의 뜻은 때로 불신자들도 발견할 수 있는 일반적 삶의 원리이기도 하다. 그러나 하나님과의 사귐 속에서 그분을 경외하지 않는 이들은 위로부터 오는 그 지혜를 많은 경우 분별하지 못할뿐더러 분별했다고 하더라도 순종하지 않는다. 하나님의 뜻을 분별하고 순종할 때 비로소 우리는 온전함에 이른다.

야고보가 말하는 위로부터 오는 지혜는 궁극적으로 하나님이 세상을 회복해 나가시는 이야기와 맞닿아 있다. 하나님은 세상을 회복하시고 새롭게 창조하시기 위해 친히 일하고 계시며, 그 일을 위해 당신의 자녀들을 세상으로 보내신다. 야고보는 하나님의 이야기 속에서 우리의 내일을 계획하는 것이 곧 지혜로운 인생 경영임을 말하고 싶었을 것이다. 내 인생의 이야기를 어떤 이야기 속에서 쓸 것인가? 제국의 이야기 속에서 나의 정체성과 가치관을 찾고 만들어 갈 것인가? 아니면 하나님의 선교 이야기 속에서 나의 이야기를 남길 것인가?

17절에서 야고보는 "선을 행할 줄 알면서도 행하지 않는 것은 죄"라고 말한다. 주님의 뜻에 부합하는 선한 삶이 어떠한 삶인지 이미 알려져 있으며, 이제 그 삶을 선택하는 일이 남았다는 말이다. 구체적으로 야고보는 이러한 선한 삶을 참된 경건 혹은 온전한 삶이라고 부르면서, 그 특징들을 설명해 왔다. 그 삶은 겸손히 하나님의 지혜를 듣는 삶, 그분의 성품을 닮아 가는 삶, 개인과 공동체가 조화되는 삶, 사랑과 환대로 표현되며 평화와 정의의 관계로 구현되는 삶이다.

결국, 무엇을 자랑할 것인가

1세기 제국의 이야기에 붙잡힌 이들은 재물과 권력이 지니는 위력을 눈여겨보았을 것이다. 예수님의 비유 가운데 어리석은 부자도, 야고보서의 그리스도인 상인들도 재물을 자랑한다. 그 사람이 누구인지는 그 사람이 자랑하는 것을 보면 알 수 있다. 사람들은 자신이 중요하게 여기는 무언가를 욕망하고, 그것을 소유했을 때 명예스럽게 여기며 자랑한다. 그것을 얻기 위한 일에 헌신한다. 누가복음 12장의 부자도, 야고보서 4장의 그리스도인들도 재물과의 관계가 그 사람의 자아 밑바닥을 형성해 버린 것이다. 예수님의 비유 말미에서 이 어리석은 부자를 어떻게 평가하는지 보라. "자기를 위해서는 재물을 쌓아 두면서도, 하나님께 대하여는 부요하지 못한 사람"이다(눅 12:21).

재물을 소유한 사람들은 스스로 안전하다고 여긴다. 재물의 축적 정도에 따라 자신에 대한 과한 확신을 지니게 된다. 그리고 인간의 한계를 잊어버린다. 이것이 바로 땅의 지혜를 따라 사는 사람들에게서 발견되는 현상인데, 그 결과는 교만이다(16절). 개역개정이 '허탄한'이라고 번역한 헬라어 '알라조네이아'는 '오만함'이라는 의미도 지닌다. 재물만 있으면 스스로 충분하다고 여기는 이들의 태도를 묘사하기 위해 나는 '교만'이라는 말로 번역했다. 16절에서 야고보는 이러한 사람의 자랑을 교만하다고 평가할 뿐만 아니라 악하다고 평가한다. 17절은 그들의 재물 자랑과 사용이 하나님의 선한 뜻에 반하는 것이었다고 부연한다. 여기서 야고보가 '죄'라는 단어를 사용한 것을 보라. 하나님의 말씀을 듣고 그 뜻대로 순종하지 않는 모든 것이 죄다.

어떤 세속적 부자가 상실한 것들

이 단락에서 야고보는 가상의 악한 부자들을 소환해 낸다. 그들은 제국의 논리와 욕구에 가장 충실한 사람들이다. 이 세속적 부자들에 대한 야고보의 경고는 제국의 삶을 기웃거리고 있는 그리스도인들에게 그들이 알지 못하는 제국의 실상을 폭로하는 역할을 한다.

¹ 부자들은 들으라. 너희에게 재앙이 닥칠 것이니 울고 통곡하라. ² 너희 재물은 썩었고 너희 옷은 좀 먹었구나. ³ 너희 금과 은은 녹슬었으니 그 녹이 너희를 고발하는 증거가 되어 불같이 너희 살을 집어삼킬 것이다. 너희가 마지막 날에 재물을 쌓았구나. ⁴ 보라. 너희 밭에서 추수한 품꾼들의 품삯을 너희가 갈취하였으니, 그 삯이 너희를 향하여 울부짖는다. 추수하는 자들의 우는 소리가 만군의 주되시는 그분의 귀에까지 이르렀다. ⁵ 너희는 이 땅에서 사치를 누리고 방탕하게 살았다. 살육의 날에 너희 마음을 살찌웠다. ⁶ 너희는 의로운 사람을 정죄하고 죽였다. 그가 너희에게 저항하지 않았느냐?(5:1-6)

불의한 부자들은 사치스럽고 방탕한 일상을 살았다. 그들의 재물은 썩었고 옷은 좀먹었으며 금과 은은 녹슬었다. 이는 그들의 재물이 오랫동안 쌓여 있었을 뿐, 사용되지 않았음을 말해 준다. 그들은 자기 밭에서 추수한 품꾼들의 삯을 갈취했다. 그들이 축적한 재물은 약자를 부당하게 착취하여 모은 재물이다. 그들의 악행은 여기서 그치지 않는다. 그들은 삯을 받지 못한 일꾼들의 정당한 요구를 외면했다.

　악한 부자들에 대한 묘사는 6절에서 절정에 이른다. 그들의 불의함에 대항하여 누군가가 저항하자 오히려 그들은 그 의로운 사람을 정죄하고 죽이기까지 했다. 나는 6절 마지막 문장을 "그가 너희에게 저항하지 않았느냐?"로, 곧 의문문으로 번역했다. 개역개정과 새번역은 이를 평서문으로 번역했다. 의문문 번역은 품삯을 받지 못한 품꾼이 자신의 억울함을 호소하는 이야기를 추가적으로 상상하게 만드는 장점이 있다. 악한 부자의 불의함과 힘없는 품꾼의 억울함이 극에 달한 것이다.

　제국의 모습을 재현이라도 하듯이, 이 불의한 부자는 재물을 부당하게 축적하고 힘을 마음껏 휘두른다. 한편 모든 것을 독점하고 있는 이 부자에 대한 야고보의 태도에는 오히려 그가 모든 것을 상실하고 말았다는 안타까움이 엿보인다. 야고보는 시작부터 그들에게 재앙을 예고한다. 제국의 삶을 살아온 이 부자가 상실한 것은 무엇인가?

재물로 증명할 수 없는 나의 존재 가치

야고보는 악한 부자들이 쌓아 놓은 재물을 묘사하는 것에서부터 시작했다. 그들은 오랫동안 재물을 축적했다. 그들의 재물은 썩었고 금과 은은 녹슬 정도로 오랫동안 쌓여 있었다. 그가 재물을 이토록 축적한 이유는 무엇인가? 재물이 자신의 존재감과 안정감을 확보하는 수단이기 때문이다. 재물이 그에게 힘을 제공했다. 부자는 소작농들과 종들 위에서 군림하고 그들을 마음대로 부림으로써 그들을 억압하고 착취한다. 재물은 그에게 호화로운 삶과 쾌락을 제공했다. 재물 덕분에 그는 땅 위에서 사치를 누리고 방탕하게 산다.

한마디로 이 부자의 자아는 재물 중심으로 형성되었다. 한 인간의 정체성을 형성하는 것이 그의 가치, 욕구, 명예, 충성 체계임을 다시 떠올려 보자. 맘몬은 그에게 최고의 가치요, 따라서 가장 우선적인 욕망의 대상이다. 재물을 소유할 때 명예로움을 느끼고, 그렇지 못할 때 수치를 느낀다. 결국 맘몬에게 충성한다. 맘몬을 위해서라면 가난한 일일 노동자의 하루 품삯이라도 빼앗고, 맘몬에게 저항한다면 의로운 자들이라도 정죄하고 살해할 수 있다.

재물과 재물이 제공하는 혜택들은 그 자체로도 마음의 우상 노릇을 하지만 그것들은 더 깊은 마음의 욕구를 위해 존재한다. 그는 재물이 자기 존재의 가치를 확보해 줄 수 있다고 믿는다. 그러나 야고보의 대답은 그의 예상을 완전히 빗나간다. 야고보는 그 재물은 썩었고, 옷은 좀먹었다고 표현한다. 금과 은은 녹슬었다고 말한다. 곧 그것이 영원하지 않다는 뜻이다. 재물로 자기 존재의 가치를 증명하고자 하는 자들은 그 재물과 함께 망하고 말 것이다. 야고보는 1장에서부터 재물이 지니는 한시성과 상대성을 강조해 왔다. 부자도 풀의 꽃과 같이 사라질 것이고 그 행하는 일들도 모두 쇠잔해질 것이다(1:10-11). 야고보는 인간을 하나님과의 관계 속에서만 그 존재 가치를 확인할 수 있는 '하나님의 형상'(3:9)으로 인식한다. 돈으로 살 수 없는 가치를 지닌 존재가 바로 인간이다.

이 불의한 부자는 돈으로 다른 모든 것을 살 수 있었지만 정작 자신의 존재 가치는 재물 아래로 전락해 버렸다. 그가 재물을 소유한 것이 아니라 오히려 재물이 그를 소유해 버렸다. 재물이 그를 노예로 삼아 자기 마음대로 부리고 그의 눈을 가렸다. 내가 소유한 재물로 무엇을 할 것인가? 이 질문 앞에 그의 상상력은 완전히 질식해 버렸다.

더불어 살아갈 이웃

야고보가 다음으로 관찰하는 것은 악한 부자의 인간관계다. 이 악한 부자들이 상실한 것 두 번째는 함께 살아갈 이웃이다. 그는 삶을 공유할 사람들을 제거해 버렸다. 그에게 친구를 만들 기회가 없었던 것은 아니다. 그는 일상에서 만나는 사람들과 친구가 될 수 있었다. 자신의 밭에서 일하는 소작농들과 일일 노동자들과 더불어 그는 마을 공동체를 형성할 수 있는 주도적인 위치에 있었다. 그러나 자신의 가치마저 맘몬을 통해 찾으려 했던 이 사람에게, 일일 노동자와 같은 사람들의 존재가 눈에 들어올 리 없었을 것이다. 자신의 존엄을 깨닫는 것과 타인의 존엄을 깨닫는 것은 함께 일어난다. 부자는 타인의 존엄을 짓밟음으로써 동일한 인간인 자신의 존엄 또한 짓밟고 있다는 사실을 전혀 인지하지 못하고 있다.

부자에게 품삯을 받지 못한 품꾼은 울고 있다(4절). 일일 노동자는 말 그대로 그날 일해서 받은 품삯으로 자신과 가족들을 부양하는 부류의 사람들로, 이스라엘 사회의 대표적 약자들이다. 구약성경은 이들을 공동체 전체가 보호해야 한다고 명한다. 그러나 본문에서 품삯을 받지 못한 품꾼이 울고 있음에도 아무도 나서는 이가 없다. 부자가 그 마을에서 쌓아 온 영향력과 관계들 때문에 가난한 자의 억울함과 우는 소리에도 불구하고 나서는 이가 없었을 것이다. 억울한 자를 위해 마땅히 나서야 할 이웃들이 나서지 않으니, 누가 대신해서 소리를 지르는가? 흥미롭게도 4절은 품꾼에게 주지 아니한 품삯이 울고 있다고 말한다.

이 악한 부자가 어떻게 공동체 전체를 파괴했는지 보라. 부자는 자신의 밭에서 일한 품꾼의 품삯을 갈취하여 그 한 사람만을 억울하게 만든 것이 아니다. 그는 마을 공동체 전체를 약자가 살 수 없는 비인간적이고 불의한 공간으로 만들어 버렸다. 본문에서 가난한 자의 억울한 울음에 귀기울이는 이는 하나님 한 분밖에 없다. 제국의 이야기에 충실한 부자들은 함께 살아갈 이웃을 상실해 버렸다. 그러나 본문은 제국의 이야기가 지니는 결말이 훨씬 더 파괴적임을 들려준다.

인생의 마지막 날에 대한 준비

이 악한 부자들이 상실한 세 번째는 인생의 마지막 날에 대한 준비다. 그들은 하나님의 심판을 무시했고, 그에 대한 대가를 치를 것이다. 5:1-6 단락 전체는 종말적 모티프로 가득하다. 야고보는 마지막 날 그들에게 닥칠 일을 "재앙"(1절)이라고 부른다. 개역개정의 번역 '고생'은 다소 밋밋하다. 닥칠 재앙 속에서 그들에게 남은 것은 울고 통곡할 일뿐이다. 마지막 날에 재물을 쌓았다(3절)는 표현 또한 종말의 심판 문맥에서 이해하는 것이 좋다. 하나님의 심판이 있음에도 불구하고, 자신을 위해 재물을 쌓아 두는 어처구니없는 짓을 했다는 뉘앙스다. 심판을 받을 "살육의 날"에 오히려 사치와 방탕으로 자신의 배를 "살찌웠다"(5절)는 표현도 비슷한 뉘앙스를 던진다. 이 모든 것이 증거가 되어, 하나님의 심판이 불같이 부자들을 삼킬 것(3절)이라고 말한다. 야고보는 이미 1:10-11에서 가난한 자와 부자의 역전을 예견하면서, "부유한 자는 자신의 낮음을 자랑하십시오"라고 말했다. 종말적 관점에서 읽을 때 이 명령문은 부자들이 심판대 앞에서 낮아지게 될 것을 미리 준비하라는 경고다.

무엇보다 부자는 하나님에 대한 두려움을 상실했다. 세상을 지으신 하나님, 그 세상을 바로잡고 회복하시는 하나님이라는 존재는 그의 안중에도 없다. 이 본문 안에서 일한 대가를 받지 못한 품꾼의 억울한 울음소리를 들으시는 유일한 분이 하나님임을 다시 기억하라. 그분은 반드시 공의로 이 세상을 바로잡으시고 회복하시는 분이심을 말해 준다.

이 단락의 불의한 부자들은 야고보가 들려주려는 제국의 이야기와 땅의 지혜를 가장 충실하게 살아가는 사람들이다. 겉으로는 평화를 이야기하지만, 실제로는 힘으로 상대를 억압하고 자신의 번영을 위해 다른 이들을 착취하는 것이 제국의 작동 방식이라는 것을 폭로라도 하듯이 야고보는 거친 말들을 퍼부었다. 자신의 억울함을 호소하는 약자의 울음소리를 외면하고 오히려 자신들의 명예를 실추시킨다는 이유로 약자를 살인하는 부자들의 모습이 독자들에게는 다소 충격적으로 보일지 모르겠다. 그러나 이것이 바로 제국의 이야기가 형성한 사람들의 모습이다. 그들은 철저하게 진실에 관해서, 사람에 관해서 무감각하다. 예수님의 말씀으로 하자면 곡을 하여도 울지 않고 피리를 불어도 춤추지 않는 사람들이다.

기독교 신학에서 종말과 심판은 창조 신학의 자연스러운 귀결이다. 세상을 지으신 창조주는 반드시 그 세상을 돌보시고 책임지신다. 하나님은 망가진 세상을 회복하신다. 이는 하나님의 사랑에서 기인하기도 하지만, 하나님의 명예와도 관련한다. 내 집 앞마당에서 불의한 일들이 일어나는데도 그것을 방치하는 것은 1세기 사람들뿐 아니라 우리 시대의 사람들도 용인할 수 없는 수치스러운 일이다. 심판이 필요한 이유는 하나님의 명예와 영광 때문이다. 그분의 의로운 성품과 사랑의 속성 때문이다. 장사하여 부의 축적을 꿈꾸는 어느 그리스도인들과 가난한 품꾼을 착취하는 불의한 부자들의 이야기 전체의 공통 주제는 인생의 마지막 날에 대한 의식과 창조주에 대한 경외감이다. 우리는 다음 장에서 이 주제로 다시 돌아올 것이다.

닫는 말: 깨어진 마을 공동체에 대한 그리스도인들의 책임

부자에 대한 야고보의 입장은 서신 내내 부정적이다. 그만큼 재물이 인간에게 쉽게 우상이 되기 때문일 것이다. 재물에 대한 주제를 다루는 마지막 본문인 5:1-6 단락이 결국 부자의 폭력과 가난한 자의 죽음으로 마무리되는 점 또한 재물에 대한 야고보의 경계심을 잘 보여준다. 야고보는 말하고 싶었을 것이다. "재물을 지녔을 때, 하나님과 이웃을 기억하라. 세상을 회복하시는 하나님의 뜻을 위해 선하게 재물을 사용하라." 야고보가 부자들에 관해 일관되게 부정적인 입장을 유지하지만, 이 또한 그들을 하나님과 이웃에게로 돌이키려는 그의 수사적 전략이라고 볼 수 있다. 야고보는 편지 내내 부자들에게 우호적이지 않지만 그들을 외면하지 않는다.

불의한 부자들의 폭력과 가난한 노동자의 억울한 죽음이 담긴 행간에서 다시 한번 야고보의 외침을 들을 수 있다. 불의가 횡횡하는 이 마을에 그리스도인들은 어디에 있는가? 5:1-6 단락에 이르기 전, 야고보가 묘사한 그리스도인들의 모습을 역으로 추적해 보자. 그들은 지금 자신들이 지닌 자산으로 장사를 하여 이익을 남길 꿈에 부풀어 있다(4:13-17). 자신의 욕심을 채우지 못하여 공동체 안에서 싸움과 분쟁이 일어나 서로 헐뜯고 있다(4:1-12). 하나님을 찬양하던 입술로 형제자매들을 저주하고 있다(3장). 더 소급해 올라가면 부자에 대한 그들의 자세를 엿볼 수 있는 또 다른 에피소드를 만난다. 공동체를 찾는 가난한 자들은 무시하고 모욕하면서 유독 부자들에게는 호의를 베푼다(2장).

야고보는 편지 전체를 통해 질문한다. 과연 교회는 어떠한 공동체인가? 그들은 자기 공동체 내부의 문제에서 헤어나지 못하거나, 세상을 동경하여 헛된 망상을 하거나, 그것도 아니면 세상으로부터 도피하는 공동체일 뿐인가? 길 잃은 자들을 돌이키기 위해 제국으로 보냄 받은 디아스포라 열두 지파는 지금 어디에 있는가? 불의한 부자들에 의해서 폐허가 된 공동체를 살리는 일은 한 사람의 그리스도인에게서 시작될 수 있어도 한 사람만으로는 불가능한 일이다. 야고보는 5:1-6에서 불의한 부자들을 향하여 경고와 저주를 퍼붓고 있지만, 실상 야고보가 이 편지를 보낸 대상은 그리스도인들이었음을 기억하자. 야고보는 지금 깨어진 마을에 대한 책임을 그리스도인들에게 묻고 있다.

나눔 질문

1 어떤 그리스도인의 인생 계획에 관한 야고보의 충고(4:13-17)가 나에게 상기시키는 인생의 지혜는 무엇인가?

2 불의하고 악한 세속적 부자(5:1-6)가 상실해 버린 것은 무엇인가? 그는 어떻게 그 소중한 것들을 스스로에게서 빼앗아 버렸나? 그 소중한 것들의 상실은 오늘 우리에게는 어떻게 나타나고 있는가?

3 불의한 부자를 향한 경고와 저주를 통해 야고보가 그리스도인 공동체에게 주는 메시지는 무엇인가? 이것은 오늘 우리 공동체에게 무엇을 말하는가?

삶의 끝에서
오늘을 읽는 지혜

여는 말: 이상과 현실의 간격에 대한 기독교의 대답

디아스포라 공동체에게 주는 야고보의 지혜는 현실적이다. 주류 문화의 삶을 욕망하는 성도들의 내면과 신앙 공동체의 깨어진 모습을 있는 그대로 드러낸다는 점에서도 그렇지만, 신앙의 이름으로 모든 것을 단번에 해결하려 들지 않는다는 점에서도 그러하다. 야고보에게 온전함에 이르는 과정은 개인과 공동체가 하나님 앞에서 실천하는 오랜 자기 성찰과 위로부터 오는 지혜를 따르는 삶의 습관들로 구성된다. 게다가 개인의 성품이든 공동체의 과업이든 삶의 어떤 부분은 우리의 노력에도 불구하고 미완의 상태로 남을 것이라는 사실을 야고보는 인정한다. 내 삶의 문제를 해결해 주는 것이 신앙이 아니라면, 삶의 과업을 성취하도록 돕는 것이 신앙이 아니라면, 야고보에게 기독교 신앙은 허무주의의 또 다른 이름일 뿐인가? 야고보에게 이러한 신앙과 삶의 긴장을 유지하면서도 출구를 마련해 주는 것은 다름 아닌 그가 이해한 종말론이다.

　야고보서에는 신약성경의 다른 문서들에서 발견되는 발전된 형태의 기독론이나 성령론이 발견되지 않는다. 1세기 중후반 초기 기독교 공동체가 씨름했던 율법과 복음의 관계도 발견되지 않는다. 하나님의 창조에서부터 새 창조에 이르는 기본적인 이야기 뼈대는 제시되지만, 그 과정 중에 메시아의 오심으로 일어난 구속사의 구체적 전개 과정에 관해서도 침묵한다. 그러나 야고보가 일관되게 의식하고 있는 신학적 관점들이 있는데, 그중 가장 두드러진 것이 바로 종말론이다.

우리는 앞 장에서 주어진 재물로 장사하여 이익을 보려고 계획하는 어느 그리스도인들에게 야고보가 그들의 생명이 안개와 같을 뿐임을 지적하면서, 인생의 유한성을 상기시킨 점을 보았다. 불의한 부자에 대한 경고에서는 좀 더 직접적으로 "마지막 날"(5:3)이나 "살육의 날"(5:5)과 같은 종말적 언어들을 사용함으로써 부자들에게 임할 하나님의 마지막 심판을 전한다. 곧, 이 두 단락이 요구하는 삶의 지혜의 핵심은 야고보의 종말 이해와 맞닿아 있다. 마지막 날을 잊지 말라는 것이다.

사실 야고보서는 강렬한 종말적 비전으로 시작된다. 구약성경의 선지자 이사야와 에스겔 등은 마지막 날에 하나님이 메시아를 통하여 열방에 흩어져 있는 당신의 백성을 다시 모으실 날을 예견한다(사 11:11-16[43]; 겔 36:24[44]). 디아스포라로 흩어져 있는 열두 지파(1:1)에 대한 야

---

43 "그 날이 오면, 주님께서 다시 손을 펴시어서, 그의 남은 백성들, 곧 앗시리아와 하 이집트와 상 이집트와 에티오피아와 엘람과 바빌로니아와 하맛과 바다 섬들에서 남은 사람들을, 자기의 소유로 삼으실 것이다. 주님께서 못 나라가 볼 수 있도록 깃발을 세우시고, 쫓겨난 이스라엘 사람들이 그 깃발을 보고 찾아오게 하시며, 흩어진 유다 사람들이 땅의 사방에서 그 깃발을 찾아오도록 하실 것이다.… 주님께서, 남은 백성 곧 앗시리아에 남은 자들이 돌아오도록 큰길을 내실 것이니, 이스라엘이 이집트 땅에서 올라오던 날과 같게 하실 것이다"(사 11:11-16).

44 "내가 너희를 이방 민족들 가운데서 데리고 나아오며, 그 여러 나라에서 너희를 모아다가, 너희의 나라로 데리고 들어가겠다. 그리고 내가 너희에게 맑은 물을 뿌려서 너희를 정결하

고보의 언급 또한 이러한 종말적 기대를 배경으로 한다. 지금은 하나님의 목적을 위해 디아스포라로 보냄 받았지만, 언젠가는 하나님이 자녀들을 당신의 나라로 다시 모으실 것이라는 삶에 대한 조망으로 야고보서가 시작된다는 것이다. 독자들에게 이러한 관점에서 서신을 읽을 것을 권하는 해석학적 설정이다.

야고보의 종말적 관점은 5:7-11 단락에서 가장 선명하게 드러난다. 이 단락에서 야고보는 두 번이나 "주님께서 다시 오실 날"(5:7, 8)을 직접 언급한다. 그날에 임할 "심판"에 관해서도 역시 두 차례 언급한다(5:9). 그리고 주님의 오심을 기다리고 그분의 심판을 의식하며 살아간 이들의 모범을 예시한다.

7 그러므로 형제자매들이여, 주님께서 다시 오시는 날까지 인내하십시오. 농부가 어떻게 땅에서 나는 귀한 열매들을 기다리는지 보십시오. 이른 비와 늦은 비가 내릴 때까지 오래 참고 기다립니다. 8 여러분도 오래 참으십시오. 마음을 굳건하게 하십시오. 주님께서 다시 오실 날이 가까이 왔습니다. 9 형제자매들이여, 서로 불평하지 마십시오. 그래야 심판받지 않을 것입니다. 보십시오. 심판하실 분이 문 앞에 서 계십니다. 10 형제자매들이여, 주님의 이름으로 말씀을 전한 선지자들을 본보기로 삼으십시오. 그들도 고난을 겪었으나 오래 참았습니다. 11 보십시오. 그래서 우리가 오래 참은 자들을 복되다고 여기는 것입니다. 여러분은 욥의 인내를 들었고 주님의 결말도 보았습니다. 주님께서는 긍휼

게 하며, 너희의 온갖 더러움과 너희가 우상들을 섬긴 모든 더러움을 깨끗하게 씻어 주며… 그 때에는 내가 너희 조상에게 준 땅에서 너희가 살아서, 너희는 내 백성이 되고, 나는 너희의 하나님이 될 것이다"(겔 36:24-28).

이 많은 분이시며 자비하신 분이십니다(5:7-11).

이러한 점에서 5:7-11 본문은 야고보가 지닌 종말적 관점의 뼈대들을 모두 담고 있다. 야고보에 의하면 주님은 다시 오신다(7-8절). 그날은 모든 것의 열매가 드러나는 날이다(7절). 하나님은 모든 것의 심판자다(9절). 이러한 이해에 근거하여 야고보는 이날을 의식하며 사는 사람들의 오늘은 다를 수밖에 없다고 구절마다 언급한다. 이번 장에서 우리는 5:7-11 단락을 중심으로 야고보가 말하는 종말적 삶의 자세에 관해 살펴보려 한다. 그 과정에서 우리는 자연스럽게 서신의 이전 단락들도 함께 돌아보게 될 것이다.

하나님이 완성하실 것을 소망하는 삶

창조의 완성을 기다림

앞 장에서 언급한 대로 기독교의 종말 신앙은 창조 신앙에서부터 출발한다. 세상을 지으신 하나님은 당신의 피조물을 보시고 "좋다"(창 1:4, 10, 18, 21, 25), 그리고 "심히 좋다"(창 1:31)고 하셨지, '완전하다'고 말씀하지 않았다. 세상은 완성을 향해 나아간다. 하나님의 창조 행위는 여전히 진행 중이다. 스스로 계획하시고 창조하시는 하나님은 반드시 이 모든 일을 완성하시고야 말 것이다. 그리고 그 완성의 날에 당신의 작품과 계획뿐만 아니라 당신의 존재 또한 완전하게 드러내실 텐데, 우리는 그 하나님 됨의 완전한 발현을 '하나님의 영광'이라고 부른다. 모든 피조물이 그분의 영광과 능력과 지혜의 충만함을 경외할 수밖에 없을 것이다.

하나님이 당신의 영광을 완전히 드러내실 그날에 피조물 또한 하나님이 준비하신 영광에 이른다. 하나님은 당신이 지으신 피조물을 끝까지 돌보시고 책임지신다. 그들에게 문제가 있다면 회복하고 바로잡는 일을 멈추시지 않는다. 피조물의 창조와 완성의 과정이 회복과 구원을 포함하게 된 이유가 여기에 있다. 명예와 수치 문화의 언어로 이야기할 때, 이 모든 것은 창조주 하나님의 이름, 곧 명예와 직결된다. 피조물과의 관계에서 그분은 당신의 이름에 걸맞는 행위로 영광을 드러내실 것이다.

야고보는 5:7에서 주님이 다시 오시는 날에 완성될 무언가를 농부가 기다리는 "귀한 열매"로 묘사한다. 가을이 되면 농부가 뿌린 씨앗의 열매를 수확하듯이 그날이 되면 비로소 하나님의 창조가 의도된 완성에 이르는 것을 보게 된다는 점을 암시한다. 야고보는 하나님이 완성하실 것을 우주적 차원, 개인적 차원, 사회적 차원에서 조망한다.

우주적 차원의 종말적 비전은 1:1에서 시작된다. 그날에 하나님은 흩어져 있는 당신의 모든 백성을 불러 모으실 것이다. 하나님은 인간뿐만 아니라 하늘에 떠 있는 "빛들의 아버지"(1:17)이기도 하다. 하나님은 당신의 모든 피조물을 낳으셔서 새 창조에 이르게 하신다. 우주적 완성의 관점에서 볼 때 야고보가 말하는 하나님의 의로움은 당신이 지으신 피조물을 끝까지 돌보시고 완성에 이르게 하실 하나님의 신실하신 성품과 행동을 일컫는다.

야고보는 이미 그 창조의 완성에 이르신 분이 그리스도라고 말한다. 그리스도는 이미 영광에 이르셨다(2:1). 그런 점에서 그리스도는 하나님이 이끌어 가시는 우주적 새 창조의 영광을 미리 보여주기도 하고, 그 과정에서 하나님의 백성이 이르게 될 개인적 차원의 영광을 보여주기도 한다. 야고보는 신약의 다른 저자들과 마찬가지로 예수를 "주님"이라고 부른다(1:1; 2:1). 예수 그리스도는 주님으로서 세상을 통치하고 계시며, 주님이기 때문에 심판자로 다시 오실 것이다(5:7). 예수께서 하나님의 형상으로 지음 받은 모든 인간의 대표라는 점을 기억할 때, 그리스도께서 이른 영광과 하나님을 대신하여 행하는 통치의 역할은 하나님이 인간을 위해 준비한 종말적 영광의 모습이다. 그날에 우리도 주님처럼 영광 가운데 통치할 것이다. 그런 점에서 그리스도는 새 창조의 영광에 가장 먼저 들어간 분일 뿐만 아니라, 다른 이들이 그 영광에 들어갈 수 있도록 이끄시는 중재자이기도 하다.

영광에 이른 예수의 모습을 통해 야고보는 그날에 하나님의 자녀들이 이르게 될 개인적 완성을 내다본다. 이 땅에서 그리스도인들은 온전한 하나님의 형상으로 살지 못하여 실망과 실패를 거듭한다. 4장에서 장사하여 이익을 탐하는 어느 그리스도인처럼 하나님이 주신 선물들을 하나님의 선한 일을 위해 사용하지 못하고 자기 자랑에 사용하기 일쑤였다. 2장에서 지적한 것처럼, 하나님을 대신하여 타자를 사랑하고 환대하지 못하여 스스로 온전하지 못한 삶을 살기도 했다. 그들은 하나님처럼 하나님의 피조물을 사랑으로 통치하지 못했다. 그러나 야고보의 소망은 하나님이 완성하실 창조 이야기에 있다. 하나님은 여전히 그들 가운데서 일하시며 그들이 마지막 날의 영광에 이르도록 돕고 계신다. 하나님이 당신의 뜻을 따라 진리의 말씀으로 그리스도인 공동체를 새롭게 낳으셨고, 그들을 그의 피조물 가운데 (새 창조의) 첫 열매가 되게 하셨다는 1:18 말씀이 그 소망의 근거다.

야고보는 편지의 본론에서 제국의 이야기와 주류 문화의 욕망에 사로잡힌 디아스포라 그리스도인 공동체를 격하게 책망하지만, 그 책망은 야고보의 종말적 비전 속에서 해석되어야 한다. 야고보는 하나님이 성도들 가운데 지금도 새로운 무언가를 창조하고 계심을 믿는다. 그들 자신이 아니라 하나님이 그들을 "온전함"(1:4)에 이르게 하실 것이다. 이 땅에서 살면서 온전하고 성숙하지 못했던 그들은 주님이 다시 오시는 날 비로소 하나님의 성품을 온전하게 반영하는 영광을 경험하게 될 것이다. 하나님의 의로우심(1:20)을 완전히 닮은 채 타인들과 피조물을 돌볼 것이다. 또한 타자들을 사랑하고 환대할 것이다.

사회적 차원에서 볼 때, 이는 야고보가 내다보는 종말적 평화로 귀결된다. "위로부터 온 지혜"를 따라 사는 자들을 야고보는 "평화를 만드는 사람들"(3:18)이라고 불렀다. 여기서 '평화'라고 번역된 헬라어 '에이레네'는 히브리어 '샬롬'을 번역한 것이다. 샬롬은 하나님이 지으신 모든 관계 속에서 하나님이 의도한 충만한 복과 기쁨을 누리는 상태를 뜻한다. 그것은 하나님과의 관계뿐만 아니라 사람과 사람 사이의 관계, 인간과 피조 세계의 관계를 포함한다. 그런 점에서 샬롬은 구약이 내다보는 '가장 좋은 삶'이라고 말할 수 있다. 그것의 성취가 요원해 보이는 삶의 현실들로 인해 샬롬은 줄곧 종말적 소망의 대상이 되었다.

그리스도인들은 평화를 갈망하는 사람들이지만 그 평화가 이 땅에서는 완성되지 않을 것이라는 현실을 인식하는 사람들이기도 하다. 야고보가 말하는 대로 그들은 이 땅에서 사랑과 환대의 공동체를 이루고, 하나님을 대신하여 세상을 돌보고 회복하려는 의로운 공동체가 되기를 소망한다. 하지만 한편으로는 하나님만이 그러한 공동체를 완성하실 수 있다는 점을 인정한다. 그래서 종말적 삶의 자세는 무엇보다 하나님의 역사 개입, 그분의 능력에 대한 의존, 그분의 다스림에 대한 인정을 전제로 한다.

과업과 소명의 성취를 주님께 의탁함

여기서 우리는 다시 야고보가 전제하고 있는 큰 이야기로 돌아온다. 하나님의 창조는 아직 끝나지 않았다. 완성을 향하여 진행 중이다. 그리고 믿음의 눈으로 볼 때, 실상 우리가 하는 모든 일은 하나님의 창조 이야기의 일부다. 종말적 관점 속에서 이해할 때, 우리가 주님의 일을 위해 보냄 받았다는 사실은 어떠한 삶의 자세를 우리에게 요구하는가? 사실 우리가 하는 많은 일들은 그 완성을 볼 수 없는 것들이다. 그러나 우리는 신뢰한다. 언젠가는 주님이 그 일을 완성하실 것이다. 이는 그리스도인들의 과업과 소명을 새로운 관점에서 이해하게 만든다. 소명의 이해와 과업의 달성에서도 우리는 하나님의 다스림을 인정하고 그분에게 통제권을 내어 드릴 수 있다. 개인뿐만 아니라 공동체도 그러하다. 우리는 역사 속에서 하나님의 부름을 받아 그분의 일의 한 영역을 감당하다가 돌아갈 뿐이다. 전체 그림을 보시고 그 일을 이루시는 분은 하나님이다.

마지막 날 우리는 놀라운 광경 하나를 보게 될 것이다. 그것은 우리가 노력했으나 실패했고 성공한 것 같았으나 완성하지 못했던 일생의 과업들이 온전히 완성된 황홀한 광경이다. 사람을 세우고자 노력했던 이들은 그 사람이 이르게 된 완전한 하나님의 형상됨에 놀랄 것이다. 자연을 돌보고 가꾸었던 이들은 새 창조로 옷 입은 자연의 찬란한 아름다움을 경축하게 될 것이다. 노래를 만들고 그림을 그리고 시를 쓰던 이들은 마음속에 희미하게 담고 있었으나 다 표현하지 못했던 아름다움의 완성을 보게 될 것이다. 무엇보다 우리는 이 모든 일이 나의 일이었을 뿐만 아니라 처음부터 하나님이 진행하시는 창조의 프로젝트였음을 깨닫게 될 것이다. 또한 창조주께서 지상의 과업들이 완성에 이르도록 친히 일해 오셨다는 것을 우리는 새삼 깨닫게 될 것이다. 전체 모자이크를 봐야 작은 퍼즐의 위치와 의미를 알 수 있듯이, 우리가 열심히 노력했으나 그 의미를 알지 못해 고민했던 많은 일의 위치도 비로소 알게 될 것이다. 야고보서의 인간론이 하나님의 형상됨(3:9)에 근거해 있듯이, 결국 우리는 하나님의 창조 행위에 동참하도록 보냄을 받았다. 우리는 창조주와 협업 중이다.

하나님의 심판을 의식하는 삶

5:9에 의하면 다시 오실 주님은 심판의 주님으로 오신다. 야고보는 그 심판을 면하기 위해서 서로 원망하지 말라고 당부한다. 하나님의 창조가 완성되어 그분의 영광이 드러나는 날에는 모든 사람의 삶이 심판대 앞에 세워질 것이다. 우리가 살아온 삶에 대해 하나님과 계수할 날이 있을 것이라는 의식은 그리스도인들의 현재적 삶의 모습을 형성한다. 그런 점에서 그리스도인들은 그리스도의 초림으로 인해 새로운 삶을 시작했고, 그의 재림으로 인해 다른 동기와 책임감으로 형성된 삶을 산다.

최후의 법정에서 얻을 명예와 수치

하나님의 심판 주제는 야고보서 전체에 스며들어 있는데, 1:9-10이 그 첫 번째 본문이다. 여기서 야고보는 가난한 자는 오히려 자신의 높음을 자랑하고, 부유한 자는 자신의 낮음을 자랑하라고 말했다. 실제로 여러 학자가 그렇게 생각하는 것처럼 만약 여기서 야고보가 종말적 관점을 견지하고 있다면, 가난한 자와 부유한 자는 지금 종말의 심판대 앞에 서 있는 셈이다. 부유한 자는 이제 낮아지는 것 외에는 자랑할 것이 없다. 4:10의 말씀인 "주님 앞에서 여러분 자신을 낮추십시오. 그리하면 그가 여러분을 높이실 것입니다" 또한 하나님의 심판대에서 일어날 일이다. 이러한 종말적 치환은 그래서 "웃음을 애통으로, 기쁨을 슬픔으로" 바꾸라는 4:9의 현재적 명령을 낳는다.

1:12의 "생명의 면류관" 모티프도 하나님의 심판 장면에서 자주 등장하는 주제다. 믿음의 시련을 견디어 낸 자들은 하나님이 주시는 생명의 면류관을 받을 것이다. 면류관은 운동 경기에서 승리하는 자들에게 주어지는 상이다. 그것은 승리한 자에게 명예를 부여한다. 1:12이 야고보서 1장에서 두 번째 서론의 시작으로서 첫 번째 서론의 주제와 병행을 이룬다는 점을 기억하라. 1:2-4에서 야고보는 믿음의 시련과 검증 아래 있는 성도들에게 인내하라고 부탁한다. 인내함으로써 믿음의 경주를 마치고 온전함에 이르는 이들에게 하나님은 생명의 면류관을 주어 그들을 명예롭게 하실 것이다.

이러한 점에서 최후의 심판대는 마지막 '명예의 법정'이 될 것이다. 이는 주류 사회로부터 주어지는 '가짜 명예'를 탐하는 성도들의 시선을 하나님이 주시는 '참된 명예'로 돌리게 하는 수사적 효과를 지닌다. 땅에서 경험하는 수치들이 실상은 '가짜 수치'임을 깨닫게 만든다. 아울러 최후의 명예 법정에서 당하는 '진정한 수치'를 부끄러워하는 건강한 수치심을 불러일으킨다.

주류 문화의 가치와 욕구에 잠식된 디아스포라 그리스도인들을 일깨워야 했던 야고보는 그러한 이유 때문에 최후의 심판에서 얻을 상급보다는 책망에 대한 경고를 더 많이 기록하고 있다. 2:12-13이 또 다른 예다. 가난한 자들을 차별하고, 이웃을 사랑하라는 하나님 나라 최고의 명령을 무시한 자들을 하나님은 간과하지 않을 것이다. 하나님으로부터 받은 은혜와 긍휼에 올바르게 반응하지 않고 가난한 자들에게 긍휼을 베풀지 아니한 그들에게 하나님은 긍휼 없는 심판을 베푸실 것이다. 야고보는 2:13에서 하나님의 엄위한 심판대에 두려움 없이 설 수 있게 하는 것은 하나님의 긍휼에 또 다른 긍휼로 화답하는 삶임을 확인한다. 행함이 없는 믿음으로는 구원에 이르지 못한다는 2:14 말씀도 같은 맥락이다. 여기서 말하는 구원을 종말의 심판대 앞에서 얻는 구원이라고 보는 것이 좋다. 야고보가 말하는 행함이란 어떠한 경우라도 하나님의 사랑과 환대에 대한 감사의 응답으로서의 행함을 뜻한다.

하나님의 심판 주제는 4:11-12 단락에서 다시 드러난다. 자신의 관점에 지나친 확신을 가지며 그 관점으로 형제를 판단하고 비방하는 자들은 실상 재판관이신 하나님의 자리에 앉으려 하는 것이라고 야고보는 경고한다. 재판관은 오직 한 분 하나님밖에 없다. 4:12이 말하는 것처럼, 그분만이 최후의 심판을 통해 누군가를 구원하거나 멸할 권한을 가지고 계신다.

이어지는 4:13-17 단락이 소개하는 어느 도시에 가서 장사하여 이익을 남기려는 한 그리스도인에게 야고보가 주는 지혜의 핵심도 인생의 끝 날이 있다는 종말적 관점이다. 야고보가 직접적으로 언급하지 않았지만, 심판은 암시되어 있다. 안개와 같은 존재인 인간의 정체를 망각한 채 주님의 뜻은 안중에도 없고 교만한 재물 자랑에 정신이 팔려 있거나, 주님이 원하는 선한 삶이 무엇인지 알면서도 그것을 행하지 않는 삶에 대해 주님은 계수하실 것이다.

어느 악한 부자의 이야기를 다루는 5:1-6 단락에서 최후의 심판 주제는 가장 선명하게 언급된다. 야고보는 부자들에게 이제 곧 닥칠 고생으로 인해 울고 통곡하라고 예고한다(5:1). 악한 부자들이 마지막 날에 재물을 쌓았다고 말하는 부분에서 '마지막 날'은 일차적으로 최후의 심판대를 가리킨다. 어처구니없게도 부자들은 심판대 앞으로 부당하게 취한 재물을 들고 온 것이다. 더 직접적으로 야고보는 그들이 심판받을 날을 "살육의 날"(5:5)이라고 표현한다. 부자들의 삶에 대한 하나님의 안타까움과 의로운 분노가 묻어나는 표현이다.

성찰하고 돌아서는 지혜

이러한 말씀들이 말해 주듯이 야고보에게 지혜란 하나님의 심판을 의식하고 준비하며 사는 자세다. 하나님이 내게 주신 은사와 관계, 재물과 시간을 가지고 나는 무엇을 했는지 우리 모두는 하나님에게 대답할 말을 준비해야 한다. 그렇기 때문에 하나님의 심판을 의식하는 삶은 어떤 이에게는 자신의 삶의 방향을 돌이키라는 시급한 명령으로 다가온다. 종말적 관점이 폭발적으로 제시되는 4장 중반부에서부터 야고보는 두 마음을 정결하게 하라(4:8), 형제를 판단하거나 비방하지 말라(4:11-12), 재물에 관한 허상과 교만한 자랑에서 벗어나라(4:16), 그리고 맘몬을 숭배하고 이웃을 억압하여 착취해서라도 사치와 쾌락을 탐하는 삶에서 돌아서라(5:1-6)고 호소하며 회개를 요청한다. 하나님의 심판대에 설 날을 의식하고 겸손한 마음으로 그분의 경고에 귀 기울이는 것이 지혜다.

하나님의 심판대 앞에 설 때, 그분은 우리가 살아온 삶뿐만 아니라 우리 마음의 동기 또한 살피실 것이다. 사람들은 일의 결과를 보지만 하나님은 마음의 동기를 보신다. 결과가 좋았다고 하더라도 우리가 지닌 잘못된 동기들에 대해서 하나님은 물을 것이다. 많은 경우 그 동기들은 자신의 영광을 구하는 일과 관련한다. 앞서 여러 차례 언급했다시피, 욕심과 두 마음의 근본 출처는 우상 숭배다. 그리고 우리가 우상으로 섬기는 재물이니 권력이니 하는 것들은 모두 심층적인 우상 숭배인 자기 숭배에 뿌리내려 있다. 하나님에게서 존재의 이유와 안정감을 찾지 못하는 이들은 다른 무언가로부터 그것을 찾으려 들 수밖에 없다.

어리석은 자는 순간의 쾌락과 명예를 탐하지만, 지혜로운 자는 영원한 기쁨과 명예를 구한다. 사람들에게 모욕을 당하더라도 최후의 명예 법정에서 주님이 주시는 칭찬과 명예를 바라보며 인내하는 사람이야말로 온전한 인격과 믿음을 소유하고 있는 그리스도인이다. 야고보는 그것이 바로 지혜의 현현이라 할 수 있는 예수께서 보여주신 지혜라고 일러 준다. 그분은 사람들에게 버림 당하고 수치를 당하였으나 결국 하나님이 주시는 영광(2:1)에 이르렀다.

나는 5:11에 등장하는 "주님의 결말"이라는 표현에 주목하고 싶다. 욥의 고난과 인내 이야기의 연장선에서 이 표현을 말 그대로 "주님(자신)이 이르신 결국 혹은 마지막"이라는 의미로 읽을 수는 없을까? '주님'이라는 표현은 5:8, 9에서 재림과 심판의 주체이신 그리스도를 가리키는 표현으로 사용되었다. 이것이 가능하다면 5:11에 대한 또 다른 이해가 가능해진다. 욥의 인내를 우리가 들었다. 고난 속에서 욥은 많은 불평을 쏟아 냈다.[45] 그러나 우리는 '주님, 곧 그리스도의 결국'을 기억한다. 그분은 억울한 고난 속에서 끝까지 인내하셔서 결국 영광에 이르셨다. 주님의 이야기야말로 인내할 것 많은 세상을 살아가는 디아스포라 그리스도인들이 살아 내야 할 최고의 지혜 모범이다. 그래서 지혜로운 자는 그리스도를 묵상한다.

완성될 미래를 지금 여기서 살아가는 삶

기독교의 종말 신앙은 모든 것이 완성될 미래의 그날만을 바라보며 현재의 삶을 희생하거나 유예하는 삶이 아니다. 오히려 종말적 삶은 완성될 미래의 삶을 지금 여기서부터 살아가는 독특한 삶의 자세를 형성한다. 이러한 삶이 가능한 이유는 두 가지 종말적 삶의 태도에서 비롯한다. 첫째, 마지막 때에 심판하실 하나님의 현존에 대한 의식이다. 둘째,

---

45 하나님을 향한 욥의 불평은 아래 구절들에서 나타난다. "그러나 나는 입을 다물고 있을 수 없습니다. 분하고 괴로워서, 말을 하지 않고는 견딜 수 없습니다. 내가 바다 괴물이라도 됩니까? 내가 깊은 곳에 사는 괴물이라도 됩니까? 어찌하여 주님께서는 나를 감시하십니까? 잠자리에라도 들면 편해지겠지, 깊이 잠이라도 들면 고통이 덜하겠지 하고 생각합니다만, 주님께서는 악몽으로 나를 놀라게 하시고, 무서운 환상으로 저를 떨게 하십니다. 차라리 숨이라도 막혀 버리면 좋겠습니다. 뼈만 앙상하게 살아 있기보다는, 차라리 죽는 것이 낫겠습니다. 나는 이제 사는 것이 지겹습니다. 영원히 살 것도 아닌데, 제발, 나를 혼자 있게 내버려 두십시오. 내 나날이 허무할 따름입니다"(욥 7:11-16). 욥기 마지막 부분에 나타난 욥의 말에 대한 하나님의 다음 평가에서 요약적으로 나타난다. "그러자 주님께서 폭풍 가운데서 다시 말씀하셨다. 이제 허리를 동이고 대장부답게 일어서서, 내가 묻는 말에 대답하여라. 아직도 너는 내 판결을 비난하려느냐? 네가 자신을 옳다고 하려고, 내게 잘못을 덮어씌우려느냐?"(욥 40:6-8)

훗날 완성될 것의 첫 열매를 미리 맛보는 삶이다. 이러한 삶을 사는 이들에게 발견되는 것들이 있다.

하나님의 현존과 일하심을 분별하는 눈

편지의 서두에서 야고보는 여러 시험을 당하고 있는 성도들에게 이 모든 것을 "온전히 기쁘게 여기십시오"(1:2)라고 말한다. 이 말씀은 "디아스포라 열두 지파"라는 상징을 통해 하나님 백성의 종말적 완성을 내다보는 바로 앞 1절만큼 종말적이다. 주류 문화로부터 소외당하고 시험당하는 상황 속에서 어떻게 기뻐할 수 있을까? 그것은 종말적 삶의 태도에서 비롯한다.

먼저 종말적 삶의 태도는 현재의 고난과 어려움을 하나님의 심판대에서 받을 칭찬과 명예로 치환한다. 그리스도인들이 현재의 삶 속에서 얻는 기쁨을 유일한 기준으로 여기지 않는 이유가 여기에 있다. 기쁨의 근원이 달라진다. 시험은 오히려 믿음의 단련을 통해 온전함에 이르는 기회로 여겨진다(1:3-4). 생명의 면류관을 받을 기회로 여겨진다(1:12). 나아가 종말적 삶의 자세는 시험 가운데서도 하나님이 일하고 계시며 이 상황 또한 우리를 온전하게 창조해 가시는 하나님의 창조 행위의 일부임을 고백하게 한다. 시험 중에서 하나님의 현존과 그분의 일하심을 체험할 때 성도들은 말할 수 없는 기쁨을 얻는다. 오히려 그분의 뜻에 모든 것을 기쁨으로 맡기게 된다. 다시 말해서 종말 신앙은 현재의 삶을 읽을 수 있는 다른 안목을 제시한다. 다른 이들이 보지 못하는 것을 보게 한다.

함께 새로운 삶을 살아가는 공동체

야고보는 하나님이 마지막 날에 완성하실 그분의 공동체가 그들 가운데서 이미 시작되었다는 점을 의식한다. 1:18의 "우리는 그의 피조물 가운데 첫 열매가 된 것"이라는 야고보의 말이 이를 암시한다. 야고보는 진리의 말씀이 그리스도인 공동체를 낳았다고 말하면서, 이 공동체가 하나님이 낳으신 '첫 열매'라고 말한다. 하나님이 복음의 능력을 통해 세상을 새롭게 창조해 가시는 일의 첫 열매가 신앙 공동체라는 것이다. 이는 우리 가운데 그 새 창조가 이미 시작되었음을 말해 준다. 그래서 창조의 미래적 완성을 기대할 뿐만 아니라 미래적 완성의 실재를 지금 여기서부터 참여하게 한다.

이 새 창조에 속한 삶은 주류 문화가 추구하는 삶과 근본적으로 다르다. 야고보서 2장이 좋은 예다. 2장 전체는 사랑과 환대의 공동체를 세워 가라는 명령을 담고 있다. 제국의 이야기가 제시하는 차별과 탐욕의 삶과는 대조되는 삶이다. 사실, 이 삶은 근본적으로 종말적 삶이다. 사랑과 환대의 공동체라는 비전은 하나님이 마침내 우주적 평화(샬롬)를 이루실 때 완성될 것이다. 그러나 2:5에서 야고보는 하나님이 이미 가난한 자들에게 "자신을 사랑하는 이들에게 약속하신 나라를 상속케" 하셨다고 말한다. 부분적이나마 이들은 이미 사랑과 환대로 대변되는 하나님 나라의 공동체를 이 땅에서 경험한다. 땅 위의 신앙 공동체는 완성될 하나님 나라 공동체의 첫 열매이기 때문이다.

그리스도인 특유의 구별된 상상력

그 완성을 향해 나아가는 선하신 하나님의 창조 이야기 속에서 살아가는 이들의 특징은 그 이야기 안에서 자신들의 삶의 이야기를 상상한다는 점이다. 하나님의 창조와 완성의 이야기 속에서 살아가려는 이들은 그 속에서 오늘의 삶을 위한 "위로부터 온 지혜"(3:17)를 얻는다. 이 지혜는 하나님의 창조 행위와 궤를 같이하는 삶을 살게 한다. 야고보가 3:18에서 말하듯이, 이들은 지금 여기서 하나님이 완성하실 '평화'(샬롬)를 이루어 가는 창의적인 상상을 한다. 이 문맥에서 야고보는 이러한 지혜를 따라 평화를 만드는 이들이 맺을 "의로움의 열매"(3:18)를 언급한다. 자신의 피조물을 포기하지 않고 결국 영광의 완성에 이르게 하실 창조주의 성품과 행위를 우리는 "하나님의 의로움"(1:20)이라고 이해할 수 있다. 디아스포라 공동체는 바로 이 하나님의 창조와 완성의 행위에 동참하도록 부름을 받았다.

하나님의 창조와 완성의 이야기 속에서 창의적 상상력을 기르는 비결이 있을까? 야고보가 4:6-10에서 하나님 앞에 겸손하고 그분을 가까이하라고 당부하는 것을 보라. 결국 사람의 에너지는 갈망에서 나오고 그리스도인들의 에너지는 기도에서 나온다. 기도를 통해 하나님과의 사귐 속으로 더 깊이 들어가고, 사귐을 통해 하나님을 더욱 사랑하고 갈망하게 될 때, 우리는 하나님의 부탁하신 일들을 이루기 위해 이전에 생각하지 못했던 상상력을 발휘하게 된다.

4:13-17 단락에 등장하는 어느 그리스도인 사업가를 보라. 그에게는 재물도 있고 시간도 있다. 자신에게 주어진 재물과 시간이라는 삶의 자원으로 무엇을 할지는 순전히 그가 어떠한 이야기 속에서 어떠한 상상을 하느냐에 달려 있다. 제국의 이야기를 따라 자신을 위해서, 자기 가족만을 위해서 축적하고 사치하고 쾌락을 누리는 삶을 살 것인가? 야고보는 주님의 뜻(4:15)에 합하는 선한 삶(4:17)을 분별하여 실천하라고 주문한다. 5:1-6 단락에서 야고보가 상기시키듯이, 우리가 사는

곳은 추수한 품꾼이 억울한 죽음을 당하는 곳이다. 야고보는 어떠한 비현실적 기독교 낭만주의도 허용하지 않는다. 야고보가 하나님의 현존을 의식하는 훈련(4:6-10)을 하라는 명령을 제시한 바로 뒤에, 신앙 공동체 안에서도 형제를 비방하거나 판단하는(4:11-12) 이들이 있음을 상기시키고 구체적인 명령을 제시하는 것을 보라.

인내하며 은총을 기다리는 자세

주류 문화를 지배하는 제국의 이야기를 거슬러 산다는 이유 하나만으로도 종말적 삶을 상상하는 이들은 고난을 피할 수 없다. 야고보는 앞선 신앙의 선배들 또한 고난을 피할 수 없었다는 점을 상기시킨다. "주님의 이름으로 말씀을 전한 선자자들"도 고난을 당했다(5:10). 고난의 대명사인 욥도 마찬가지다(5:11). 그리고 주님도 고난을 당하셨다. 이것은 종말적 삶이 녹록치 않을 것임을 말해 준다.

그래서 야고보는 거듭하여 참고 인내하라고 당부한다(5:7, 8, 10, 11). 오래 참음과 인내는 종말적 삶을 사는 그리스도인들에게 야고보가 가장 강조하는 윤리적 덕목이다. 편지의 서두에서 이미 말한 것처럼, 인내가 없이는 온전함에 이르지 못할 것이다(1:3-4). 참고 인내하는 과정은 욥처럼 고난의 영문을 몰라 고난이 끝날 때까지 견딜 수밖에 없는 수동적 과정일 수도 있고(5:11), 선지자들처럼 용기를 가지고 반대에 굴하지 않으며 자신들의 신념을 관철해 나가는 능동적 과정일 수도 있다(5:10). 어느 쪽이든 쉽지 않을 것이다.

그렇기 때문에 함께 인내하고 견뎌 낼 사람들이 필요하다. 고난 속에서 오래 참고 인내하라고 권면하는 중에 야고보가 "서로 원망하지 말라"(5:9)고 말하는 것을 보라. 인내하지 못할 때, 서로에 대한 원망이 피어오른다. 고난의 상황이라면 말할 것도 없다. 하나님 나라의 상상력은 나의 몸, 시간, 재산으로 무엇을 할 것인가에 관한 질문이기도 하지만 누구와 함께 그것을 할 것인가에 관한 질문이기도 하다. 아무하고나 인생을 공유할 수 있다고 생각하는 것처럼 순진한 생각은 없다. 신앙 공동체는 누구에게나 열려 있지만, 인생을 공유하기 위해서는 주님의 강림을 고대하며 지금도 그의 심판대 앞에서 살아가는 종말적 삶의 사람들이어야 한다.

흥미로운 것은 고난과 인내에 관한 말씀에 뒤이어 야고보가 5:12에서 맹세하지 말라는 말씀을 덧붙이고 있다는 것이다.

나의 형제자매들이여, 무엇보다 맹세하지 마십시오. 하늘이든 땅이든 혹은 다른 사람의 말을 빌려서든 맹세하지 마십시오. 여러분은 예 할 일에 예하고, 아니오 할 일에 아니오 하십시오. 그래야 심판을 피할 수 있습니다(5:12).

서론에서도 언급했지만, 이 구절은 마태복음 5:34-37에 담겨 있는 예수님의 지혜 말씀과 거의 흡사하다. 야고보서에 담긴 예수님의 지혜 말씀 흔적들 가운데 산상수훈과 가장 일치하는 구절이다. 마지막에 언급된 단어 '심판'은 이 구절을 앞 단락의 종말적 심판의 문맥과 연결시킨다. 이는 이 구절 또한 종말적 관점에서뿐만 아니라 5:7-11 단락과 마찬가지로 성도들의 고난과 인내의 문맥 속에서 이해하도록 유도한다.

예수님과 야고보가 무엇으로도 맹세하지 말라고 하신 이유는 무엇인가? 그것은 당시 사람들이 자신의 난처한 상황과 위기를 모면하기 위해 맹세를 사용했기 때문이다. 특히 그들은 하나님의 이름을 들먹이

며 맹세했다: 그것이 상대방에게 가장 큰 효과를 남기기 때문이다. 그러나 예수님은 하늘과 땅 그 무엇으로도 맹세하지 말라고 하셨는데, 하늘은 "하나님의 보좌"이기 때문이요 땅은 "하나님의 발판"이기 때문이다(마 5:34-35). 고난의 어떤 상황은 그리스도인들로 하여금 진실하기 어렵게 만든다. 거짓을 말해서라도 당장 위기를 모면하고 자신의 생각대로 고난을 끝내고 싶은 생각이 솟아오른다. 불리한 상황 속에서라도 진실을 말할 수 있는 것은 하나님이 그 상황을 통제하신다는 신뢰 때문이다.

닫는 말: 다시 주님의 자비하심과 긍휼을 구함

위로부터 오는 지혜를 따라 하나님의 창조와 완성의 이야기 속에서 살아가는 이들에게 야고보가 마지막으로 상기시키는 것은 주님께서 긍휼이 많으시며 자비하신 분이라는 사실이다(5:11). 고난 가운데 무엇보다 위로부터 오는 은총을 기대하라는 것이다. 야고보는 추수를 바라는 농부의 인내를 언급하면서 그가 "이른 비와 늦은 비"를 기다린다는 사실을 상기시켰다(5:7). 팔레스타인에서는 이른 비와 늦은 비가 없이는 농사가 불가능하다. 하늘의 은총을 기다리라는 것이다.

창조의 완성을 기다리는 일도, 하나님의 심판을 의식하며 사는 일도, 완성될 그 삶을 지금 여기서부터 누리는 삶도 모두 인내를 요구한다. 언제 인내할 수 있는가? 어떻게 서로 원망하지 않고 헛된 맹세를 사용하지 않고 인내할 수 있는가? 야곱이 라헬을 사랑하여 칠 년을 하루

같이 참았던 것처럼, 주님과 더욱 깊은 사랑의 사귐으로 들어가는 것이 우리가 인내할 수 있는 유일한 힘이다. 그것의 현실적 수단이 바로 기도다. 이제 우리는 야고보서의 마지막 주제를 다룰 준비가 되었다.

나눔 질문

1 저자에 따르면, 야고보가 가르치는 종말 이해의 세 가지 중요한 메시지는 무엇인가?

2 저자가 성경의 종말론이 지극히 '현실적'이라고 평가하는 이유는 무엇인가? 이것은 개인의 과업과 소명 성취에 어떠한 함의를 지니는가?

3 지금 여기서 마지막 시간을 살아간다는 것이 의미하는 바는 무엇인가? 그것이 요구하는 삶의 태도와 성품은 무엇인가?

기도하는 지혜

여는 말: 기도하지 못하는 사람들

단언컨대 기도는 오늘날 그리스도인들에게 가장 어려운 행위다. 생산성과 효율성에 길들어져 있는 우리의 몸은 기도를 견디지 못한다. 금방 효과를 내지 못하는 기도 대신, 하나님이 명하신 다른 무언가를 해야 할 것만 같다. 효율성에 대한 미련을 떨쳐 낸다 해도 기도하기 위해 앉아 있는 일은 여전히 어렵다. 무엇보다 침묵을 견디기가 쉽지 않다. 눈을 감으면 오만가지 잡념과 자극들이 찾아온다. 이 모든 장애물을 극복하고 보이지 않는 하나님과 대화하는 일에 성공하고 있다고 자부하는 이들이 드문 이유다. 기도는 실제로 어려운 일이다.

하지만 기도를 말하지 않고 신앙의 온전함을 논하는 것은 무의미하다. 기도 속에서 우리는 보이지 않는 인격적 절대자에게 머리를 숙이고 우리의 마음을 모아 그분을 경외한다. 머리로 이해하는 세계관이 아니라 그 사람의 실제 세계관이 기도라는 행위를 통해 표현된다. 그런 점에서 기도는 기독교 신앙의 본질을 가장 잘 대변하는 행위다. 중요한 줄 알아서 깊이 기도하기를 갈망하지만, 그 깊이에 이르지 못해 실망하기도 하는 것이 기도다.

야고보서는 기도에서 시작해서 기도로 끝난다. 지혜가 부족한 자들은 하나님에게 지혜를 구하라(1:5)며 기도의 명령으로 편지를 시작한 야고보는 마지막 단락에서 다시 고난 중에 기도하라(5:13)는 명령으로 돌아온다. 기도하라는 명령이 편지 전체의 내용을 앞뒤에서 감싸고 있다. 기도를 들으시는 하나님의 자비하신 성품이 편지 전체의 내용을 감싸고 있다. 이는 그 가운데 있는 말씀들을 어떠한 자세로 읽어야 할지를 말해 준다. 이 책의 마지막 단락은 야고보서에 담긴 기도라는 주제를 다루려고 한다. 야고보가 직간접적으로 말하는 기도에 관한 말들이 기도에 대한 우리의 궁금증을 전부 풀어 주지는 않겠지만, 기도가 무엇인지 알려 주고 또 기도에 대한 우리의 자세를 돌아보게 한다.

기도, 위로부터 오는 지혜를 얻는 자리

여러분 중에 고난받는 사람이 있습니까? 기도하십시오. 평안한 사람이 있습니까? 찬송하십시오(5:13).

편지의 마지막 단락에서 야고보는 고난받는 사람들에게 기도하라고 조언한다. 야고보는 앞서 5:7-11 단락에서 고난받는 자들에게 인내하라고 조언했다. 이러한 언어들은 편지의 서론 부분을 떠올리게 한다. 야고보는 시험을 당하는 자들에게 인내하여 온전함에 이르라고 조언하면서, 그 과정에서 지혜가 부족한 자가 있다면 하나님에게 구하라고 조언했다(1:2-5). 편지 말미에 이르러 시험은 고난으로 구체화되었지만, 기도하라는 요구는 여전하다. 편지의 첫 부분과 마지막 부분을 종합해 볼 때 기도는 시험과 고난 속에서 인내하여 온전함에 이르도록 돕는 지혜를 얻는 통로가 된다.

고난을 당하는 자라면 누구나 그 고난을 견뎌야 할 이유를 찾는다. 고난은 불가피하게 하나의 가치를 위해 다른 것들을 희생하도록 유도한다. 지혜는 그 속에서 무엇이 가장 중요한지를 분별하게 해주는 통찰이다. 야고보는 그러한 지혜를 얻기 위해 하나님에게 기도하라고 가르친다. 야고보가 중요하게 여기는 가치와 지혜는 하나의 단일한 '이야기'로부터 흘러나온다. 창조주이신 하나님은 당신이 창조하신 세상을 회복하고 완성하시기 위해 지금도 일하신다. 그분은 우리를 부르셔서 먼저 회복하셨을 뿐만 아니라, 회복된 우리를 보내셔서 하나님의 일에 동참케 하셨다. 이것이 그 이야기의 줄거리다. 이 이야기 속에서 살아가는 것이 지혜. 이 이야기를 붙잡고 살아갈 때, 삶에 대한 각종 실천적 통찰이 주어진다. 지혜가 이 하나님의 이야기와 조화롭게 살아가는 것이라면 기도는 그 이야기를 내면화하는 과정이다. 하나님의 이야기와 가치들을 알고 있는 것 자체로는 충분하지 않다. 나의 마음에 새겨지지 않은 것들은 고난의 무게를 견뎌 내지 못한다.

나는 말씀과 기도의 관계에 관한 어느 선배 목사님의 비유를 아직도 잊지 못한다. 그분은 말씀과 기도를 자전거의 앞바퀴와 뒷바퀴에 비유했다. 자전거의 앞바퀴는 방향을 잡는 역할을 한다. 한편 자전거를 앞으로 나가게 하는 힘은 뒷바퀴에서 나온다. 앞바퀴가 제대로 방향을 잡지 못하면 뒷바퀴에서 전달된 힘으로 엉뚱한 곳에 이르고 만다. 한편 아무리 앞바퀴가 방향을 제대로 잡았다고 해도 뒷바퀴가 움직이지 않으면 아무 곳으로도 가지 않는다. 말씀이 하나님 나라 이야기를 우리에게 들려준다면 기도는 그것을 사모하게 한다. 기도 없이는 아무 곳으로도 나아가지 않는다. 동력을 상실했기 때문이다.

기도는 하나님의 이야기 속으로 우리를 데려간다. 그리고 그 이야기 속에서 삶의 모든 부분을 반추하고 전망하게 이끈다. 그 이야기 속에서 우리는 하나님과 인간, 피조물과 제국의 자리를 성찰한다. 하나님이 우리에게 무엇이 지혜로운 삶인지 보여주셨음에도 불구하고, 많은 경우 우리는 시험 중에 그 지혜를 끝까지 붙잡지 못하고 바람에 밀려다니는 파도처럼 이리저리 요동친다(1:6). 기도는 이러한 우리의 모습을 직면하게 한다. 특히 우리 속에 있는 두 마음(1:8)과 욕망(1:14)을 성찰하게 한다. 그것이 하나님과의 대화지만, 기도는 그래서 우리 스스로에 대한 성찰을 포함할 수밖에 없다. 기도의 자리에 충분히 머물러 있기만 하면 우리는 다시 하나님의 이야기로 돌아와 인간의 자리를 찾을 수 있다. 우리가 하나님이라는 인격적 존재 앞에 머리를 숙이고 있기 때문이다. 이 과정에서 우리는 세상을 창조하시고 회복하시는 하나님이 보내신 증인 공동체가 우리라는 사실을 새롭게 인식하고 마음에 새긴다. 그것이 우리 삶의 새로운 동력이 된다.

5:13에서 야고보는 "평안한 사람이 있습니까? 찬송하십시오"라고 덧붙인다. 개역개정이 '즐거운'이라고 번역한 단어 '유튀메오'를 나는 '평안한'이라고 번역했다. 이 단어는 야고보서를 제외하고는 사도행전 27:22, 25에만 사용되었다. 사도행전 27장에서 바울은 로마로 압송되던 중 큰 풍랑을 만난다. 죽음의 위기에 처한 상황에서 죄수 신분의 바울은 오히려 다른 이들을 위로하며 마음의 평안을 가지라고 격려하는

데 그때 사용된 단어가 '유튀메오'다. 개역개정은 이를 '안심하다'라는 뜻으로 번역했다. 야고보는 고난을 당하는 중에 기도하는 사람이 마침내 이르게 되는 '마음의 평안'을 표현하고 싶었던 것 같다. 그 평안에 이르렀는지 야고보는 묻고, 그렇다면 하나님을 찬송하라고 말한다. 고난의 풍랑 중에도 평안할 수 있는 이유는 하나님이 그 풍랑을 통제하고 계신다는 믿음 때문이다. 그 하나님의 주권적 다스림에 대한 반응이 바로 찬송이다.

기도, 하나님의 다스림에 대한 수용

14 여러분 중에 병든 사람이 있습니까? 교회의 장로들을 초청하여 기름을 바르며 주님의 이름으로 그를 위하여 기도하게 하십시오. 15 믿음의 기도는 병든 사람을 낫게 할 것인데, 주님께서 그를 일으키실 것입니다. 만약 그가 죄를 지었다면, 주님께서 그를 용서하실 것입니다. 16 그러므로 서로에게 죄를 고백하고 병 낫기를 위해 서로 기도하십시오 (5:14-16).

질병과 두 마음으로부터 구원을 위한 기도

14절에서 야고보는 고난의 좀 더 구체적인 형태인 육신의 질병에 관해 언급한다. 그 병의 치유를 위해 기도하라고 말한다. 여기서도 야고보가 일관되게 전제하고 있는 것은 질병의 상황을 주님이 주관하고 계시며, 그분의 뜻에 따라 낫기도 하고 낫지 않기도 한다는 사실이다. 한마디로 기도는 그분의 뜻을 묻고 그분의 다스림을 인정하는 행위다.

야고보는 병든 사람이 있는지를 묻고 기도하라는 명령을 병자에게 직접 주는 대신 교회의 장로들에게 준다. 질병으로 인하여 영적으로도 지쳐 있을 교우가 힘겹게 지나고 있는 고난의 여정에 성숙한 지도자들과 신앙 공동체 전체가 함께 동참하라고 조언한다.

흥미로운 것은 "기름을 바르며"(14절) 기도하라는 말씀이다. 고대 세계에서 기름을 바르는 행위는 치료를 목적으로 하는 의료 행위로 행해지기도 했고, 구약에서 그랬던 것처럼 특별한 목적을 위해 누군가를 성별하는 행위로 행해지기도 했다. 더글라스 무가 말하는 대로 여기서는 병든 사람이 하나님의 특별한 관심과 보살핌을 위해 구별되어 있음을 상징하기 위해 기름을 바르라고 말한 것으로 이해하는 것이 좋다.[46] 14절에서 병든 자를 위해 "주님의 이름으로" 기도하라고 말하는 것은 질병으로부터의 회복이 주님의 뜻에 달려 있음을 말해 준다. 15절에서도 병든 사람을 낫게 하는 것은 다름 아닌 "믿음의 기도"를 통한 주님의 능력이라는 점을 거듭 강조한다. 이 문맥 전체에서 야고보는 질병의 치유가 기름 바르는 행위를 통해서가 아니라 주님을 통해 이루어진다는 점을 분명히 강조한다. 야고보는 병든 자들이 스스로를 하나님의 보살핌으로부터 소외되어 있다고 생각하는 경향을 간파한 듯하다. 그렇다면 기름을 바르는 행위는 하나님의 사랑과 은총에 대한 확신을 회복시켜 주는 일종의 예전 행위인 셈이다.

15절에서 눈여겨볼 것은 야고보가 병든 사람의 치유를 위해 기도하라고만 말하지 않고 죄 용서 또한 받도록 기도하라고 부탁한다는 점이

---

46 무, 『야고보서』, 307.

다. 여기서 야고보는 질병이 죄에서 기인한다고 전제하는 것인가? 모든 질병의 원인을 죄에서 찾는 것은 명백한 오해다. 질병에 걸린 사람들의 마음을 더욱 아프게 하는 잘못이다. 자칫 하나님 또한 인간의 잘못을 바로 심판하는 분이라는 오해를 조장할 수 있다. 한편 현대인들의 경험에 비추어 보더라도 육체의 질병 중 어떤 경우는 내면의 문제 혹은 영적 죄와 관련하기도 한다. 마음과 몸이 서로의 건강에 지대한 영향을 준다는 사실을 우리 모두는 알고 있다. 온갖 충족되지 못한 욕망과 불만으로 가득 찬 마음은 몸도 상하게 한다.

지혜롭게도 야고보는 15절에서 "만약 그가 죄를 지었다면"이라고 가정법을 사용한다. 모든 질병이 죄로부터 기인한 것은 아니지만, 혹 어떤 질병은 두 마음, 곧 영적 죄와 결부되었을 가능성을 염두에 두고 있는 듯한 표현이다. 야고보는 우리 시대의 사람들보다 죄와 질병의 상관성을 더욱 크게 염두에 두고 있는 듯하다.[47] 종합해 볼 때 야고보는 병든 자가 가지고 있을 영적 범죄가 있다면 장로들이 이를 함께 다루어 주도록 부탁하고 있다. 그래야 그 사람의 몸과 마음이 모두 온전히 치유될 수 있기 때문이다. 육체적 질병을 얻은 사람 자신도 병상에서 하나님과의 관계를 다시 돌아보고 겸손히 자신을 성찰하는 갱신의 기회를 가질 수 있다.

예수님의 사역 중에도 질병의 치료와 죄 사함의 선포가 동시에 등장하는 사건이 있다. 마가복음 2:1-12에 의하면 가버나움의 중풍병자를 치유하시면서 예수님은 그에게 "네 죄가 용서받았다"(막 2:5)고 선포

---

47 바울도 고린도전서 11:27-30에서 주의 떡과 잔을 합당하지 않게 먹고 마신 죄로 인해 회중 가운데 병든 자가 있음을 언급하고 있다.

하셨다. 야고보는 여기서 바로 이 예수님의 치유 사건을 기억하고 있는지도 모른다. 예수님의 사역에서 질병의 치료와 죄 사함의 선포는 하나님 나라의 도래를 보여주는 대표적 표지들이었다. 하나님의 다스림이 예수님을 통해 선포되었을 때, 육신의 병마가 성령의 능력에 순종할 뿐 아니라 하나님을 떠나 우상을 섬긴 사람들도 회개하고 다시 그분의 통치 아래로 돌아왔다. 초대교회는 이를 기억하고 육신의 질병을 당한 자가 영적으로도 하나님의 통치 아래 온전해질 수 있도록 함께 기도했음을 알 수 있는 대목이다.

성숙한 장로들에게 한 사람의 육체적 질병뿐만 아니라 두 마음의 치유를 위해서도 기도하라고 부탁하는 이 본문에서 야고보는 분명 한 사람의 몸과 마음 모두의 건강에 민감한 어떤 신앙 공동체를 염두에 두고 있다. 이러한 배경에서 야고보는 이제 16절에서 "서로에게 죄를 고백하고 병 낫기를 위해 서로 기도하십시오"라고 조언한다. 질병과 죄 사함을 위해 기도하는 주체가 장로들(14절)에서 '서로'에게로 확대된다. 오늘날 교우들의 육체적 질병을 위해서 기도하는 일은 흔하지만, 두 마음과 죄악으로부터의 회복을 위해 서로 기도하는 일은 흔하지 않다. 그렇게 할 수 있을 만큼 서로를 신뢰할 수 있는 공동체여야 하며, 또 그만큼 두 마음의 심각성에 대해서도 민감한 공동체 속에서야 이루어질 수 있는 일이기 때문이다. 자신의 영적 죄악이나 미숙함까지 고백하고 서로 기도할 수 있는 신앙 공동체를 세워 갈 수 있다면, 우리는 분명히 구성원의 내면과 외면의 다양한 질병을 미리 막을 수 있다. 그런 점에서 16절의 서로 죄를 고백하고 병 낫기를 위해 기도하라는 부탁 속에는 죄로 인해 발생하는 다양한 질병으로부터 공동체 구성원을 보호하는 예방적

차원이 포함되어 있다.[48]

하나님의 다스림을 구하는 기도

[16] 의로운 사람의 기도는 역사하는 힘이 큽니다. [17] 엘리야는 우리와 같은 본성을 지닌 사람입니다. 그런데 그가 비 오지 않기를 간절히 기도했을 때 삼 년 반 동안 그 땅에 비가 내리지 않았습니다. [18] 그가 다시 기도하자 하늘이 비를 내리고 땅이 열매를 맺었습니다(5:16-18).

서로를 위하여 기도하라는 권면을 이어 가는 끝에 야고보는 의로운 사람의 기도는 역사하는 힘이 크다고 말한다. 바로 뒤에서 야고보가 역사하는 기도의 대명사인 선지자 엘리야를 언급하기 때문에 자칫 16절의 의로운 사람은 기도의 은사를 지닌 특별한 사람을 가리킨다는 추측을 하게 만든다. 그래서인지 야고보는 이러한 추측을 막기 위해 곧바로 엘리야는 우리와 같은 본성을 지닌 사람이라고 덧붙인다. 야고보는 이전 본문에서 '의로움' 혹은 '의롭다'라는 단어를 이미 여러 번 사용했다 (1:20; 2:21, 23, 24, 25; 3:18). 그것은 문맥에 따라 피조물과 관계하시는 하나님의 성품이나 행위를 가리키기도 하고, 하나님의 은총에 합당하게 응답하는 하나님 자녀들의 성품이나 행위를 가리키기도 했다. 여기서의 '의로운 사람' 또한 하나님 자녀의 또 다른 말이다. 그가 특별하다면 그것은 하나님의 자녀이기 때문이다.

　엘리야의 이야기를 비롯한 기도의 사람들에 관한 이야기들이 우리

48　데이비스와 무는 같은 입장을 피력한다. 데이비스, 『야고보서』, 195; 무, 『야고보서』, 312.

에게 알려 주는 것은 하나님이 당신의 자녀들을 통해 일하시는 분이라는 사실이다. 엘리야가 기도해서 삼 년 반 동안의 가뭄 뒤에 비가 내리기 시작했다는 야고보의 말은 엘리야에게 특별한 기도의 능력이 있었음을 말하는 것이 아닌가? 아래 열왕기상 17:14은 비를 멈추고 다시 내리는 것이 처음부터 하나님의 뜻에 의해 계획되었음을 말해 준다.

주님께서 이 땅에 다시 비를 내려 주실 때까지, 그 뒤주의 밀가루가 떨어지지 않을 것이며, 병의 기름이 마르지 않을 것이라고, 주 이스라엘의 하나님께서 말씀하셨습니다(왕상 17:14).

다시 말해 엘리야가 구한 것은 다름 아닌 하나님의 뜻이었다. 엘리야가 언급된 것은 그가 기도의 사람이었기 때문이지, 특별한 능력을 지닌 사람이었기 때문이 아니다. 이것은 앞서 15절에서 병든 사람을 낫게 하는 "믿음의 기도"라는 표현의 이해와도 관련한다. 믿음으로 기도하는 것은 우리의 일이고, 병든 사람을 낫게 하는 것은 하나님의 일이다. 믿음의 기도 자체가 아니라 그 기도를 들으시는 분에게 능력이 있다. 같은 절에서 야고보는 바로 "주님께서 그를 일으키실 것입니다"라고 확인해 준다.

종합해 볼 때 의로운 자들이 드리는 믿음의 기도는 어떠한 상황 속에서도 하나님의 뜻을 구하는 기도다. 다른 말로 하자면 하나님의 다스림을 구하는 기도다. 예수께서 가르치신 주기도문의 핵심 또한 하나님의 다스림에 대한 인정과 청원이다. 하나님의 다스림을 인정할 때 우리는 다른 무언가의 다스림으로부터 자유케 된다.

야고보서 4:6-10이 바로 이러한 기도를 요구한다. 야고보는 우상으로 인해 나누어진 두 마음을 정결케 하고 다시 겸손히 하나님에게 돌아오라고 호소한다. 그래서 하나님의 다스림이 임할 때 사람들에게 일어나는 첫 번째 현상은 우상으로부터 자유케 되는 것이다. 나아가 그들은 자기 삶에 대한 통제권을 주님에게 내어 드린다. 주님이 친히 일하시는 일들을 분별하며 그분의 창조와 회복 사역에 자기 삶을 드린다.

주님의 뜻이라면 우리가 기도하는 병든 이들이 일어날 것이다. 사랑하는 사람이 병상에 누워 있다면 오직 하나님의 뜻이 이루어지기를 기도하는 것이 얼마나 어려운 일인지 경험해 보았을 것이다. 주님에게 이 모든 일의 통제권을 드리지 못한다면 불가능한 기도다. 무엇보다 주님이 긍휼이 많으시며 자비하신 분(5:11)임을 신뢰하지 못한다면 불가능한 기도다. 그렇기 때문에 하나님의 뜻이 이루어지기를 기다리고 그분의 다스림을 구하기 위해서는 그분 자체에 대한 신뢰와 사랑이 깊어져야 한다.

기도, 하나님과 사랑의 사귐

앞서 우리는 기도가 하나님의 창조와 새 창조 이야기 속에서 자신을 성찰하고 분별하는 것이며, 하나님의 다스림을 인정하고 구하는 행위라는 사실을 살펴보았다. 그런데 기도하는 과정에서 얻는 기도의 더 큰 효과가 있다. 아니, 깊은 기도로 들어가기를 노력해 온 사람들이 한결같이 말하는 기도의 가장 큰 목적이 있다. 그것은 바로 하나님과의 깊은 사귐 속에서 그분과 사랑을 나누는 것이다.

야고보는 4:3에서 정욕을 채우기 위해 기도하는 사람들에 관해서 말한다. 기도는 많은 사람에게 자기 욕구를 투사하는 종교적 수단으로 사용되어 왔다. 야고보서 본론의 내용에 비추어 볼 때, 디아스포라 그리스도인들은 주류 문화가 추구했던 재물과 힘, 지위와 명예에 대한 욕구를 기도에 담았을 가능성이 크다. 그 욕구들이 가시화되기를 기대했을 것이다. 이에 대해서 야고보는 4:5에서 "하나님은 우리 안에 두신 영을 시기하기까지 사모한다"고 응수한다. 하나님은 우리의 영혼이 당신에게로 돌아오기를 간절히 사모한다는 뜻이다. 이 구절은 하나님이 우리에게 바라시는 것, 우리에게 주시고자 하는 것이 무엇인지 짐작케 한다.

야고보가 5:11에서 언급한 "욥의 인내"와 "주님의 결말"에 관한 이야기는 우리의 상상력을 자극하는 소재다. 욥이 고난을 당한 이유는 무엇인가? 욥기 1:6-12은 그 배경을 이렇게 이야기한다. 사탄이 땅을 두루 돌아 여호와 앞에 이르렀을 때 여호와는 그에게 욥을 칭찬하고 자랑한다. 욥처럼 "하나님을 경외하며 악을 멀리하는 사람"이 세상에 없다는 것이다(욥 1:8). 그러자 사탄은 욥이 하나님이 주신 것들 때문에 하나님을 경외하는 것이라고 시비를 건다.

그러자 사탄이 주님께 아뢰었다. '욥이, 아무것도 바라는 것이 없이 하나님을 경외하겠습니까' 주님께서, 그와 그의 집과 그가 가진 모든 것을 울타리로 감싸 주시고, 그가 하는 일이면 무엇에나 복을 주셔서, 그의 소유를 온 땅에 넘치게 하지 않으셨습니까?(욥 1:9-10)

사탄은 하나님이 욥에게 주신 소유물을 거두어 가시면 그가 틀림없이 하나님을 욕할 것이라고 단정 짓는다. 여기서 사탄은 하나님에게 무엇을 말하고 싶은 걸까? 그는 욥이 하나님이 주시는 어떤 선물을 즐거워하는 것이지, 하나님 자신을 즐거워하는 것이 아님을 말하고 있다. 하나님이 주시는 것으로 자신의 욕구를 채우니 하나님을 경외할 뿐이라는 것이다. 곧, 사탄은 하나님에게 매우 신학적인 질문을 던지고 있다. 나의 은사였던 스티븐 테일러Stephen S. Taylor는 욥기에 관하여 대화하면서 이 신학적 질문의 핵심이 바로 다음 질문 속에 담겨 있다고 내게 말해 주었다.[49] 인간이 과연 하나님을 진정으로 사랑할 수 있는가? 인간은 그분이 주는 선물이 없어도 하나님을 사랑하고 경외할 수 있는가? 하나님과 인간은 진정한 사랑을 나눌 수 있는가? 사탄은 아마 창조의 목적을 알고 있었을 것이다. 하나님은 인간을 당신의 형상으로 창조하셔서 그들과 사랑을 나누기를 원하셨다. 사탄은 바로 이것을 문제 삼았다. 욥의 고난은 이렇게 시작된다.

욥은 고난 중에 하나님을 향한 사랑과 경외를 보여주었는가? 1세기 유대인들에게 잘 알려져 있던 유대 문헌 『욥의 유언』은 일관되게 욥을 끝까지 인내하면서 하나님을 경외한 모델로 소개한다. 야고보도 이러한 유대 문헌과 동일한 이해를 공유하면서 5:11에서 "욥의 인내"라는 표현을 사용했다고 보는 견해도 있다. 그러나 욥기 자체를 볼 때 욥의 인내는 성공적이지만은 않았다. 그는 하나님을 향하여 많은 불평을 쏟아 내며 자기의 의로움을 주장한다. 욥기의 마지막 부분에서 욥은 하나님에 의해서 신원을 받고 다시 자녀와 물질의 복을 얻지만, 그가 왜 고난을 받았는지에 관해서는 대답을 얻지 못한다. 하나님이 하시는 일을

---

49 욥의 이야기와 고난의 의미를 하나님의 선교 관점에서 읽은 스티븐 테일러의 글은 필자와 함께 공저한 아래 책에서 발견할 수 있다. 스티븐 테일러, 이강택, 정성국, 송영목, 『고난과 하나님의 선교: 선교적 해석학으로 본 고난의 의미』 (서울: IVP, 2022), 17-38.

인간이 이해하지 못한다는 대답을 얻을 뿐이다. 나는 욥기의 처음과 끝이 욥기의 중간에 나타난 고난 이야기를 읽는 관점을 제공한다고 생각한다. 인간은 다른 이유 없이 하나님 그분 자체를 즐거워하고 사랑할 수 있는가? 특히 고난 속에서도 하나님의 사랑과 통제권을 의심하지 않고 신뢰할 수 있는가?

5:11에서 우리의 상상력을 자극하는 또 다른 구절은 "주님의 결말"이다. 이 구절에 대한 일반적인 번역은 '주님이 (욥에게) 주신 결말'이다. 그러나 이 구절은 말 그대로 '주님이 이른 마지막'이라는 의미로도 이해할 수 있다. 여기서 주님은 누구인가? 5:8-11에서 주님은 두 번이나 다시 오실 분으로 소개되고 또 심판하실 분으로 소개된다. 신약성경은 주로 그리스도를 재림의 주와 심판의 주로 묘사한다. 1:1과 2:1에서도 야고보는 예수 그리스도를 주님으로 표현했다. 한편 바로 앞 절인 5:10의 "주님의 이름으로 말씀을 전한 선지자들"이라는 표현은 주님을 그리스도보다는 하나님을 가리키는 표현으로 사용한 듯 보인다. 여하튼 5:7-11에서 "주님"이 가리키는 분이 누구인지는 다소 모호한 것이 사실이다.

만약 5:11의 "주님의 결말"에서 주님이 예수님을 가리킨다면 이 표현은 예수의 이야기와 그 이야기의 마지막을 상상하게 하는 표현이다. 예수님의 마지막을 왜 하필 욥의 이야기 뒤에 연결해 놓았을까? 우리는 욥의 이야기가 가진 질문을 기억한다. 인간과 하나님은 진정한 사랑을 나눌 수 있는가? 야고보는 욥이 온전하게 보여주지 못한 무언가를 그리스도께서 보여주셨다는 것을 이야기하고 있는지도 모른다. 인간이신 예수님은 죽음에 이르기까지 하나님을 사랑하셨다. 죽음의 순간에도 하나님을 향한 신뢰를 잃지 않으셨고 하나님이 주신 소명에 헌신하셨다. 주류 문화의 관점에서 볼 때 가장 수치스럽고 보잘것없는 인간으로 취급당하면서도 하나님을 향한 사랑을 잃지 않으셨다. 제국의 이야기가 선전하는 힘과 권력, 지위와 명예를 모두 잃어버리는 순간에도 하나님과 완전한 사랑을 나누셨다. 그러한 예수님을 하나님은 영광에 이르게 하심으로써(2:1), 그분의 신실함과 사랑을 보여주셨다. 예수의 이야기는 욥의 이야기의 완성인 셈이다(만약 5:11의 "주님의 결말"이 예수의 이야기를 가리키는 표현이 아니더라도 성경신학적 관점에서 볼 때, 그리스도의 이야기는 여전히 욥의 이야기가 지니는 고난과 하나님과의 사랑의 관계라는 주제에 대한 완성이다).

기도는 하나님과의 사랑을 확인하는 자리다. 누군가를 사랑할 때 우리는 그와 함께 있고 싶다. 함께 있다는 기쁨, 함께 있음으로 인해 느끼는 달콤함을 얻기 위해 연인들은 만난다. 하나님과도 마찬가지다. 때때로 우리는 하나님에게 구체적인 무언가를 구해야 할 때가 있다. 그러나 실상 하나님은 우리에게 필요한 것을 모두 아시는 분이다. 우리가 구하는 것뿐 아니라 구하지 않은 것도 주시는 분이다. 이것을 신뢰한다면 우리는 그분과 함께 있는 것 자체, 그리고 그분과 함께 있을 때만 얻을 수 있는 영혼의 달콤함을 위해 우리의 기도를 재형성할 수 있다.

사람들은 옳다는 이유만으로 무언가를 행하지 않는다. 그것이 옳다는 것을 알지만 그것을 행할 힘이 없다. 행위를 제시하는 야고보서가 부담스러운 이유도 그 때문일 것이다. 선교적 관점에서 성경 읽기를 제안하며 그리스도인 개인과 공동체 자체가 복음에 대한 최고의 해석이며, 그리스도인들의 변화된 인격과 삶의 방식 자체가 하나님에 대한 증언이라고 가르치면서 내가 줄곧 부딪치는 벽이 있다. 청중은 오히려 이러한 메시지에 부담을 느낀다. 그것이 옳다는 것을 알지만, 그들에게 그것을 행할 힘이 없음을 발견한다. 이 힘은 어디서 오는가? 자전거의 힘은 뒷바퀴에서 온다. 말씀은 우리에게 무엇이 진리인지 무엇이 옳은지를 가르친다면, 그것을 살게 하는 힘은 기도에서 나온다.

나는 다시 한번 야고보서 4:6-10을 강조하고 싶다. 이 단락은 야고보서 전체의 가운데 토막으로서 우리에게 다시 기도의 자리로 돌아갈 것을 호소한다. 야고보는 하나님을 우리에게 은혜 베푸시는 분으로 소개한다(4:6). 그분이 베푸시는 가장 큰 은혜는 우리를 그분과의 관계 속으로 부르신 것이다. 야고보의 청중은 부자들과 관계를 맺기 위해 그들을 환대하느라 안간힘을 쓰고 있다(2:1-4). 정작 부자들은 그들을 모욕하는데도 말이다. 그러나 창조주 하나님은 자신의 곁을 인간들에게 내어 주시고 그들에게 사랑과 환대를 베푸셨다. 야고보는 이러한 하나님을 "가까이"하라고 조언한다(4:8). 이것이 야고보가 주는 최고의 지혜다. 다른 모든 지혜로 인도하는 지혜이기 때문이다. 하나님을 가까이하여 그분의 현존을 의식하고 즐거워하는 감각을 훈련할 때, 우리는 위로부터 오는 지혜가 제시하는 구체적 삶을 살아갈 동력을 얻게 된다. 그것이 옳다고 그것을 행할 수 있는 것은 아니다. 옳은 것을 행할 수 있는 힘은 그것을 말씀하신 분에 대한 사랑에서 나온다.

닫는 말: 기도와 사랑, 지혜의 문을 여는 열쇠

나는 야고보가 왜 그의 편지를 기도로 시작해서 기도로 끝내는지 이해할 수 있을 것 같다. 오늘 우리가 상실한 것들 중에 가장 심각한 것은 바로 기도다. 사람들은 기도하지 못한다. 기도하더라도 자신들의 욕구를 투사하기 위해 기도를 이용한다. 기도하더라도 자신들 안에 있는 두 마음을 성찰하기까지 인내심을 가지고 집중하지 못한다. 하나님과 기독교의 진리에 관해서 많이 알고 있지만 삶의 동력을 상실한 디아스포라 그리스도인들을 향하여 야고보는 하나님 앞으로 나아가서 그냥 앉아 있으라고 말한다. 하나님과 함께 있다는 감각을 익히라는 말이다.

그 하나님을 가까이하면 우리에게 무슨 일이 생길까? 야고보는 "그러면 그가 여러분을 가까이하실 것입니다"라고 약속한다(4:8). 여기에 기도의 본질이 있다. 하나님과의 사귐, 기도의 주도권마저도 내가 쥐려는 우리에게 야고보는 이제 그 주도권을 주님에게 내어 드리라고 조언한다. 그분 앞에 머리를 숙이고 있을 때, 그분이 내 안에 무엇을 형성하시는지 보라는 것이다. 우리의 몸이 하나님 앞에 앉아 있기를 되풀이할 때, 우리 몸에 어떠한 갈망과 확신이 형성되는지 보라는 것이다. 그래서 삶의 어떤 영역보다 기도야말로 인내를 요구하는 행위다.

야고보는 묻는다. "고난받는 사람이 있습니까? 기도하십시오." 그리고 덧붙인다. "평안한 사람이 있습니까? 찬송하십시오"(5:13). 고난 속에서도 기도하고, 또 기도를 통해 평안에 이른 이들이 있을 것이라고 야고보는 기대한다. 이것은 야고보의 기도 경험이기도 할 것이다. 그는 기도를 아는 사람이다. 기도는 하나님과의 사랑을 위해 존재한다. 그리고 그 사랑이야말로 지혜의 문을 여는 열쇠다.

나눔 질문

1 각자의 기도 생활에 만족하는지에 관해서 나누어 보자. 기도가 힘든 이유는 무엇인가?

2 야고보서에 나타난 기도의 주제를 지혜, 하나님의 통제권, 하나님의 시기하시는 사랑이라는 또 다른 세 주제와 연결하여 설명해 보자. 그 연결점들이 나의 기도 생활에 주는 통찰들이 있다면 무엇일까?

3 우리 공동체가 물려받고, 실천하고, 또 전수하는 기도의 방식은 무엇인가? 그것은 야고보가 제시하는 기도의 효과로 우리를 인도하고 있는가?

참고 문헌

김현경, 『사람, 장소, 환대』 (서울: 문학과지성사, 2015).

니제이 굽타, 『바울과 믿음 언어』, 송동민 옮김 (서울: 이레서원, 2021).

대럴 L. 구더, 『증인으로의 부르심: 총체적 구원을 위한 선교적 교회론』, 허성식 옮김 (서울: 새물결플러스, 2016).

더글라스 J. 무, 『야고보서』, 강대이 옮김 (서울: 부흥과개혁사, 2016).

마이클 고힌 엮음, 『선교적 성경 해석학: 하나님의 선교를 위한 성경 읽기』, 백지윤 옮김 (서울: IVP, 2023).

스티븐 테일러, 이강택, 정성국, 송영목, 『고난과 하나님의 선교: 선교적 해석학으로 본 고난의 의미』 (서울: IVP, 2022).

앨런 크라이더, 『초기 교회와 인내의 발효: 로마 제국 안에 뿌리 내린 초기 기독교 의 성장 비밀』, 김광남 옮김 (서울: IVP, 2021).

존 지지울러스, 『친교로서의 존재』, 이세형, 정애성 옮김 (춘천: 삼원서원, 2012).

존 M. G. 바클레이, 『바울과 선물: 사도 바울의 은혜 개념 연구』, 송일 옮김 (서울: 새 물결플러스, 2019).

_____. 『바울과 은혜의 능력』, 김형태 옮김 (서울: 감은사, 2021).

채영삼, 『지붕 없는 교회: 야고보서의 이해』 (서울: 이레서원, 2012).

피터 H. 데이비스, 『NIGTC 야고보서』, 오광만 옮김 (서울: 새물결플러스, 2019).

헨리 나우웬, 『아담: 하나님이 사랑하시는 자』, 김명희 옮김 (서울: IVP, 2022).

C. Burchard, "Zu Jakobus 2, 14-26," *ZNW 71* (1980).

Dan G. McCartney, *James*, (Grand Rapids, MI: Baker Academics, 2009). (『BECNT 야고보서』 부흥과개혁사)

David A. DeSilva, *Honor, Patronage, Kinship & Purity: Unlocking New Testament Culture* (Downers Grove: IVP Academic, 2000). (『문화의 키워드로 신약성경 읽기』 새물결플러스)

Dean Flemming, *Why Mission?* (Nashville: Abingdon Press, 2015). (『신약을 선교적으로 어떻게 읽을 것인가』 대서)

James H. Charlesworth, ed. *The Old Testament Pseudepigrapha*, Vol. I. (New York: Doubleday, 1983).

James K. A. Smith, *Desiring the Kingdom: Worship, Worldview, and Cultural Formation* (Grand Rapids, MI: Baker Academic, 2009). (『하나님 나라를 욕망하라』 IVP)

Louis Ginzberg, *The Legends of the Jews*, Vol. I.

Mark E. Taylor, "Recent Scholarship on the Structure of James," *Currents in Biblical Research* 3.1 (2004): 86-115.

Martin Dibelius, *James*, trans. Michael A. Williams (Philadelphia: Fortress Press, 1976).

P. Bourdieu, *Outline of a Theory of Practice*, trans. R. Nice (Cambridge: Cambridge University Press, 1977).

Richard Bauckham, *James* (London: Routledge, 1999).

Sophie Laws, *A Commentary on the Epistle of James* (London: Harpercollins College Div, 1981).

Tremper Longman III, *The Fear of the Lord Is Wisdom: A Theological Introduction to Wisdom in Israel* (Grand Rapids, MI: Baker Academics, 2017). (『지혜신학 개론』 CLC)

야고보서(저자 사역^{私譯})

1장
—

첫인사

1 하나님과 주 예수 그리스도의 종 야고보는 디아스포라 열두 지파에게 문안합니다.

시험, 인내, 온전함

2 나의 형제자매들이여, 여러 시험을 당할 때에 온전히 기쁘게 여기십시오.

3 여러분도 알다시피 믿음의 시련이 인내를 낳기 때문입니다.

4 인내를 온전히 이루십시오. 이것은 여러분을 무엇에도 부족함이 없도록 온전하고 성숙하게 하려는 것입니다.

5 혹 여러분 중에 지혜가 부족한 사람이 있으면 모든 사람에게 주저함 없이 주시고 꾸짖지 아니하시는 하나님께 구하십시오. 그리하면 하나님께서 지혜를 주실 것입니다.

6 믿음으로 구하고 조금도 의심하지 마십시오. 의심하는 자는 바람에 이리저리 밀려다니는 바다 물결과 같습니다.

7 그러한 사람은 주님으로부터 무언가를 받을 것이라 기대하지 마십시오.

8 그는 두 마음을 품고 있어 행하는 모든 일에 안정이 없는 사람입니다.

가난함과 부유함

9 가난한 자는 자신의 높음을 자랑하십시오.

10 그리고 부유한 자는 자신의 낮음을 자랑하십시오. 부유한 자도 결국
   에는 풀의 꽃과 같이 사라질 것이기 때문입니다.

11 해가 뜨거운 열을 내며 솟아오르면 풀은 마르고 꽃은 떨어집니다. 그
   꽃의 아름다움도 사라지게 되어 있습니다. 마찬가지로 부자도 그 행
   하는 일에 쇠잔해질 것입니다.

욕심을 이기는 진리의 말씀

12 시험을 견디는 자는 복이 있습니다. 시련을 견뎌 낸 자는 하나님께서
   자신을 사랑하는 자들에게 약속하신 생명의 면류관을 받을 것이기
   때문입니다.

13 시험을 받을 때, 누구라도 "하나님이 나를 시험하고 있다"라고 말하
   지 마십시오. 하나님은 악에게 시험을 받지도 않으시고, 친히 아무도
   시험하지 않으십니다.

14 각 사람이 시험을 당하는 것은 자신의 욕심에 이끌려 유혹에 빠지기
   때문입니다.

15 욕심이 잉태하여 죄를 낳고, 죄가 자라서 사망을 낳는 것입니다.

16 사랑하는 나의 형제자매들이여, 속지 마십시오.

17 온갖 좋은 은사와 온전한 선물들은 다 위로부터 옵니다. 곧 빛들의 아
   버지로부터 내려옵니다. 그에게는 변함도 없고 회전하는 그림자도
   없습니다.

18 하나님께서는 그의 뜻을 따라 진리의 말씀으로 우리를 낳으셨습니
   다. 이로써 우리는 그의 피조물 가운데 첫 열매가 된 것입니다.

듣기와 말하기, 성냄과 악행

19 나의 사랑하는 형제자매들이여, 이것을 명심하십시오. 누구든지 듣기는 속히 하고 말하기는 더디 하십시오. 성내기도 더디 하십시오.

20 사람의 성내는 것이 하나님의 의로움을 이루지 못합니다.

21 그러므로 모든 더러운 것과 넘치는 악을 벗어버리고, 여러분의 마음에 심어진 말씀을 온유함으로 받으십시오. 그 말씀이 여러분의 영혼을 능히 구원할 수 있습니다.

말씀을 들음과 행함

22 말씀을 행하는 자가 되십시오. 말씀을 듣기만 하여 자신을 속이는 자가 되지 마십시오.

23 어떤 사람이 말씀을 듣기만 하고 행하지 않는다면, 그는 마치 거울 속에 있는 자신의 얼굴 생김새를 쳐다보는 사람과 같기 때문입니다.

24 그는 자신의 얼굴을 쳐다보고는, 돌아서자마자 그 모습이 어떠하였는지를 잊어버립니다.

25 자유케 하는 온전한 율법을 들여다보고 그것을 간직하는 자는 듣고 잊어버리는 자가 아니라 행하는 자입니다. 이런 사람이 그 하는 일에 복을 받을 것입니다.

참된 경건의 표지

26 만일 어떤 사람이 스스로 경건하다고 생각하면서도 자기 혀를 제어하지 못한다면 자신의 마음을 속이는 것입니다. 그의 경건은 헛것입니다.

27 하나님 아버지 앞에 순전하고 거짓이 없는 경건은 이것입니다. 곧, 어

려운 처지에 놓인 고아와 과부를 돌아보고 자신을 지켜 세상에 물들지 않게 하는 것입니다.

2장
—

어느 회당에서 일어난 차별

1   사랑하는 형제자매들이여, 여러분은 우리 주 예수 그리스도, 곧 영광의 주님에 대한 믿음을 가졌으니 사람을 차별하지 마십시오.

2   만약 여러분의 회당에 어떤 사람은 금가락지에 좋은 옷을 입고 왔고 또 다른 사람은 가난하여 초라한 옷을 입고 왔다고 합시다.

3   여러분이 좋은 옷을 입은 사람을 눈여겨보고 "여기 좋은 자리에 앉으십시오"라고 말하고, 가난한 사람에게는 "당신은 거기에 서 있든지, 여기 내 발아래 바닥에 앉든지 하시오"라고 말한다면,

4   이것은 여러분 안에서 사람을 차별하는 것이 아닙니까? 또한 잘못된 생각으로 사람을 판단하는 것이 아닙니까?

하나님을 닮아 사랑하고 긍휼을 베푸는 삶

5   나의 사랑하는 형제자매들이여, 들으십시오. 하나님께서는 세상의 눈으로 볼 때 가난한 자들을 택하셔서 믿음에 있어서는 부유하게 하지 않으셨습니까? 또, 그들에게 자신을 사랑하는 이들에게 약속하신 나라를 상속케 하지 않으셨습니까?

6   그런데 여러분은 가난한 자들을 업신여기고 있습니다. 여러분을 억압하는 사람은 오히려 부자들이 아닙니까? 여러분을 법정으로 끌고

가는 자들은 바로 부자가 아닙니까?

7 이 부자들이야말로 여러분을 부를 때 사용하는 그 아름다운 이름을 모독하지 않습니까?

8 만약 여러분이 진정으로 성경 말씀을 따라 "네 이웃을 네 몸과 같이 사랑하라"는 그 나라의 법을 지킨다면, 이는 잘하는 것입니다.

9 그러나 만약 사람을 차별하여 대한다면, 이는 죄를 짓는 것입니다. 율법에 의해 범법자로 정죄될 것입니다.

10 누구든지 온 율법을 지키다가 한 가지 계명을 어기면, 율법 전체에 대해서 책임을 져야 할 것입니다.

11 "간음하지 말라"고 말씀하신 바로 그분이 "살인하지 말라"고 말씀하셨습니다. 그러므로 간음하지 않았다 해도 살인하였다면 율법을 어긴 셈입니다.

12 따라서 여러분이 말하고 행동할 때, 자유케 하는 율법으로 심판받을 사람들처럼 말하고 행동하십시오.

13 긍휼을 베풀지 아니하는 사람에게는 긍휼이 없는 심판이 있을 것입니다. 그러나 긍휼은 심판을 이깁니다.

온전한 믿음이 맺는 행함의 열매

14 나의 형제자매들이여, 만일 어떤 사람이 믿음이 있다고 말하면서 행함이 없으면 무슨 소용이 있겠습니까? 그 믿음이 그 사람을 구원할 수 있겠습니까?

15 형제나 자매가 입을 것이 없고 그날 먹을 양식도 없다고 칩시다.

16 여러분 중에 누군가 그들에게 "안녕히 가십시오. 따뜻한 옷을 입고 배부르게 먹으십시오"라고 말만 하고 그 사람에게 필요한 것을 채워

주지 않는다면, 무슨 소용이 있겠습니까?

17 믿음도 그러합니다. 만약 행함이 없다면 믿음은 그 자체로 죽은 것입니다.

18 혹자가 이렇게 말할 수 있습니다. "어떤 사람에게는 믿음이 있고 또 어떤 사람에게는 행함이 있는 겁니다." 행함이 없는 당신의 믿음을 나에게 보여주십시오. 나는 행함으로 내 믿음을 당신에게 보이겠습니다.

19 하나님은 한 분이라는 것을 당신이 믿습니까? 잘하였습니다. 그러나 귀신도 믿고 두려워서 떱니다.

20 어리석은 자여, 행함이 없는 믿음이 쓸모없다는 것을 알기 원합니까?

21 우리 조상 아브라함이 그의 아들 이삭을 제단에 바칠 때, 행함으로 의롭다 함 받은 것이 아닙니까?

22 당신이 보는 대로 믿음이 그의 행함과 함께 일하고 또 행함에 의해서 온전해졌습니다.

23 그리고 그때서야 다음과 같은 성경 말씀이 성취되었습니다. "아브라함이 하나님을 믿었고, 그것이 그에게 의롭다고 여겨졌다." 그 후 아브라함은 하나님의 친구라 불리게 되었습니다.

24 그러므로 여러분이 보듯이 사람이 행함으로 의롭다 함 받는 것이지 믿음만으로 의롭다 함 받는 것이 아닙니다.

25 마찬가지로 기생 라합이 정탐꾼들을 받아들이고 다른 길로 도피시킨 일로 인해, 즉 행함으로 의롭다 함을 받은 것이 아닙니까?

26 영혼 없는 몸이 죽은 것과 같이 행함이 없는 믿음도 죽은 것입니다.

3장

혀의 사용

1 나의 형제자매들이여, 많이들 선생이 되려고 하지 마십시오. 여러분
   도 알다시피, 선생 된 우리가 더 엄한 심판을 받게 될 것입니다.

2 우리는 모두 실수가 많은 사람들입니다. 만일 누구든지 말에 실수가
   없다면, 그는 온전한 사람으로 능히 온몸을 다스릴 수 있는 사람입니
   다.

3 말을 순종케 하려고 그 입에 재갈을 물리면 그 온몸을 제어할 수 있습
   니다.

4 또 배를 보십시오. 크고 강한 바람에 의해 밀려다니는 것처럼 보이지
   만, 실은 작은 키 하나에 의해 항해사의 뜻대로 조종됩니다.

5 혀도 마찬가지입니다. 혀는 작은 지체에 불과하지만 큰 것을 자랑합
   니다. 보십시오, 작은 불씨가 얼마나 큰 산을 불사르는지를.

6 혀는 불이요, 곧 불의한 세계입니다. 혀는 우리 몸 안에 자리 잡고 있
   으면서, 온몸을 더럽히고 삶의 수레바퀴를 불사릅니다. 그 불은 게헨
   나에서 나온 것입니다.

7 모든 종류의 짐승과 새, 파충류, 그리고 바다 생물은 길들일 수 있고
   또 사람에 의해 길들여져 왔습니다.

8 그러나 혀를 길들일 수 있는 사람은 아무도 없습니다. 혀는 쉬지 않는
   악과 같고 죽이는 독으로 가득합니다.

9 혀로 우리는 주님이신 아버지를 찬양합니다. 그리고 또 같은 혀로 하
   나님의 형상대로 지음 받은 다른 사람들을 저주합니다.

10 한 입에서 찬송과 저주가 나오는 것입니다. 형제자매들이여, 이것은

있을 수 없는 일입니다.

11 한 구멍에서 나는 샘이 단물과 쓴물을 함께 쏟아 내는 것을 보셨습니까?

12 나의 형제자매들이여, 무화과나무가 올리브 열매를 맺을 수 있겠습니까? 혹은 포도나무가 무화과를 맺을 수 있겠습니까? 마찬가지로 짠 샘이 단물을 내지 못합니다.

땅의 지혜와 위로부터 난 지혜

13 여러분 가운데 지혜롭고 현명한 자가 누구입니까? 그 사람에게 지혜의 온유함으로 선한 삶에서 나오는 행위를 보이라고 하십시오.

14 그러나 혹시라도 여러분의 마음속에 지독한 시기와 경쟁심이 있다면 자랑하거나 진리를 거슬러 거짓을 말하지 마십시오.

15 그러한 지혜는 위로부터 온 지혜가 아닙니다. 그것은 땅에 속한 지혜이며, 육신적인 것이며, 귀신으로부터 온 것입니다.

16 시기와 경쟁심이 있는 곳에는 혼란과 더불어 온갖 종류의 악한 행실이 있을 뿐입니다.

17 그러나 위로부터 온 지혜는 우선 성결합니다. 그래서 화평하고 관대하고 양순합니다. 또한 그것은 자비와 선한 열매가 가득하고 편견과 위선이 없습니다.

18 의로움의 열매는 평화를 만드는 사람들이 평화 속에서 씨 뿌려 거두어들이는 것입니다.

4장

하나님을 가까이함

1 여러분 가운데 싸움이 어디에서부터, 다툼이 어디에서부터 일어납니까? 여러분 속에서 싸움을 일으키는 그 정욕에서 나오는 것이 아닙니까?

2 여러분은 욕심을 내어도 얻지 못해서 살인을 저지릅니다. 탐해도 소유하지 못해서 다투고 싸웁니다. 여러분이 얻지 못하는 것은 구하지 않기 때문입니다.

3 한편 여러분이 구하여도 얻지 못하는 이유는 바로 여러분의 정욕을 채우려는 잘못된 동기로 구하기 때문입니다.

4 간음한 여인들이여! 세상의 친구 된 것이 하나님과는 원수 된 것임을 알지 못합니까? 그러므로 누구든지 세상의 친구 되기를 원하는 자는 스스로 하나님의 원수임을 드러내는 것입니다.

5 또 여러분은 "하나님은 우리 안에 두신 영을 시기하기까지 사모한다"는 성경 말씀을 헛된 것으로 여깁니까?

6 그러나 하나님은 더 큰 은혜를 주십니다. 그래서 "하나님은 교만한 자를 물리치시고 겸손한 자에게 은혜를 주신다" 하였습니다.

7 그러므로 여러분 자신을 하나님께 복종시키십시오. 마귀를 대적하십시오. 그러면 그는 여러분으로부터 도망칠 것입니다.

8 하나님을 가까이하십시오. 그러면 그가 여러분을 가까이하실 것입니다. 죄인들이여, 손을 깨끗이 씻으십시오. 두 마음을 품은 이들이여, 마음을 정하게 하십시오.

9 슬퍼하고 애통하며 우십시오. 여러분의 웃음을 애통으로, 기쁨을 슬

품으로 바꾸십시오.

10 주님 앞에서 여러분 자신을 낮추십시오. 그리하면 그가 여러분을 높이실 것입니다.

비방과 판단에 대한 책망

11 형제자매들이여, 서로 비방하지 마십시오. 형제를 비방하거나 판단하는 사람은 다름 아닌 율법을 비방하고 판단하는 것입니다. 만일 여러분이 율법을 판단한다면 여러분은 더 이상 율법을 지키는 사람이 아니라 율법의 재판관이 되려는 것입니다.

12 율법을 주시고 심판하시는 이는 오직 한 분이십니다. 그분만이 구원하기도 하시고 멸하기도 하십니다. 그런데도 이웃을 판단하려는 여러분은 도대체 누구입니까?

인생 계획과 재물 경영에 대한 지혜

13 들어 보십시오. "오늘이나 내일, 우리가 어떤 도시로 가서 한 해 동안 장사를 하여 이익을 남기자" 하는 이들이여!

14 하지만 여러분은 내일 무슨 일이 일어날지 모르는 존재들입니다. 여러분의 생명이라는 것이 무엇입니까? 여러분은 잠시 나타났다가 금방 사라져 버리는 안개와 같습니다.

15 여러분은 도리어 이렇게 말해야 할 것입니다. "주님께서 뜻하신다면, 우리가 살기도 하고 이런저런 일을 할 수 있을 것입니다."

16 그런데도 여러분이 교만하게 자랑을 하고 있으니, 이러한 자랑은 모두 악한 것입니다.

17 그러므로 선을 행할 줄 알면서도 행하지 않는 것은 죄입니다.

5장

불의한 부자들에 대한 심판의 경고

1 부자들은 들으라. 너희에게 재앙이 닥칠 것이니 울고 통곡하라.

2 너희 재물은 썩었고 너희 옷은 좀 먹었구나.

3 너희 금과 은은 녹슬었으니 그 녹이 너희를 고발하는 증거가 되어 불같이 너희 살을 집어삼킬 것이다. 너희가 마지막 날에 재물을 쌓았구나.

4 보라. 너희 밭에서 추수한 품꾼들의 품삯을 너희가 갈취하였으니, 그 삯이 너희를 향하여 울부짖는다. 추수하는 자들의 우는 소리가 만군의 주되시는 그분의 귀에까지 이르렀다.

5 너희는 이 땅에서 사치를 누리고 방탕하게 살았다. 살육의 날에 너희 마음을 살찌웠다.

6 너희는 의로운 사람을 정죄하고 죽였다. 그가 너희에게 저항하지 않았느냐?

고난 중에 인내하기

7 그러므로 형제자매들이여, 주님께서 다시 오시는 날까지 인내하십시오. 농부가 어떻게 땅에서 나는 귀한 열매들을 기다리는지 보십시오. 이른 비와 늦은 비가 내릴 때까지 오래 참고 기다립니다.

8 여러분도 오래 참으십시오. 마음을 굳건하게 하십시오. 주님께서 다시 오실 날이 가까이 왔습니다.

9 형제자매들이여, 서로 불평하지 마십시오. 그래야 심판받지 않을 것입니다. 보십시오. 심판하실 분이 문 앞에 서 계십니다.

10 형제자매들이여, 주님의 이름으로 말씀을 전한 선지자들을 본보기로 삼으십시오. 그들도 고난을 겪었으나 오래 참았습니다.

11 보십시오. 그래서 우리가 오래 참은 자들을 복되다고 여기는 것입니다. 여러분은 욥의 인내를 들었고 주님의 결말도 보았습니다. 주님께서는 긍휼이 많은 분이시며 자비하신 분이십니다.

고난 중에 진실하기

12 나의 형제자매들이여, 무엇보다 맹세하지 마십시오. 하늘이든 땅이든 혹은 다른 사람의 말을 빌려서든 맹세하지 마십시오. 여러분은 "예" 할 일에 "예"하고, "아니오" 할 일에 "아니오" 하십시오. 그래야 심판을 피할 수 있습니다.

고난 중에 기도하기

13 여러분 중에 고난받는 사람이 있습니까? 기도하십시오. 평안한 사람이 있습니까? 찬송하십시오.

14 여러분 중에 병든 사람이 있습니까? 교회의 장로들을 초청하여 기름을 바르며 주님의 이름으로 그를 위하여 기도하게 하십시오.

15 믿음의 기도는 병든 사람을 낫게 할 것인데, 주님께서 그를 일으키실 것입니다. 만약 그가 죄를 지었다면, 주님께서 그를 용서하실 것입니다.

16 그러므로 서로에게 죄를 고백하고 병 낫기를 위해 서로 기도하십시오. 의로운 사람의 기도는 역사하는 힘이 큽니다.

17 엘리야는 우리와 같은 본성을 지닌 사람입니다. 그런데 그가 비 오지 않기를 간절히 기도했을 때 삼 년 반 동안 그 땅에 비가 내리지 않았

습니다.

18 그가 다시 기도하자 하늘이 비를 내리고 땅이 열매를 맺었습니다.

진리에서 떠난 자들을 돌이키는 삶

19 나의 형제자매들이여, 만일 여러분 중에 어떤 사람이 미혹되어 진리에서 떠났는데 그를 돌아서게 하는 사람이 있다면,

20 그에게 이것을 명심하게 하십시오. 죄인을 그 잘못된 길로부터 돌아서게 하는 자는 그의 영혼을 죽음에서 구원하고 허다한 죄를 덮게 될 것입니다.